学習システムの理論と実現

渡辺澄夫・萩原克幸・赤穂昭太郎・本村陽一
福水健次・岡田真人・青柳美輝
共著

森北出版株式会社

■執筆担当

第 1 章	渡辺澄夫
第 2 章	萩原克幸
第 3 章	赤穂昭太郎
第 4 章	本村陽一
第 5 章	福水健次
第 6 章	岡田真人
第 7 章	青柳美輝

まえがき

学習によって自己を構成する情報システムを学習システムという．

本書は，学習システムの理論と実現について最新の発展を紹介するものである．

学習システムは，人工知能や情報学における「例からの学習」を具体化したものとして幅広く利用されてきたが，画像・音声・テキストなどの高度に複雑な対象の情報解析や情報処理において力を発揮するようになり，近年では，生物学，経済学，認知科学，脳科学にも応用されるようになってきた．また，そのための基礎理論として，統計学や応用数学だけでなく，現代数学や理論物理学が必要とされるようになってきている．学習システムについての研究から，基礎理論においても具体的実現においても，従来とは明らかに異なる新しい学問体系が現れ出ようとしているのである．

本書では，このようにいちじるしい変貌を遂げつつある今日の学習システムの話題の中から，特に未来への発展の基礎となるものを紹介する．本書で解説されている学習モデル，学習アルゴリズム，学習理論から，将来，どのような理論と方法が生まれてくるかを感じとっていただければ幸いである．

本書の構成では森北出版の石田昇司氏にたいへんにお世話になった．研究だけでなく文書づくり技術においても高度に分化した書き手による情報テキストをシステム統合していただけたのは，ひとえに石田氏によるものである．ここに記して謝意を表したい．

2005 年 5 月

著　者

目　　次

第1章　例からの学習

第2章　多層パーセプトロン

第3章　カーネルマシン

第4章　ベイジアンネットワーク

第5章　能動学習の理論

第 6 章　アンサンブル学習の統計力学

第7章　特異点解消と学習システムへの応用

第1章

例からの学習

本章では，学習理論や学習システムという概念に初めて出会う読者のために，それらがどのようなものであるのかについて説明しよう．

1.1 学習システムとは

「学習」という言葉は，私たちが勉強をするときや，生物が環境に適応するときなどに用いられる．学習システムや学習理論は，そのような分野と強い関係を有しているが，本章で紹介される「例からの学習」という概念はおもに，実世界についての知識をもたないコンピュータが，実世界からの情報を受け取ることにより，実世界の環境を知るにはどうしたらよいか，という問題を考えるためのものである．具体的な例を用いて「例からの学習」について説明しよう．

たとえば，あるオフィスに置かれたロボットが画像や音声の認識を行い，人間と対話したり，行動したりする方法を考えてみよう．

このとき，目的とするシステムをつくるためには，つぎの三つの組が必要である．

(1) 画像や音声などの環境を観測して得られる多くのデータ．

(2) 新しいデータが入力されたとき行動を選択する推論モデル．

(3) 多くのデータから推論モデルを最適化するアルゴリズム．

この三組は「例からの学習」を考えるときの基礎になるものである．本書では，(1) を学習データ，(2) を学習モデル，(3) を学習アルゴリズム，とよぶ．また，この三組のことを総称して学習システムとよぶことにする（図 1.1）．

学習システムとして，実際に役立つような機能と精度とをもつものをつくりだすためには，学習データ，学習モデル，学習アルゴリズムを，それぞれどのように設計するべきだろうか．

この疑問を考えるとき，二つの異なる視点が必要になる．一つの視点は画像

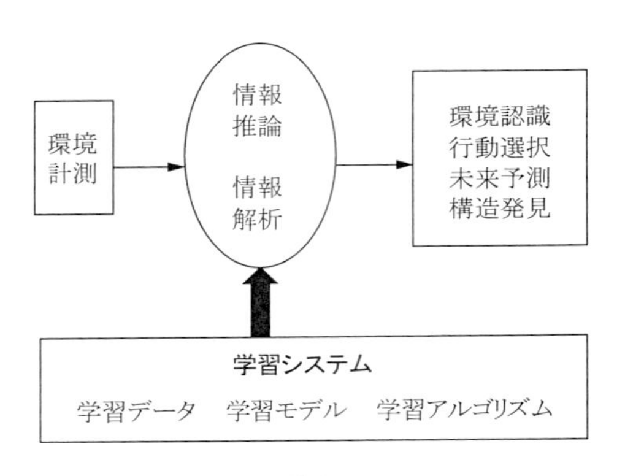

図 1.1　学習システム

や音声などの環境にある情報について，それぞれに固有な特徴に着目する視点である．目的とする情報システムは，多くの場合，あらゆる画像やあらゆる音信号を扱う必要はなく，限定された入力に対応できれば十分である．それは環境から得られる情報全体の集合の中で非常に少ない部分集合であり，したがって固有の性質をもつに違いないから，その特別な性質を見つけだして巧妙に活用することは，情報システムをつくるとき，きわめて有効な手段である．

学習システムについて考えるときの第二の視点として，学習という情報処理そのものが普遍的に従う情報学上の法則に着目するという視点がある．実際，本書で明らかにされるように，学習システムは，扱う情報には依存しない，美しい数理的な法則に従うことが知られている．この法則にもとづいて，その設計においてなすべきことが導かれる．学習システムの挙動を定めている一般的な法則を解明し，そのうえで情報科学的な設計法を与える理論は，学習理論とよばれている．

第一の視点も第二の視点も，ともに学習システムの実現において欠くことのできないものであり，両者の協力が必要であることは明らかであるが，両方の視点について1冊の書物で網羅的に考察することは困難であろう．特に第一の視点については，学習システムが利用される分野ごとに異なる方法論や目的がある．本書では，おもに第二の視点について中心的に考察する．すなわち，「例からの学習」についての普遍的な情報学上の法則を明らかにし，そのうえに科学的な設計論を構築する．

1.2 学習システムの現状

学習システムは，多くの情報をコンピュータで扱う必要がある分野では，ほとんど必ず応用されているといってよい．具体的には，

(1) 文字・画像・音声の例から，その情報の意味を推測するパターン認識・意味理解．

(2) 多くの情報の複雑な関係を推論の形で取りだす人工知能・確率推論．

(3) 時間とともに変動するものの未来を予測する時系列予測．

(4) 家電製品，ロボットや生産システムのコントロールのためのシステム制御．

(5) 遺伝子の配列の生物学的意義を読みだす遺伝子解析．

(6) 医用画像や医用計測結果にもとづいて，医師の判断を援助する診断支援．

(7) 多くの消費者データの中から因果関係を抽出することにより新製品の開発示唆を与えるデータマイニング．

などをあげることができる（図 1.2）．

応用される場所は，以上に限定されているのではなく，コンピュータが実世界と相互作用をもつところでは，今も，新しい応用がつくりだされている．しかしながら,「例からの学習」という問題は，人間が事物や概念に名前を付与し，

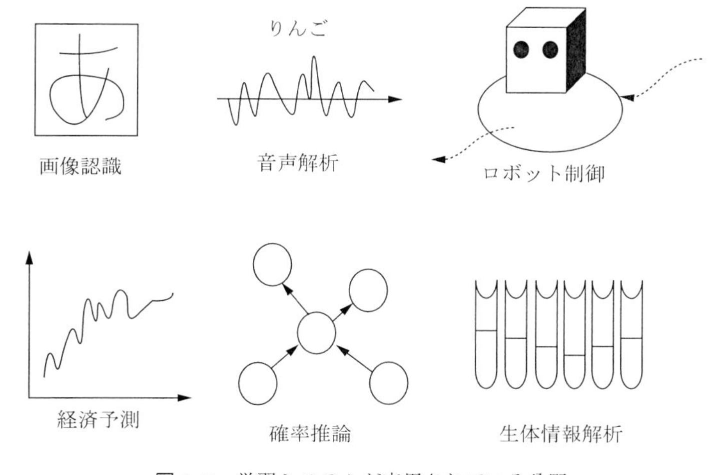

図 1.2 学習システムが応用されている分野

同じ名前をもつものの例を集めることが，世界を認識することであると気づいた原始時代の昔から，私たちとともにあったものである．すなわち，それはコンピュータによって初めてもたらされたものではなく，人間が世界の中にある自己に気づくことと同時に始まったものであり，特別なものではない．

学習の理論についても，その基礎となるものは，科学の発展にともなって築かれてきた．歴史的には天文台に勤めていた数学者ガウスが「観測結果に含まれる揺らぎ」に気づいたころから，数理科学の対象として明確に意識されるようになった．20 世紀の始めごろ，農業試験場で実験計画を考えていたフィッシャーが，観測結果を多くの可能性の中のひとつと考え，推定量の確率分布という問題を考えたころから，統計科学としての整備が始まった．

一方，ミクロな力学法則からマクロな量が従う熱力学関係式を導く方法を考えていた物理学者ボルツマンが，平均される自由度の統計的重率がエントロピーという影響力でエネルギーと均衡をとることが熱平衡状態であると気づいたのは 19 世紀であったが，これと同等の概念が，学習理論においても重要な役割をはたすことが知られるようになったのは比較的最近のことである．

学習システムに関する理論は，それらの人類共通の文化のうえに築かれたものであり，唐突に現れたものではない．しかしながら，現代の計算機・ネットワーク・記録媒体などのいちじるしい技術的発展によって，それ以前とは，明らかに異なる質と量のデータが私たちの前に現れてきている．実際，上記で述べた応用に則して例をあげれば，

(1) 文字や音声のデータは，ほとんど限りないくらいに存在し，また生成されつつある．

(2) 情報システムによる機械故障診断やナビゲーションなどの知能システムでは，何千，何万という確率変数の関係が構築される．

(3) 経済工学・金融工学における金融市場は，数知れない投資家たちにより構成されている．経済や金融に影響を与える要因は，経済活動のほかにも政治やマスメディアなどによって意識的に無意識的に与えられている．

(4) 商品の生産や流通の問題は，ある工場や生産者だけで孤立して考察されるのではなく，日本全国の生産者と小売店とを結ぶネットワークによって制御されている．

(5) 遺伝子の解読を行うプロジェクトは，まだ完全な終了には至っていないものの，疾病と遺伝子配列など，きわめて多くの知見がすでに解明されて

いる.

(6) 健康診断や疾病の治療法に関するデータは，さまざまな条件のもとで得られ，環境の変化に対する疫学的な考察もなされるようになってきた.

(7) 全国にある多くの小売店から毎秒ごとに集まる消費活動の情報は，いったい，どれくらいなのか推測もできない.

これらのきわめて多量で雑多で複合的なデータは，通常は超高次元の空間にあって，大きな複雑さをもっている．また，必ずしも統計的に良好にコントロールされた単一の環境の中で得られたものではなく，人為的に，意識的に，あるいは無意識的に，さまざまな要因の影響を受け，その要因の影響と相互作用をもつことこそがデータの本質であったりする.

現代の学習システムは，このように複雑にからみあう，そして，必ずしも洗練されていない，また理想的ではない情報を対象として，データの意味を解析し，データ間の関係を抽出し，データの変化を予測することを目的としている．このような目的のために用いられる学習システムは，複雑な対象を扱えるものでなくてはならない．すなわち，十分に複雑な構造を備えていなくてはならない．たとえば,

「データが正規分布に従っていることがあらかじめわかっていて，その平均と分散を推測する」

という問題と,

「人の話し声から，話の内容を聞き取る装置をつくる」

という情報処理とは,「例からの学習」という観点からはまったく同じといってよいくらいに似ているともいえるが，解析対象の情報の複雑さと学習モデルの構造の複雑さにおいて非常な隔たりをもっている．この違いは，単にデータの量やモデルの大きさだけの問題ではなく，数学的構造においてもいちじるしい差異を与えていることが，最近になって認識されるようになってきた.

学習理論は,「例からの学習」における情報科学的な法則を解明する，という意味では，単純なモデルにおいても，複雑な構造をもつモデルにおいても，共通の理論的基盤を与えるものであるが，その中心的な目的は，情報学上に現れる複雑な現象を扱うために，単純なモデルを扱う枠組みや技術を越えた新しい視点と方法とを与えることにある.

本書で紹介する学習システムが，従来の確率統計の教科書を見ても記載されていない理由は，それらが複雑な現象と膨大なデータを扱うために近年になってつくりだされたものであり，また，その理論も現代になって新しく構築されたものだからである．

1.3　学習理論の枠組み

現代の学習システムと学習理論の特長を正しく把握するためには，古典的な学習システムと学習理論がどのようなものであったかを知る必要がある．ここでは，古典的な学習システムと学習理論を解説しよう．

まず，学習についての一般的な枠組みを述べる．

あるユークリッド空間上の確率分布 $q(x)$ から，n 個の学習データ $X_1, X_2, \ldots, X_n$ が得られたとする．$q(x)$ のことを真の確率分布という．学習データを元に，ある学習モデルと学習アルゴリズムを用いて推測を行い，推測結果が確率分布 $p(x)$ であったとする．一般に $p(x)$ は $q(x)$ と完全に一致はしないが，おおよそ適切な学習モデルと学習アルゴリズムを適用すれば，学習結果 $p(x)$ は真の分布を模倣したものになっていると期待されるであろう．

ここで，二つの確率分布 $q(x)$ と $p(x)$ の違いを表す関数を考えて，$D(q||p)$ と書くことにする．これは，つぎの条件を満たすものとする．

(1) 任意の確率分布 $q(x)$，$p(x)$ について $D(q||p) \geq 0$.

(2) $D(q||p) = 0$ と「任意の x について $q(x) = p(x)$ が成り立つ」は同値である．

二つの確率分布の相違である $D(q||p)$ は，学習システムの設計者が，学習システムの使用目的に応じて定めるものである．相対エントロピー（カルバック情報量）

$$D(q||p) = \int q(x) \log \frac{q(x)}{p(x)} dx$$

が上記の (1) と (2) の性質を満たすものとしてしばしば利用される．さて，真の確率分布 $q(x)$ と学習結果 $p(x)$ の違い $D(q||p)$ を汎化誤差という．学習結果 $p(x)$ は

(1) 学習データ $\mathcal{D} = \{X_1, X_2, \ldots, X_n\}$

(2) 学習モデル $\mathcal{M}$

(3) 学習アルゴリズム $\mathcal{A}$

に依存して定まる．これを条件つき確率の形で表現すれば

$$p(x) = p(x|\mathcal{D}, \mathcal{M}, \mathcal{A})$$

となる．汎化誤差

$$G(\mathcal{D}, \mathcal{M}, \mathcal{A}) = D(q(x)||p(x|\mathcal{D}, \mathcal{M}, \mathcal{A}))$$

は，この三つ組の関数であることに注意しよう．汎化誤差は，未知の分布をどれくらい正確に知ることができるかを表している．学習理論における重要な課題は，つぎの二つである．

課題 1　汎化誤差 G が，$\mathcal{D}$，$\mathcal{M}$，$\mathcal{A}$ のどのような関数かを明らかにせよ．

課題 2　真の分布 $q(x)$ が不明であるという条件下において，汎化誤差 G が小さくなるように，学習データ $\mathcal{D}$，学習モデル $\mathcal{M}$，学習アルゴリズム $\mathcal{A}$ を定めるアルゴリズムをつくれ．

汎化誤差 G は，古典的なケースでは，一般的に解明されている．

古典的学習理論が成り立つための条件

(1) 真の分布があるパラメータ w_0 によって，$q(x) = p(x|w_0)$ と表される．

(2) 学習データは真の分布 $q(x)$ からの独立な n 個のサンプルである．

(3) 学習モデルは d 次元のユークリッド空間の要素であるパラメータ w によって定まる確率分布 $p(x|w)$ である．

(4) パラメータから学習モデルへの写像 $w \mapsto p(x|w)$ は，一対一であり，フィッシャー情報行列

$$I_{ij}(w) = \int \frac{\partial L(x,w)}{\partial w_i} \frac{\partial L(x,w)}{\partial w_j} p(x|w) dx$$

は，任意の w について有限確定の行列で逆行列をもつ．ここで

$$L(x, w) = \log p(x|w)$$

である．

(5) 学習アルゴリズムとして最尤推定法を用いる．すなわち，

$$E(w) = -\sum_{i=1}^{n} \log p(X_i|w)$$

を最小にするパラメータを w^* とするとき，$p(x|w^*)$ を学習の結果とする．

以上の条件を満たすものを統計的に正則な学習システムとよぶことにしよう（厳密にはもう少し数学的な条件が必要である）．このとき汎化誤差 G はつぎのような性質をもつことが知られている．

古典的な学習システムの性質

上記の条件では，学習データ $\mathcal{D}$ としては独立な例を，学習アルゴリズム $\mathcal{A}$ として最尤推定法を用いることが決まっているので，汎化誤差はモデル $\mathcal{M}$ に応じて決まる確率変数 $G(\mathcal{M})$ とする（学習データが確率変数なので汎化誤差も確率変数になる）．学習データの個数 n が大きくなるとき，$2nG$ は自由度 d の χ^2 二乗分布に従う確率変数 Y に法則収束する．このことを

$$G \cong \frac{Y}{2n}$$

と表記する．自由度 d の χ^2 二乗分布 $p(y)$ とは，d 次元標準正規分布に従う確率変数を X とするとき，$Y = \|X\|^2$ が従う確率分布であり，具体的には，

$$p(y) = \frac{1}{Z} x^{d/2-1} e^{-x/2}$$

で表される（$Z = 2^{d/2}\Gamma(d/2)$）．

学習例数 n が大きくなるときの汎化誤差の挙動は，学習モデル $p(x|w)$ が統計的正則モデルであれば，パラメータの次元 d だけで定まり，学習モデル $p(x|w)$ が具体的にどんなものであるかには依存しない．この定理は，学習というものがもつ情報学的な法則を表していると考えてよい．統計的に正則な学習モデルに対しては，この法則を基礎として，適切なモデルを選ぶ方法や，適切な学習データを選ぶ方法がよく研究されている．

統計的に正則な学習モデルにおける汎化誤差の理論は，模範とするに足りるという意味でも古典的なものである．しかし，この理論は，本書で紹介するような現代的な学習モデルにおいては成立しない．

1.4 新しい学習システムと学習理論

本書では，新しい学習理論と学習システムについて紹介する．各章の目的や意義について述べる．

1.4.1 構造をもつ学習モデル

学習システムを定める三組，学習データ，学習モデル，学習アルゴリズムの中でまず，学習モデルについて考えてみよう．現代の学習理論において特筆すべきことのひとつは，きわめて複雑な構造をもつ学習システムが実問題に用いられ，その有効性が広く知られるようになったことである．神経回路網，隠れマルコフモデル，ベイズネットワーク，混合正規分布，縮小ランク回帰などのように，階層構造や内部構造をもつ学習モデルが応用されるようになり，これらのモデルの設計理論が必要とされ，非常に多くの研究がなされている．

階層構造・内部構造をもつ学習モデルは，そのような構造をもたないモデルと比較したとき，パラメータを変えることできわめて多くの確率分布となりうることが証明された一方で，最尤推定量の漸近正規性を成り立たせる正則条件を満たさないことが認識され，統計的推測や統計的検定を行う際に，漸近正規性を仮定した統計理論は，現代の学習システムには適用できないことが知られるようになった．

古典的な理論が適用できないとはいっても，それらのモデルの有用性はさまざまな実問題で実証されており，現在も，ますます多様な応用に供されているのであるから，漸近正規性をもたない学習システムの設計論を構成することは情報学上，きわめてたいせつなことであると思われる．第 2 章では，現代の複雑な学習モデルの先駆けとなり，いまも脳科学・認知科学・情報工学との中で研究されている多層パーセプトロンとその理論を紹介する．

入力 x が与えられた場合の出力 Y の条件つき確率を学習するモデルとして

$$Y = \sum_{k=1}^{K} a_k f(x, b_k) + \text{正規雑音}$$

のようなものを考えてみよう（図 1.3）．このときつぎの二つの学習モデルを比較してみよう．

(1) a_k, b_k の両方をパラメータとして学習するモデル．

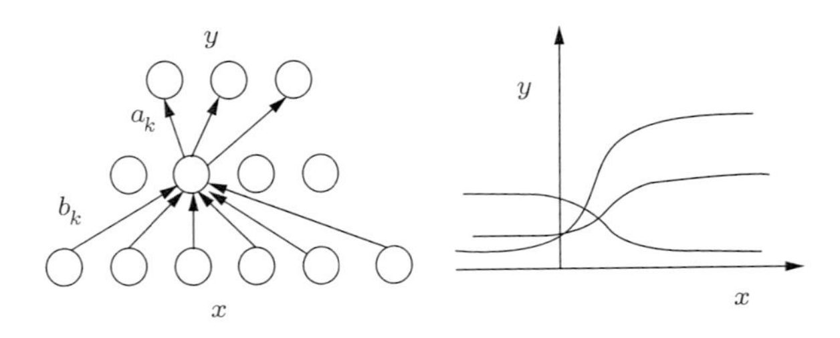

図 **1.3**　階層型の学習モデルの例

(2) b_k は学習する前に設計者が定めておき，a_k だけをパラメータとして学習するモデル．

このとき (1) のモデルは，統計的に正則なモデルではないが，関数近似能力は (2) よりすぐれており，同じ規模をもつとき（つまり K が同じなら）より多くの関数を近似することができることが知られている．その一方で，(1) のモデルの学習における精度は，いまもまだ十分には解明されていない．この章では，多層パーセプトロンに関する学習理論のうち，最新の展開まで含めて紹介する．

1.4.2　超高次元空間

つぎに学習モデルと学習アルゴリズムについて考える．音声や画像など，実世界にある情報を扱うとき，それらの情報が高次元の空間に表現されていることに十分な注意を払う必要がある．たとえば文字画像が 64×64 の濃淡画像として表現されているとき，その情報はおおよそ 4000 次元の空間の中にある．このため，多くの文字画像の例を集めてきても，高次元空間の中では，データは広い空間の中で，ぽつん，ぽつんと存在するだけである（「スパースに存在する」という）．

このように高次元空間に表現されたデータを扱うとき，従来は，つぎのように信じられていた．

「超高次元空間上に表現されているデータを直接用いるよりも，データの性質を知りつくした設計者によって，適切な低次元空間上への関数をつくりだして，そのあとに統計的に最適な推論を行うべきである」．

近年になって広く利用されている学習モデルは，この常識とは，いわば正反対であり，つぎのような戦略をとる．

「高次元空間上の複雑なデータをさらに超高次元空間上に写像して，そのう

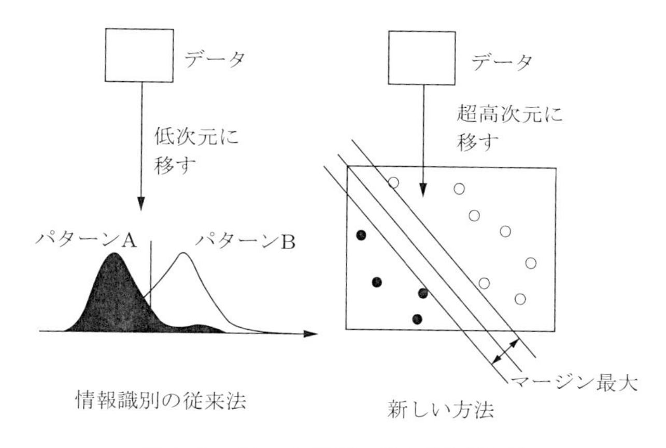

図 1.4 パターン識別の従来法と新方法

えで線形関数で判別できるようにし，そのあと，線形関数の中で，もっとも予測精度にすぐれるものを選ぶ」(図 1.4).

この新しい方法においては，設計者はデータの性質を知りつくしている必要はなく，ただ決められた手順に従ってプログラムを実行するだけでよい．それだけで，従来の方法に対して少なくても同程度のパターンの認識ができることが実験的に報告されている．

カーネルマシンとは，このように超高次元空間上の情報を扱うための現代的なアプローチから生まれた学習モデルである．高次元空間の中にある相対的に非常に少ない情報を扱うための方法として実用性にすぐれていることが知られ，また，その最適設計のための理論も構築され始めている．第 3 章では，カーネルマシンについて解説を行う．

1.4.3 確率変数の関係

学習モデルについて，複雑な構造をもつものとその実現について考えてみよう．

現代ではコンピュータが扱う情報の量はきわめて大きく，その種類も多様化されている．従来の学習理論では，比較的少ない個数（2 ないし 3 程度）の変数の確率的な関係が論じられることが多かったが，現代においては，何千，何万という変数の確率的関係を論ずることが必要になってきた．たとえば，三つの確率変数 X,Y,Z の関係を論ずるのであれば，同時確率密度関数 $p(x,y,z)$ を推測すればよいが，1 万個の確率変数 $X_1, X_2, \ldots, X_{10\,000}$ の関係を論ずるために，同時確率密度関数 $p(x_1, x_2, \ldots, x_{10\,000})$ を推測しようとすると，いくらコンピュータの計算が速くなったとはいえ，実際に実現ができるわけではない．

一般に N 個の離散値を取り得る確率変数が n 個であるとき，それらの確率的な関係を表す同時確率密度関数を推測するためには N^n 個のパラメータを推測しなくてはならない．

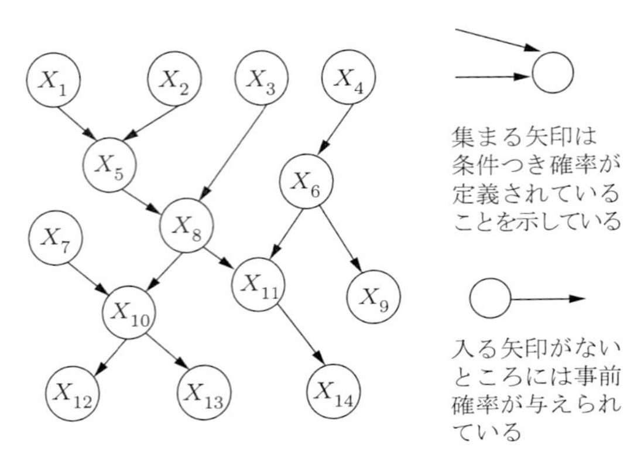

図 **1.5**　ベイズネットワークの例

複雑なロボットの制御やシステムの故障診断や，ナビゲーションシステムなどにおいては実際に数千以上の変数の確率的な関係がつくられているが，そのようなとき，全体としてはきわめて複雑な関係が実現されていても，あるひとつの変数に着目したとき，その変数が直接的に関係をもつ変数は限られた個数であることが多い．このような確率的な関係を構築したシステムがベイズネットワークである（図 1.5）．第4章ではベイズネットワークの実現について紹介する．

1.4.4　学習例の最適化

つぎに学習データについて考察する．学習モデルが固定されているとき，その学習モデルにとって最適な学習データとはどんなものだろうか．

通常の学習においては，入力 x を発生する確率分布 $q(x)$ と真の推論を表す条件つき確率 $q(y|x)$ が与えられたとき，その二つから得られたデータをもとにして学習モデル $p(y|x, w)$ はパラメータ w を最適化する．これを受動学習という．これとは別に，学習モデル $p(y|x, w)$ にとって，もっとも効率的な学習を行

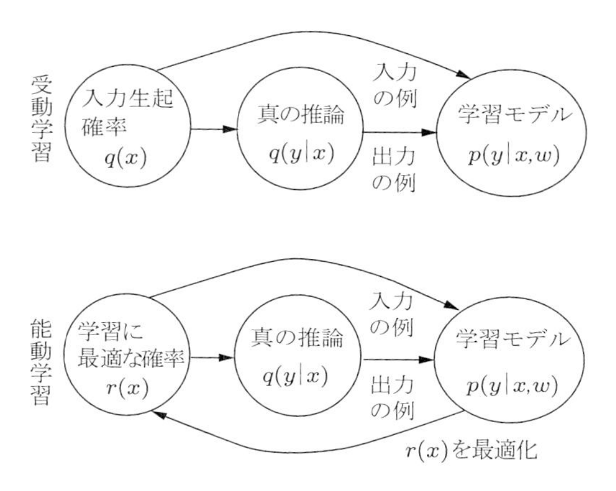

図 1.6 受動学習と能動学習

うために最適な入力の生起確率 $r(x)$ をつくれないだろうか．

もしも，この疑問に答えることができるなら，学習モデルは，与えられたデータに対して受動的に学習を行うだけではなく，自らの学習にとってより適切な学習データを能動的に求めるような能力をもつことができるであろう（図 1.6)．この問題は，古典的には最適実験計画法とよばれるものであり，目的とする学習システムをつくるためのデータ採取方法をつくるために研究されていた．現代において，学習システムが人工知能の中心としての役割を担うようになり，その意味が，能動的学習へと変わってきている．第 5 章では能動的学習について解説する．

1.4.5 学習と統計力学

確率変数 $X_1, X_2, \ldots, X_n$ が，同時確率密度関数

$$p(x_1, x_2, \ldots, x_n)$$

に従う場合を考えよう．確率変数の数 n が非常に大きいときには，これらの関係を記述することは容易ではない．しかしながら，いまある関数 f によって定義される確率変数

$$Y = f(X_1, X_2, \ldots, X_n)$$

の振る舞いに興味があり，この確率変数が従う確率密度関数を知りたいと思っ

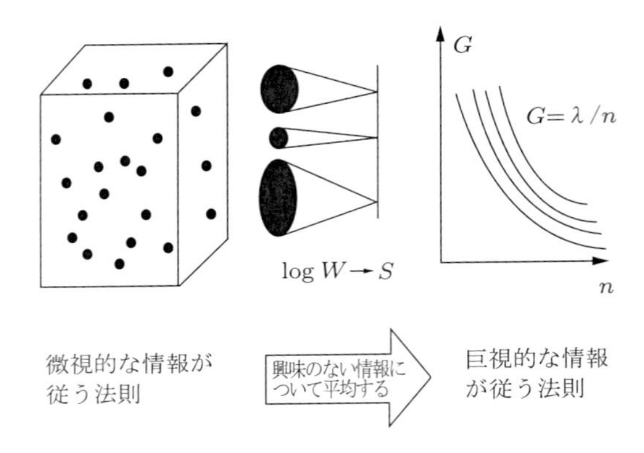

図 1.7　学習の統計力学

たとしよう．このとき

$$p(y) = \int \delta(y - f(x_1, x_2, \ldots, x_n))\, p(x_1, x_2, \ldots, x_n)\, dx_1 dx_2 \cdots dx_n$$

が成り立つ．この非常に多くの積分を実行することは一般には容易ではないが，$n \to \infty$ のときに，きわめて容易になる場合がある．たとえば，$X_1, X_2, \ldots, X_n$ が独立で，平均 0 分散 1 の共通の確率分布に従い，

$$Y = \frac{1}{\sqrt{n}} \sum_{i=1}^{n} X_i$$

と定義されるときには，$p(y)$ は正規分布に近づく（中心極限定理）．このように多くの変数の関係の中から，変数の個数が多いことを利用して，比較的少数の変数の関係を取りだす方法が，統計力学において考案されてきた．統計力学の方法によって，微視的な情報が従う法則から巨視的な情報が従う法則を導出することができる（図 1.7）．このとき，平均されて見えなくなる情報はエントロピーの形で，巨視的な情報システムに重要な影響を及ぼしている．第 6 章では，統計力学的方法に基づいてアンサンブル学習について解説する．

1.4.6　学習と現代数学

古典的な学習モデルにおいては，最尤推定量の分布やベイズ事後分布は，学習に用いられる例の個数が増えるにつれて，正規分布に近づくことが知られている．また正規分布に従う確率変数の関数の平均値は比較的容易に求めることができる．このため，古典的な学習モデルにおいては汎化誤差などの挙動がよく解明されている．

しかしながら，多層パーセプトロン，混合正規分布，ベイズネットワーク，隠れマルコフモデルなどの学習モデルにおいては，最尤推定量の分布もベイズ事後分布も正規分布には近づかない．このため，現代の学習モデルについては，その汎化誤差の挙動などの解析が困難であった．近年，そのような学習モデルについても，厳密な解析が可能であることがわかってきた．

具体的には，真の分布 $q(x)$ から，パラメータ w をもつ学習モデル $p(x|w)$ までのカルバック情報量を

$$H(w) = \int q(x) \log \frac{q(x)}{p(x|w)} dx$$

とするとき，事前分布 $\varphi(w)$ を用いた場合の汎化誤差 G の平均は

$$E[G] = \frac{\lambda}{n} + o\left(\frac{1}{n}\right)$$

となる．ここで n は学習の例の個数であり，定数 $(-\lambda)$ は，ゼータ関数

$$\zeta(z) = \int H(w)^z \varphi(w) dw$$

の原点にいちばん近い極である．この関数の極は，カルバック情報量の零点全体のつくる集合

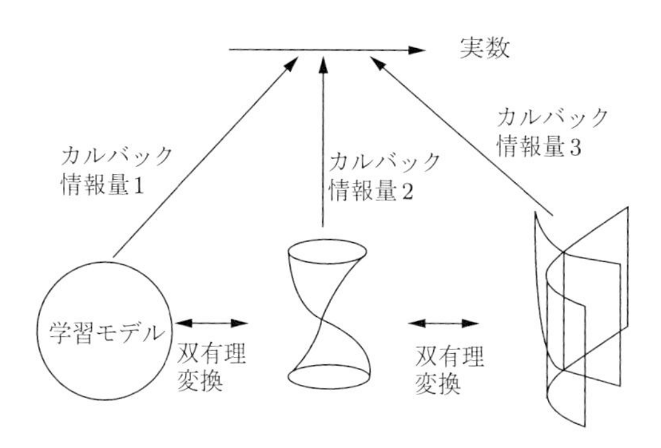

図 **1.8** 学習と代数幾何学

$$\{w; H(w) = 0\}$$

の特異点の解消を行うことで算出することができる．これはすなわち，パラメータ w のつくる空間に対して双有理同値なものの中から，カルバック情報量を取り扱いやすくするものを見いだすことに相当する（図1.8）．

特異点の解消は，ブローアップの繰り返し，あるいは，ブローアップを一般化した方法であるトーリック改変によって見いだすことができ，この結果，多層パーセプトロンや縮小ランク回帰などの汎化誤差を求めることができる．第7章では，これらに関連した数理について紹介する．

1.5　学習の未来形

1.5.1　学習システムの未来へ

本書で紹介する学習システムは，いまから50年前には存在していなかった．

情報システムや人工知能の実現において，高次元空間の中の情報を扱う際に，多層パーセプトロンやカーネルマシンやベイズネットワークなどが実際に使われるようになるとは誰も予想していなかった．

これらの学習モデルたちは，哲学的な演繹によって導出されたものではない．むしろ，実世界の情報を扱うために新しく創造されたというべきものである．その源泉は「情報学においてはすぐれたシステムなら何でも考えだしてよい」という自由性にある．

いまから50年後には，おそらく，現在からは予想もできないような学習モデルが考案されていることであろう．しかしながら自由に発想してよい，ということは，決して容易なことではない．

もしも説明したい自然現象があるならば，それについてさまざまな角度から実験し理論を考えることが基礎になる．もしもつくりたいロボットがあるのなら，ロボットの行動を決めるシステムと物理的な素材とを設計することになるのであろう．では，「学習するシステム」を自由につくってよい，といわれたとき，われわれは，どのようなことを基盤としたらよいのであろうか．

未来に向かって具体的に何を基盤とすべきかを述べることはとてもできないが，新しい学習システムを探求する若い読者に，つぎのことを伝えておきたい．

それは，本書で紹介される学習システムがつくられたときは，「常識的に考えて，そんな方法がうまくいくとは，とても思えない」と考えられていたということである．

50 年前，正則な学習モデルを扱う枠組みはでき上がっていた．正則でない学習モデルは，それを使わざるを得ない場合に限り用いるものであり，必要もないのに，わざわざ正則でない学習モデルを用いても役には立たないだろうと思われていた．それは，きわめて自然で健康な感覚であったというべきである．多層パーセプトロンのように正則でなく，そのうえ，膨大な個数の非線形パラメータを含む学習モデルが実用上も有用であるということは，50 年前の感覚からすれば，とても信じられないことであった，と思われる．

50 年前，パターン識別の基礎理論はすでに考えられていた．そこでは，高次元空間の画像や音声の情報を特徴量とよばれる低次元ベクトルに変換することが推奨されていた．よい特徴量を見つければ，すぐれた識別システムが得られるので，宝探しのように特徴量探しが行われていたのである．一方，高次元の情報を超高次元の空間に写像しても，それによって実用性のある識別システムがつくれるとは誰も感じてさえいなかった．サポートベクトルマシンが，宝探しのようにして発見された特徴量と比較して，少なくても同等の識別率をもつことは使ってみて初めてわかったことである．

おそらく，私たちは,「このような方法は試してみても，あまりうまくいかないだろう」と思っていることをたくさんもっていて，そのため，試す前から放棄していることが多々あるようである．今日でも，現在におけるさまざまな思考的制約の中にあって，気づかれていないことがあるに違いない．

そのように気づかれていない可能性の中から新しい意義をもつものに形を与えてブレークスルーのきっかけを見つけることができるのは，初めてこの分野に出会う若い研究者の特権である．本書を読むときも，常識を増やすつもりで読むのではなく，未だに試されていない新しい可能性を求めて読んでもらいたい．読者には本書に書かれていることの中に潜んでいる将来へのきっかけを見つけていただきたい．

1.5.2　学習理論の未来へ

本書に書かれている学習理論も 50 年前にはなかったものである．

50 年前には，統計物理学の方法により学習システムの挙動が解析されることは，まったく気づかれていなかった．統計物理学と学習理論との類似性がはっきりと気づかれたのは，たとえば，ランダムなエネルギー関数によって記述される平衡状態の分配関数と，ベイズ推測における周辺尤度とが数理的にはまったく同じものであると認識されたときであったろう．

この数理的な等価性が，統計物理学と統計学との間にあって，これまで互いに気づいていなかったものを発見させた．両方の分野で新しく多くのことが知られるようになった．このようなことが可能になったのは，外見上は別々のものに見える事柄においても数理的な観点から物事の本質だけを見るということがなされたからだと思われる．一方は不純物を含んだ金属の解析であり，もう一方はデータからの密度関数の推測であって，縁もゆかりもないもののようにみえるが，数理的には同じものだったのである．

また，50年前には，学習理論において代数幾何や代数解析の概念が重要な役割りを果たすとは，まったく考えられていなかった．学習理論と代数幾何学が緊密な関係で結ばれていることがはっきりと認識されたのは，カルバック情報量の特異点解消を用いることにより，対数尤度関数が代数多様体上の確率過程に収束することが示されるという事実が気づかれたときであったろう．

またゼータ関数がカルバック情報量の特異点と尤度関数の漸近挙動との関係を結んでいることから，これまでは，何の関係もないと思われていた両方の分野が深いつながりをもっていることが明らかになった．このようなことが可能になったのは，純粋数学であるかないかという外見を取り去って，数理的な観点から物事の本質だけをみる，ということがなされたからだと思われる．一方は複雑な構造をもつ学習モデルの挙動解析という具体的な問題であり，もう一方は，代数多様体という幾何学的対象を代数的な手法で調べるという抽象的な問題であって，外見上は別々の世界に属するようにみえるが，数理的には深いつながりをもっていたのである．

どうやら，私たちは,「この問題はこちら側にあって，あの問題はあちら側にある」と知らず知らずに決めていることが原因で，その間に関連があることに気づきにくくなっていることがあるようである．現代数学や理論物理学は，今日，非常に高度化し，数学者や理論物理学者でさえ，自身が専門とする領域でなければ意味もわからず言葉も通じないというような状況になりつつある．高く深く1点を考え続ける研究は，いうまでもなく人類にとってかけがえのない貴重な仕事である．一方，意外なものと意外なものがつながりをもつ可能性を考えることも新しい発見のきっかけになるかもしれない．学習システムを解明するために考えられた学習理論から，新しい物理学的な構造や新しい数学の概念が創造され，従来の数学や理論物理学の枠組みをこえた研究分野がつくられてゆくことを期待したい．

参考文献

[1] 柴田里程他編：“データサイエンスシリーズ”全 10 巻，共立出版，2001.
[2] 甘利俊一他編：“統計科学のフロンティア”全 12 巻，岩波書店，2003.

第2章

多層パーセプトロン

2.1 はじめに

多層パーセプトロン（multi-layer perceptron）は，階層型の人工ニューラルネットワークであり，与えられた例題あるいは観測されたデータから，そこに内在する規則性を，学習を通して自動的に獲得することを目的とした汎用的なモデルである．その応用範囲は，画像や音声の処理・認識，時系列予測，制御，さらには，最近注目されているデータマイニングなど多岐にわたる．また，人工知能の分野では，if-then 型の硬い知識情報処理とは異なり，「柔軟さ・あいまいさ・学習」をキーワードとするソフトコンピューティングが注目されるようになり，その中の一つの手法として多層パーセプトロンが位置づけられている．

多層パーセプトロンのこうした普及のきっかけは，1986 年，Rumelhart，Hinton & Williams[58] により与えられた．彼らは，調整すべき重みに関して微分可能な素子を多層化した多層パーセプトロンとその誤差についての最急降下学習則を提案した．多層パーセプトロンを含む一般的なモデルの最急降下学習則は，1967 年，Amari[16] によりすでに解析されていたが，当時は，計算機の能力が十分でなかったために実用には用いられていなかった [5].

Rumelhart，Hinton & Williams は，最急降下学習を多層パーセプトロンの構造を踏まえて見通しのよい形で記述しなおした．これが，いわゆる誤差逆伝搬学習則（error backpropagation）であり，そのネーミングとアルゴリズムの理解しやすさに加えて，その実用性がさまざまなデモンストレーションを通じて具体的に示されたことで，1980 年代後半から 1990 年代にかけて多層パーセプトロンの研究が盛んになった．多層パーセプトロンに関する研究テーマは，おもに，関数近似・学習法・汎化性に大別できる．本章では，各テーマについて簡単な導入を行うとともに，その研究動向を概観する．

2.2 多層パーセプトロンの関数近似能力

2.2.1 多層パーセプトロン

多層パーセプトロンは，図 2.1 (a) に示すように，適当な演算素子を層状に結合した階層的構造として表され，入力側の層の d 個の素子に入力された d 次元ベクトル $\boldsymbol{x} = (x_1, \ldots, x_d) \in \mathbf{R}^d$ が，各素子において結合を通して伝搬・変換され，出力側の層の m 個の素子から m 次元ベクトル $(f_1(\boldsymbol{x}), \ldots, f_m(\boldsymbol{x})) \in \mathbf{R}^m$ として出力される．入力側の層・出力側の層をそれぞれ入力層（input layer）・出力層（output layer）といい，それらの間にある層を隠れ層（hidden layer）という．各素子は適当な一変数関数 ψ をもち，これを活性化関数（activation function）という．

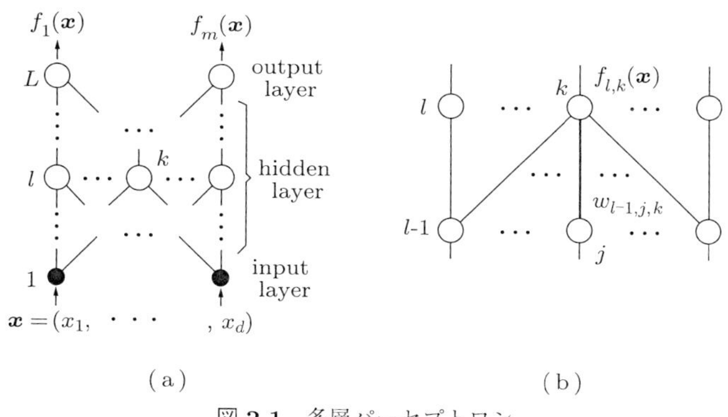

図 **2.1** 多層パーセプトロン

活性化関数としては，$z \in \mathbf{R}$ として，ロジスティックシグモイド関数 $\psi(z) = (1 + \exp(-z))^{-1}$，双曲線正接関数 $\psi(z) = \tanh(z)$，恒等（線形）関数 $\psi(z) = z$ などがあり，通常，隠れ層においてはロジスティックシグモイド関数や tanh などの非線形関数，出力層においては目的に応じてそれらの非線形関数や線形関数が用いられる．素子間の結合は重みづけされている．ここでは，図 2.1 (b) に示すように，第 $l-1$ 層 j 番目の素子から第 l 層 k 番目の素子への結合の重みを $w_{l-1,j,k}$ と表すことにする．この結合の重みを結合重み（connection weight）あるいは単に重み（weight）という．

多層パーセプトロンの層数を L とし，第 l 層の素子数を K_l で表す．いま，この L 層パーセプトロンに対して，入力 $\boldsymbol{x} = (x_1, \ldots, x_d) \in \mathbf{R}^d$ が与えられたとし，このときの第 l 層 k 番目の素子の出力を $f_{l,k}(\boldsymbol{x})$ と表す．ただし，ここで

は，入力層を第1層と定義して，$f_{1,k}(\boldsymbol{x}) = x_k$ とする．第2層以降では，

$$f_{l,k}(\boldsymbol{x}) = \psi\left(s_{l,k}(\boldsymbol{x})\right), \quad s_{l,k}(\boldsymbol{x}) = \sum_{j=1}^{K_{l-1}} w_{l-1,j,k} f_{l-1,j}(\boldsymbol{x}) \quad (2.1)$$

により定義すると，これを各層 $l = 2, \ldots, L$ で順次計算することにより，入力 $\boldsymbol{x}$ に対する出力 $\boldsymbol{f}_{\boldsymbol{w}}(\boldsymbol{x}) = (f_{L,1}(\boldsymbol{x}), \ldots, f_{L,m}(\boldsymbol{x})) = (f_1(\boldsymbol{x}), \ldots, f_m(\boldsymbol{x}))$ が決まる．ここで，$\boldsymbol{w}$ は L 層パーセプトロンの結合重みの全体である．すなわち，各層の素子の出力は，前段の層の出力の重み付き線形和を活性化関数 ψ により変換して得られる．通常は，値としてつねに1を出力する素子を各層に用意し，その素子からの結合重みを $w_{l-1,0,k}$ として，

$$s_{l,k}(\boldsymbol{x}) = \sum_{j=1}^{K_{l-1}} w_{l-1,j,k} f_{l-1,j}(\boldsymbol{x}) + w_{l-1,0,k} \quad (2.2)$$

とする場合が多い．このとき，$w_{l-1,0,k}$ を閾値（threshold）という．

2.2.2　連続関数の一様近似

以上の構成から，多層パーセプトロンにおいて，結合重みの値を適当に変えればそれに応じて出力が変わること，また，層数・素子数を増やせばその入出力関係を複雑にできることが容易に想像できる．このことは，多層パーセプトロンが，結合重みを適当に調整することで，対象とする現象あるいはシステムの入出力関係を近似的に実現できる可能性があることを意味する．そこで，多層パーセプトロンの表現能力が問題となる．この点については，関数近似能力を調べるという数学的な観点から研究がなされている．

ここでは，非線形関数を活性化関数とする隠れ層を一つとし，出力層の活性化関数を線形関数とした d 入力1出力の3層パーセプトロンを考える．入力 $\boldsymbol{x} \in \mathbf{R}^d$ に対する3層パーセプトロンの出力は，前節の議論より，

$$f_{\boldsymbol{w},\boldsymbol{v}}(\boldsymbol{x}) = \sum_{j=1}^{k} v_j \psi(\boldsymbol{w}_j \cdot \boldsymbol{x} + w_{j,0}) \quad (2.3)$$

と表され，入出力関数がパラメトリックな基底関数の線形結合の形で記述されることがわかる．ただし，$\boldsymbol{w} = ((\boldsymbol{w}_1, w_{1,0}), \ldots, (\boldsymbol{w}_k, w_{k,0})) \in (\mathbf{R}^d \times \mathbf{R})^k$ および $\boldsymbol{v} = (v_1, \ldots, v_k) \in \mathbf{R}^k$ であり，‘$\cdot$’ は内積を表すものとする．3層パーセ

プトロンは，もっとも単純な構造であるにもかかわらず，隠れ層の素子数を増やせば，ψ に関する適当な条件のもとで，有界閉集合上の任意の連続関数を任意の精度で一様に近似できることが示されている [19, 28, 38]．3 層構造は，単に単純で取り扱いやすいというだけでなく，こうした保証があることから，応用上もっともよく用いられる．関数近似能力に関するその後の研究では，対象とする関数の微分を込めた近似可能性も示されており [39]，この結果は，たとえば，ロボットアームなどの制御の際の精度保証を与えるものといえる．また，隠れ層の活性化関数については，任意に決められた有界閉集合上において有界かつ区分的に連続な関数ならば，多項式でない限り一様近似を達成できることが示されている [40, 47]．関数近似の話題については，特にその方法論による分類において文献 [62] がくわしい．ただし，以上の結果は，隠れ層の素子数を十分多く使える状況において，3 層構造の能力が十分であることを述べたものであり，実用上は，当然，4 層あるいは 5 層といった構造を考えたほうがよい場合もあることに注意すべきである．

2.2.3　次元の呪いの回避

関数近似能力に関するこれらの事実は非常に重要であるが，たとえば，j のみに依存する関数を φ_j として，

$$g_{\boldsymbol{v}}(\boldsymbol{x}) = \sum_{j=1}^{k} v_j \varphi_j(\boldsymbol{x}), \quad \boldsymbol{v} = (v_1, \ldots, v_k) \in \mathbf{R}^k \tag{2.4}$$

による関数近似を考えると，これは古典的なべき（冪または巾）多項式展開やフーリエ級数展開を含む形であり，よく知られているように k を増やすと対象とする関数をいくらでも精度よく近似できる（たとえば，1 次元の場合，べき多項式に対するワイエルシュトラス（Weierstrass）の近似定理やフーリエ級数展開に対するフェイエール（Fejér）の定理など）．関数の表現 (2.3) と (2.4) の決定的な違いは，前者がパラメータ $\boldsymbol{w}$ により基底関数の形を変化させることができるのに対して，後者では基底関数 φ_j が固定されている点にある．3 層パーセプトロンの場合，この可変基底の性質を用いて，適当に滑らかな関数に対して，適当な確率測度の下での二乗誤差が $O(k^{-1})$ により抑えられることが示されている [9, 52]．

一方，基底関数が固定の場合には，3 層パーセプトロンにより $O(k^{-1})$ 以下

の近似精度が可能なクラスの中で，近似誤差を $O((1/k)^{1/d})$ より小さくできないものが存在することが示されている [9]．すなわち，従来の固定基底による関数近似の欠点は，入力次元 d の増加に対して近似誤差の悪化が大きい，あるいは，入力次元 d が大きいときに近似誤差をある程度保証しようとすると基底の数 k を莫大に増やさなければならないところにある．この性質を一般に次元の呪い（curse of dimensionality）という．文献 [9, 52] の結果は，3 層パーセプトロンが次元の呪いを回避できることを意味しており，したがって，画像処理など，入力数が多い場合の応用においてその有効性が期待できる．これらの結果は，文献 [77] により微分の近似を込めた場合の一様近似へ拡張されている．

2.2.4　べき多項式の近似

ここでは，多層パーセプトロンの関数近似能力に関して，重要な事実を一つ紹介しておく．いま，式 (2.3) の $d = 1$ における特殊な場合として $f_{v_1,v_2,w_0,w_1}(x) = v_1/(1 + \exp(-w_1 x + w_0)) - v_2$ なる関数を考える．この関数をマクローリン展開し，w_0 を適当に選んで，$v_1 w_1 = \text{const.}$ および $v_2 \propto v_1$ を満たすように $v_1, v_2 \to \infty$ かつ $w_1 \to 0$ とすると，$x = 0$ の近傍において，$f_{v_1,v_2,w_0,w_1}(x) \sim x$ とできることがわかる．この場合，ロジスティックシグモイド関数の原点付近を結合重みを操作して拡大すると，線形関数になるであろうことは直感的にもわかる．この事実は，3 層パーセプトロンによる次元圧縮の性能が主成分分析を越えないことを示す際に用いられたものである [29]．

一般的には，これと同様に，適当な 3 層パーセプトロンの入出力関数をマクローリン展開して，重みの値の取り方を工夫してやることにより，適当な次数の項が抽出できる．これにより，たとえば，2 変数 x, y の乗算 xy が 4 個の隠れ素子により実現できること [67]，x^2 は 2 個の隠れ素子により実現できることなどが示されている [30, 46, 67]．すなわち，3 層パーセプトロンは有限な隠れ素子数の下でパラメータ値の発散を許せばべき多項式を任意の精度で近似できる．この際の隠れ層の活性化関数については，上の例から明らかなように，マクローリン展開に関する性質しか必要ではない．

ロジスティックシグモイド関数はその性質を満たす例の一つである．この事実の重要な点は，ある異なるクラスの関数を有限個の可変基底の線形和により任意の精度で表現できるというところにある．これは，可変基底の能力の高さを表しているといえる．ただし，もう一つの重要な点は，結合重みの値が発散しても出力は有界であるという性質であり，後述するように，このことは学習・汎化性を考えるうえで問題となる．

2.3 多層パーセプトロンの学習

2.3.1 学　　習

前述した関数近似の結果は，目的の関数を近似するための具体的な重みの値を教えてはくれない．したがって，つぎに問題となるのは，対象の入出力関係を近似的に実現する多層パーセプトロンをいかにして構成するかである．多くの場合，そうした入出力関係は有限個の入出力データ（例題）の組 $\{(\boldsymbol{x}_i, \boldsymbol{y}_i) : \boldsymbol{x}_i = (x_{i1}, \ldots, x_{id}) \in \mathbf{R}^d,\ \boldsymbol{y}_i = (y_{i1}, \ldots, y_{im}) \in \mathbf{R}^m,\ 1 \le i \le n\}$ として与えられる．これを訓練（学習）データ（training data）という．特に，対象となる出力データ $\boldsymbol{y}_i$ を教師データという場合がある．

前述したように，結合重みの値を変えれば出力がさまざまに変化するから，結合重みをうまく調整して，与えられた教師データに出力を近づけることができると考えられる．この過程を一般に学習（learning）という．各例題 $(\boldsymbol{x}_i, \boldsymbol{y}_i)$ と多層パーセプトロン $\boldsymbol{f}_{\boldsymbol{w}}(\boldsymbol{x}) = (f_{L,1}(\boldsymbol{x}), \ldots, f_{L,m}(\boldsymbol{x}))$ の間の近さの尺度として誤差関数 $\ell(\boldsymbol{x}_i, \boldsymbol{y}_i, \boldsymbol{w})$ を考える．多層パーセプトロンの学習において典型的に用いられる誤差関数は，二乗誤差：

$$\ell(\boldsymbol{x}_i, \boldsymbol{y}_i, \boldsymbol{w}) = \sum_{j=1}^{m} (y_{ij} - f_{L,j}(\boldsymbol{x}_i))^2 \tag{2.5}$$

である．すべての例題に対する誤差の総和を $\ell(\boldsymbol{w}) = \sum_{i=1}^{n} e_i(\boldsymbol{x}_i, \boldsymbol{y}_i \boldsymbol{w})$ と書き，これを学習誤差（training error）という．ただし，学習誤差を $\ell(\boldsymbol{w})/n$ で定義する場合もある．多層パーセプトロンの学習では，一般に，学習誤差の大域的最小値を与える結合重みを求めることは困難であり，通常は，局所的な反復法を用いる必要がある．もっとも単純な学習の方法は，$\boldsymbol{w}(0)$ を適当に決め，繰り返し回数 t において，

$$\boldsymbol{w}(t+1) = \boldsymbol{w}(t) - \eta \Delta \boldsymbol{w}(t) \tag{2.6}$$

$$\Delta \boldsymbol{w}(t) = \frac{\partial \ell(\boldsymbol{w}(t))}{\partial \boldsymbol{w}(t)} \tag{2.7}$$

により重みを修正する方法である．この方法を最急降下法（steepest descent

method）という．ここで，η は小さい正定数であり，これを学習率（learning rate）という．式 (2.6) および (2.7) では，すべての例題を基に学習を行うものであり，これを一括学習（batch learning）という．これに対して，式 (2.7) の $\ell(\boldsymbol{w})$ を $\ell(\boldsymbol{x}_i, \boldsymbol{y}_i, \boldsymbol{w})$ に置き換えた学習を逐次学習（incremental learning）という．逐次学習では，格納された例題の中から適当に例題を選びながら結合重みの更新を行うことになる．また，ここで述べたような，すでに格納されている n 個の例題に対する学習をオフライン学習（off-line learning）といい，例題が与えられるたびに結合重みの更新を行い，学習した例題を捨てる状況をオンライン学習（on-line learning）という．

二乗誤差の下での逐次学習の場合，式 (2.7) は，偏微分の計算に合成関数の微分（Chain rule）を用いると

$$\Delta w_{l-1,j,k}(t) = \delta_{i,l,k}(t) f_{l-1,j}(\boldsymbol{x}_i) \tag{2.8}$$

$$\delta_{i,l,k}(t) = \begin{cases} \psi'(s_{l,k}(\boldsymbol{x}_i))(y_{i,k} - f_{L,k}(\boldsymbol{x}_i)) & (l = L) \\ \psi'(s_{l,k}(\boldsymbol{x}_i)) \left(\displaystyle\sum_{\nu=1}^{K_{l+1}} \delta_{i,l+1,\nu} w_{l,k,\nu} \right) & (l < L) \end{cases} \tag{2.9}$$

と書ける．$\delta_{i,l,k}$ を誤差信号といい，上式は，更新量が出力層から伝搬してくる誤差信号に基づき計算できることを意味している．この意味で，この規則を用いた学習則を誤差逆伝搬学習則（error backpropagation）という [58]．一括学習の場合もまったく同様に誤差逆伝搬学習法が構成できる．

2.3.2　学習の加速化

誤差逆伝搬学習則は，一般に，学習に時間がかかるという問題があることから，現在の更新量 $\Delta\boldsymbol{w}(t)$ に前回の更新方向の成分を定数倍した項 $\alpha\Delta\boldsymbol{w}(t-1)$ をつけ加える方法が提案されている [58]．この項を慣性項といい，小さい正定数 α を慣性係数（momentum factor）という．この方法では，前回の重みの更新方向と現在の更新方向の和により新たな更新方向が決まるため，α を適当に選ぶことができれば，更新による重みのふらつきが抑制され，スムーズに学習が進行するなどの効果が期待できる．こうした発見的な改良としては，その後，重みの履歴に関する平滑化微分と現在の更新の方向の比較による学習率の増減

法 [42]，勾配の増減に依存した慣性係数の増減法 [22]，非線形最適化における conjugate gradient 法を変形した形に帰着される動的慣性係数の導入 [76] などの数多くのアルゴリズムが提案されている．こうした発見的な方法では，慣性項における α など，学習のパラメータを適当に調整する必要があるが，一般に，そのための系統的な方法はなく，通常は，問題に応じて経験的に決められる．

一方，非線形最適化の分野では，最急降下法の収束が遅いことは古くから知られていた事実であり，それを解決するためのさまざまな方法が議論されてきた（たとえば文献 [23]）．中でももっとも基本的なものとして，Newton 法：

$$\boldsymbol{w}(t+1) = \boldsymbol{w}(t) - H^{-1}(\boldsymbol{w}(t))\frac{\partial \ell(\boldsymbol{w}(t))}{\partial \boldsymbol{w}(t)} \tag{2.10}$$

がある．ここで，$H(\boldsymbol{w})$ は，$\boldsymbol{w} = (w_1, \ldots, w_r)$ と書くとき，その (i, j) 成分が $\partial \ell(\boldsymbol{w})/\partial w_i \partial w_j$ で与えられる $r \times r$ 行列であり，これをヘッセ行列 (Hessian) という．$H^{-1}(\boldsymbol{w})$ は $H(\boldsymbol{w})$ の逆行列を意味する．最急降下法は誤差曲面の勾配情報しか用いていないのに対して，Newton 法は誤差曲面を二次形式で近似した場合の最小点に結合重みを更新するアルゴリズムとなっている．ただし，$\boldsymbol{w}$ の次元が大きい場合，ヘッセ行列の逆行列の計算に時間がかかることなどから，実用上は，ヘッセ行列あるいはその逆行列を逐次的に近似した quasi-Newton 法が用いられる．特に，多層パーセプトロンの場合，Newton 法を直接適用した事例はほとんどなく，quasi-Newton 法を用いる場合が多いようである．

非線形最適化の直接的な応用としては，このほかに，最急降下法と Newton 法の折衷である Levenberg-Marquardt 法，あるいは共役方向を導入した共役勾配法（conjugate gradient method）などのさまざまな非線形最適化アルゴリズムの利用が考えられる（たとえば文献 [23] 参照）．ただし，多層パーセプトロンの場合，これらの方法を直接適用しても学習が適切に進行しない場合があることや，大規模な場合を想定して計算コストを減らす必要があることなどから，Newton 法の場合に文献 [10]，quasi-Newton 法の場合に文献 [10, 12]，Levenberg-Marquardt 法の場合に文献 [32, 45]，conjugate gradient 法の場合に文献 [15, 43] などのさまざまな改良が研究されている．また，これらとは独立に，情報幾何学の観点から，仮定する確率構造により決まる勾配方向に基づき更新を行う自然勾配法（natural gradient method）が提案されており [7]，その更新方向を逐次的に計算する方法も与えられている [8].

2.3.3　最急降下法の停滞

上述した加速化法の提案と並行して，多層パーセプトロンの構造的な特殊性から生じる誤差曲面の性質に基づき，最急降下法が停滞する原因を調べる試みがなされている．文献 [66] は，早い時期に，多層パーセプトロンの誤差曲面に谷構造が存在し，最急降下法の場合には，谷の側面から別の側面へと結合重みの更新がなされるために収束が遅くなることを指摘した．これに着目し，谷底に沿って進むように更新方向を逐次修正することで，重みの振動を抑える学習法が提案されている [54]．一方，学習の早い段階では誤差が大きいため更新量が大きくなる．文献 [69] は，その大幅な更新によって，隠れ素子のシグモイド関数の出力が 0 あるいは 1 に近づき，勾配が非常に小さい値となるため，学習が停滞することを指摘している．

文献 [24] は，学習中に，隠れ素子の出力が線形従属となるところで，symmetric phase（plateau）とよばれる学習の停滞が生じることをつきとめている．この問題に対して，文献 [26] は，多層パーセプトロンの誤差曲面を解析し，plateau の原因の説明に成功した．隠れ素子数 k 個の 3 層パーセプトロンを N_k と表すと，すぐにわかるように，N_k は N_{k-1} の入出力関係を表現できて，後述するように，その表現を決める結合重みは一意ではない [33]．文献 [26] は，N_k の重み空間内では N_{k-1} を表現できる結合重みの集合が直線状の領域として存在し，その直線状の領域には，極小点となる部分と鞍点となる部分があることを示した．このとき，直線状の領域は一つの N_{k-1} に対応するから，そのうえでの誤差関数の値は同じである．この誤差曲面のイメージを図 2.2 に示す．このとき，最急降下法を用いて図 2.2 の点 A の位置から学習を開始すると，最初，結合重みは直線状の領域に近づき（点 B)，その領域に沿って鞍点部分に到達

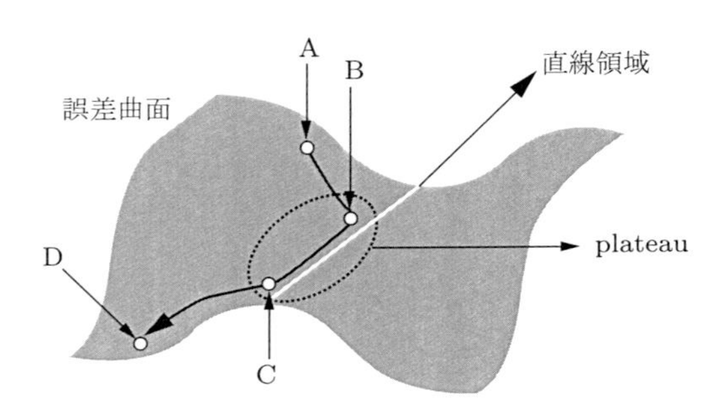

図 **2.2**　文献 [26] に基づく plateau の説明

した後（点 C），誤差が急激に減少することが直感的にわかる．この点 B と点 C の間は，勾配がほとんどないことから，学習の停滞が生じる．学習誤差のこうした挙動は経験的にも知られている．点 B と点 C の間は，N_k が N_{k-1} に縮退する点集合であり，この縮退は，隠れ素子の線形従属によっても生じるから，文献 [24] の議論と整合する．また，plateau の原因となる直線状の領域付近は，前述した谷構造とみることもでき，したがって，谷底に沿うような更新の方法 [54] は妥当であるといえる．

この plateau の回避については，文献 [8] において，適応的な自然勾配法が有効であることが数値的に示されている．理論的には，出力重み固定のパーセプトロンの場合に，加法雑音がないとき，自然勾配法が通常の最急降下法と比較して plateau をより早く抜けだすことが統計力学的な枠組みで示されている [56]．しかしながら，一般の多層パーセプトロンの場合についての解析的な評価はまだなされていない．また，多層パーセプトロンの学習のむずかしさの原因として，plateau を引き起こす直線状の領域が実用上どの程度本質的かについては，議論の余地が残る．

一方，多層パーセプトロンの学習では，局所最小値（local minimum）の問題が指摘されている．実際，誤差逆伝搬法による学習中に，明らかに最小値を与える重みとはほど遠い点で，誤差の変化がほとんどなくなる現象に遭遇することは多い．このため，通常は，複数の初期値から学習を試みる．しかしながら，たとえば，XOR 問題の場合に局所最小値が存在しないことが示されているなど [36]，局所最小値の存在自体は理論的に示されていない．実際，たとえば，図 2.2 の点 B と点 C の間では誤差の減少がほとんどなく，その区間を通過するために莫大な時間を要する可能性があり，これを局所最小値と間違えて学習を停止させる場合もあると考えられる．また，2.2.4 項の最後に述べたように，大域的最小値が無限遠点にある可能性もあり，こうした場合は，学習により大域的最小値を得ることは事実上不可能である．

2.3.4 多層パーセプトロンの応用

前節において，多層パーセプトロンが複雑な入出力関係を近似的に実現できることを述べ，本節において，その入出力関係を獲得する具体的な学習の方法について述べた．ここでは，多層パーセプトロンとそれに対する学習法により何ができるかをみておく．

- 入力データを m 個のクラスに分類するパターン認識の問題では，$\boldsymbol{x}_i \in \mathbf{R}^d$ が k 番目のクラス C_k に属していれば $y_{ik} = 1$ で，$j \neq k$ のとき $y_{ij} = 0$ となる $\boldsymbol{y}_i = (y_{i1}, \ldots, y_{im}) \in \mathbf{R}^m$ を教師データとすればよい．隠れ層・出力層の活性化関数としては，$(0, 1)$ に値をとるロジスティックシグモイド関数を用いることが多く，このとき，二乗誤差の下での学習により得られる出力は事後確率の推定値として解釈することができる [59]．パターン認識の具体的な応用としては，画像・音声の識別などが考えられる．
- 観測データのスムージング・雑音除去のためには，$x_i \in \mathbf{R}^d$ および $y_i \in \mathbf{R}$ として，適当に少ない層数・素子数を決めることができればよい．これは，非線形回帰の一種である．この場合，隠れ層の活性化関数としては非線形関数，出力層の活性化関数として線形関数が用いられる．
- $\boldsymbol{x}_i = \boldsymbol{y}_i \in \mathbf{R}^d$ として，適当な隠れ層の素子数 K を $d > K$ とすれば，d 次元のデータを一度 K 次元に落とした後，再構成することになるため，次元削減・特徴抽出が可能である．この場合，5層構造において，第2層と第4層の活性化関数を非線形関数，第3層と第5層を線形関数として，第3層を特徴空間とする構成がよく用いられ，これは非線形な主成分分析を実現していることになる [49]．
- ロボット制御の場合，たとえば，関節角とアームの先端の位置の間の関係などの関数近似も多層パーセプトロンにより実現できる．
- たとえば，株価や気象に関する時系列データ $\{x_1, \ldots, x_n\}$ の予測では，$(x_{i-d}, \ldots, x_{i-1})$ を入力データ，x_i を教師データとして，過去の d 個の値から現在の値を予測する非線形自己回帰モデルが構成できる．この場合には，隠れ層の活性化関数として非線形関数，出力層の活性化関数として線形関数を用いる．

2.4　多層パーセプトロンの汎化性

2.4.1　汎 化 誤 差

われわれは，学習後の多層パーセプトロンに対して，データに内在する規則性を獲得していること，あるいは，同じ生成構造をもつ未学習のデータに対して当てはまりがよいことを期待する．実際，この性質がなければ，たとえば，パターン認識において未知パターンを適切に分類できない，予測結果が信頼できないなどの問題が生じることは明らかである．一般に，データに潜む規則性を的確に獲得していれば未学習データに対してはある程度当てはまりがよいし，その逆もいえる．未学習データに対してモデルの当てはまりがよいとき，そのモデルは汎化性（generalization property）がよいといわれる．応用では，汎化性のよい多層パーセプトロンをいかにして構成するかが問題となる．

汎化性の議論は，データの背後に確率構造を想定することにより定式化される．いま，n 個のデータの組 $D = \{(\boldsymbol{x}_i, y_i) : \boldsymbol{x}_i \in \mathbf{R}^d,\ y_i \in \mathbf{R},\ 1 \le i \le n\}$ を $\mathbf{R}^{d+1}$ 上の確率分布 $Q(\boldsymbol{x}, y) = Q(y|\boldsymbol{x})Q(\boldsymbol{x})$ からの独立な n 個のサンプルの集まりとする．ここでは，確率分布 Q は確率密度 q をもつものとする．すなわち，$(X_1, Y_1), \ldots, (X_n, Y_n)$ を $\mathbf{R}^{d+1}$ 上の確率分布 Q に従う独立な確率変数列としたとき，各 (x_i, y_i) は (X_i, Y_i) の実現値として定義されることになる．結合重み $\boldsymbol{w}$ をもつ d 入力 1 出力の多層パーセプトロンを $f_{\boldsymbol{w}}$ と表す．$f_{\boldsymbol{w}}$ の汎化性は，誤差関数 ℓ を用いて，

$$R(\boldsymbol{w}) = E[\ell(X, Y, \boldsymbol{w})] = \int \cdots \int \ell(\boldsymbol{x}, y, \boldsymbol{w}) q(\boldsymbol{x}, y) d\boldsymbol{x} dy \tag{2.11}$$

により測られる．$R(\boldsymbol{w})$ を汎化誤差（generalization error）という．これは，未学習サンプルのいろいろな出方に対する $f_{\boldsymbol{w}}$ の平均的な当てはまりのよさの尺度ととらえることができる．いま，学習により得られた重みを $\widehat{\boldsymbol{w}}$ とすると，$\widehat{\boldsymbol{w}}$ はデータ D に依存するから，$\widehat{\boldsymbol{w}} = \widehat{\boldsymbol{w}}(D)$ である．われわれの興味は，特に，$\boldsymbol{w} = \widehat{\boldsymbol{w}}$ における汎化誤差 $R(\widehat{\boldsymbol{w}})$ と学習誤差 $\ell(\widehat{\boldsymbol{w}})/n$ にある．ただし，$R(\widehat{\boldsymbol{w}})$ と $\ell(\widehat{\boldsymbol{w}})/n$ は，サンプル D の確率的変動をともなう確率変数だから，通常は，E_D をサンプル D に関する期待値として $E_D\left[R(\widehat{\boldsymbol{w}})\right]$ や $E_D\left[\ell(\widehat{\boldsymbol{w}})/n\right]$ を評価したり，$\alpha_n \in \mathbf{R}$ をサンプル数 n に依存して決まる定数として $P\left[R(\widehat{\boldsymbol{w}}) > \alpha_n\right]$ や $P\left[\ell(\widehat{\boldsymbol{w}})/n > \alpha_n\right]$ を評価するのが一般的である．

2.4.2　Bias と Variance

簡単に示されるように，誤差関数として二乗誤差を採用すれば，汎化誤差を最小とする関数は，入力 X に対する条件付き期待値 $f^*(X) = E[Y|X]$ となる．このとき，汎化誤差は，$R'(\boldsymbol{w}, X) = (f^*(X) - f_{\boldsymbol{w}}(X))^2$ とおいて，

$$R(\boldsymbol{w}) = E\left[(Y - f^*(X))^2\right] + E_X\left[R'(\boldsymbol{w}, X)\right] \tag{2.12}$$

と書ける．上式第1項は $\boldsymbol{w}$ に関係しない定数だから，汎化誤差の定義として，第2項を採用する場合も少くない．ここで，$X = \boldsymbol{x}$ における学習後の出力の平均値を $f^*_{\boldsymbol{w}}(\boldsymbol{x}) = E_D[f_{\widehat{\boldsymbol{w}}}(\boldsymbol{x})]$ と定義すると，

$$E_D[R'(\boldsymbol{w},\boldsymbol{x})] = (f^*(\boldsymbol{x}) - f^*_{\boldsymbol{w}}(\boldsymbol{x}))^2 + E_D\left[(f^*_{\boldsymbol{w}}(\boldsymbol{x}) - f_{\widehat{\boldsymbol{w}}}(\boldsymbol{x}))^2\right] \tag{2.13}$$

が得られる [31]．上式第1項は，汎化誤差を最小とする関数の出力と学習後の出力の平均値の間の隔たりの度合いを表しており，第2項は，学習後の出力の平均値の周りでのばらつきを表している．前者を bias，後者を variance という．bias を小さくするためには，多層パーセプトロンを複雑にすればよいが，そうすると，データ数が有限であることから，オーバーフィッティング（over-fitting）が生じ，variance が大きくなる．逆に，variance を小さくしようと思えば構造を単純にすればよいが，このときには bias が大きくなる．すなわち，汎化誤差は bias と variance のトレードオフにより決まる．

ここでは，直感的な説明のために，二乗誤差を例として汎化性を論じた．より一般的には，多層パーセプトロンにより決まるパラメトリックな確率モデル $p_{\theta(\boldsymbol{w})}$ により確率密度 q を学習するというとらえ方ができる．ただし，$\theta(\boldsymbol{w})$ は確率モデルのパラメータであり，重み $\boldsymbol{w}$ をその要素として含むものである．たとえば，確率分布として Gauss 分布を仮定すれば，$\theta = (\boldsymbol{w}, \sigma^2)$ として，$p_{\theta(\boldsymbol{w})}(y|\boldsymbol{x}) = \left(2\pi\sigma^2\right)^{-1/2} \exp\left(-(y - f_{\boldsymbol{w}}(\boldsymbol{x}))^2/2\sigma^2\right)$ と書ける．このとらえ方は，統計学における最尤推定（maximum likelihood estimation）の枠組みにほかならない．この場合には，誤差関数を $\ell(\boldsymbol{x}, y, \theta(\boldsymbol{w})) = -\log p_{\theta(\boldsymbol{w})}(\boldsymbol{x}, y)$ として，学習誤差と汎化誤差が定義される．最尤推定では，学習誤差を最小とするパラメータ値を最尤推定量（maximum likelihood estimator）という．$\theta(\boldsymbol{w})$ の第 i 成分を θ_i として，$E[\partial \log p_{\theta(\boldsymbol{w})}(X, Y)/\partial\theta_i\partial\theta_j]$ を (i, j) 成分とする行列を $I(\theta(\boldsymbol{w}))$ と書く．$I(\theta(\boldsymbol{w}))$ を Fisher 情報行列（Fisher information matrix）という．ここで，$q = p_{\theta^*(\boldsymbol{w}^*)}$，すなわち，真のパラメータ値 $\theta^*(\boldsymbol{w}^*)$ が存在するものとすると，適当な仮定の下で，データ数が十分多いとき，最尤推定量は，$\theta^*(\boldsymbol{w}^*)$ を平均，$I^{-1}(\theta(\boldsymbol{w}))$ を分散共分散行列とする正規分布に従うことが知られている [18]．この性質は漸近正規性 (asymptotic normality) とよばれ，統計的モデルを理論的に扱ううえで中心的な役割をはたす．最尤推定の下での汎化誤差についても bias–variance 分解が可能であることが知られている [2, 37].

2.4.3　統計的モデル選択

一般に,「学習」という言葉は，与えられた学習データに近い多層パーセプトロンを獲得する過程であり，必ずしも，学習により得られた多層パーセプトロンの汎化性がよいとは限らない．大雑把にいうと，多層パーセプトロンのサイズが小さすぎる場合，bias が大きくなるし，逆に大きすぎる場合，オーバーフィッティングによる variance が大きくなり，いずれの場合も汎化性は悪い．ここでいうサイズとは，素子数あるいは層数を意味する．すなわち，汎化性のよい多層パーセプトロンを構成するための一つの方法として，適切なサイズを選ぶことが考えられる．これは，統計的モデル選択（statistical model selection）の問題としてとらえることができ，そのための一般的な規準がいくつか提案されている [1, 2, 60, 63]．多層パーセプトロンにおいてもモデル選択の重要性は認識されており，正則化つき最小二乗推定のもとでの規準 GPE（Generalized Prediction Error）[50] や，汎化誤差の一般的な推定値である NIC（Network Information Criterion）[51] が提案されている．これらの解析的な規準は，いずれも,［学習誤差］＋［モデルサイズに対するペナルティ］の形で与えられる．多層パーセプトロンの素子数を増やすと第 1 項の学習誤差は小さくなるが，第 2 項のペナルティが大きくなる．逆に，素子数が少ない場合は第 2 項が小さくなるが，表現力が乏しいために第 1 項は大きくなる．すなわち，モデル選択規準は，bias と variance のトレードオフを定式化した形となっており，この規準を最小とするサイズがそのトレードオフの解となる．こうした規準は，簡明であるため，応用上有効であると考えられる．一方で，これらの規準を適用するうえで，学習誤差の最小値を達成する重みに十分近い重みが学習により得られる必要があり，これは多層パーセプトロンの場合には必ずしも保証されない．また，学習誤差の最小値が得られたとしても，後述するように，多層パーセプトロンの階層性から生じる問題が指摘されている [3, 33, 74]．

そこで，解析的な規準を用いる代わりに，統計学で古くから知られている cross validation や bootstrap などのリサンプリング法を用いることが考えられる．たとえば，leave-one-out cross validation では，あるサンプルを除いて学習し，除いたサンプルに対する誤差（評価誤差）を計算する．これをすべてのサンプルに対して行い，評価誤差の平均により規準を構成する．ただし，この方法では多数のデータに対する学習の繰り返しが必要となるため，実用上は，たとえば，全データを v 個の部分データに分割して同様な評価を行う v-fold cross validation[14] を用いることが多く，与えられたデータを学習用と評価用の二つに分割する方法（2-fold cross validation）はその典型である．ただし，こうした場合のデータの系統的な分割の仕方はほとんど知られておらず，その分割の仕方にモデル選択が大きく依存してしまう可能性があるため，注意する必要がある．

また，多層パーセプトロンの分野では，サイズ最適化のための発見的な方法として，学習誤差に対する重みや素子出力の感度を学習中に計算して，結合の有無やサイズをダイナミックに最適化する枝刈り（pruning）アルゴリズムなども多数提案されている（たとえば [21, 57]）．しかしながら，枝刈りのための規準などは経験的に決める必要があり，それに対する理論的な解はまだ得られていない．

2.4.4　Early stopping と正則化

一方，見方を変えると，モデル選択の問題は，二乗誤差のようなデータとの近さしかみない規準に関して学習を行うことに起因して生じていると考えることができる．そこで，その規準に関して学習しすぎないように適当なところで学習を止める方法や学習の規準自体を修正する方法が考えられる．

一般に，比較的大きいサイズの多層パーセプトロンの学習では，学習が進行するにつれて学習誤差は減少するが，汎化誤差はある時点から増加する場合があることが知られている．この現象を過学習（over-training）という．もし，過学習が生じるならば，汎化誤差が増加し始める時点で学習を停止させれば，ある程度汎化性のよい多層パーセプトロンが構成できる．これを early stopping という．early stopping の方法としては，2-fold cross validation が一般的である．すなわち，全データを学習用と評価用に分割し，学習データに対する学習の各時点で，評価用データに対して評価誤差を計算し，それが増加し始めた時点で学習を止める方法である．理論的には，統計的漸近理論（statistical asymptotic theory）を用いた early stopping の解析がなされている [6]．そこでは，汎化誤差を最小とする最適な停止時間において，汎化誤差は $O(1/n^2)$ のオーダのところでしか改善されないことが示されている．ここで，n はデータ数である．ただし，この結果は漸近的な状況を仮定しているため，データ数が比較的小さい場合には有効である可能性があるが，データ数が小さい場合の理論はまだ知られていない．

一方，後者の方法としては，$r(\boldsymbol{w})$ をオーバーフィッティングに対するペナルティを与える関数として，

$$c(\boldsymbol{w}) = \ell(\boldsymbol{w}) + \lambda r(\boldsymbol{w}) \tag{2.14}$$

に関して学習を行う方法が一般的である．この方法を正則化法（regularization method）といい，$r(\boldsymbol{w})$ を正則化項（regularizer）という．$\lambda > 0$ は，誤差 $\ell(\boldsymbol{w})$ とペナルティである正則化項 $r(\boldsymbol{w})$ のバランスを決めるパラメータで，正則化パラメータ（regularization parameter）とよばれている．正則化法は比較的簡単に汎化性のよい多層パーセプトロンを構成できることから，応用においてもよく用いられる．正則化項は，大きい値の結合重みに対するペナルティが一般的である．たとえば，式 (2.3) において，$\boldsymbol{w}_j$ の値が大きければいくらでも急峻な出力が得られるが，そうした関数がデータに潜む規則性とは考えにくく，それに対する制限を与えるのが正則化である．

正則化項の種類としては，重みベクトルを $\boldsymbol{w} = (w_1, \ldots, w_m)$ と書くと，$r_1(\boldsymbol{w}) = \sum_{j=1}^{m} |w_j|$[41, 75] や $r_2(\boldsymbol{w}) = \sum_{j=1}^{m} |w_j|^2$[55] などが提案されている．$r_2$ は単純に重みの値を制限するのに対して [11]，r_1 は正則化パラメータの値により決まるレベル以下の値の重みを削除して多層パーセプトロンを構造化する効果がある [41, 75]．正則化項は，ベイズ推定のもとでの事前分布と対応する形で定式化でき，事前分布として Gauss 分布を用いた場合の事後確率最大化学習が r_2 の場合に，Laplace 分布を用いた場合が r_1 の場合にそれぞれ対応することが示されている [75]．このため，前者を Gauss 型，後者を Laplace 型とよぶ．

正則化法を用いるうえで重要なことは，正則化パラメータ λ の適切な決定法であり，一つの単純な方法としては，2–fold cross validation を用いることが考えられる．理論的には，ベイズ的立場において，evidence maximization[48] や integrating over hyperparameter[13] などの方法が知られている．統計的漸近理論の枠組みでは，Gauss 型の正則化項の場合について，NIC に基づく正則化パラメータの決め方が示されている [53]．この結果でも，データ数 n がある程度大きければ，汎化誤差は $O(1/n^2)$ のオーダのところで改善される程度であることがみられる．ただし，early stopping の場合と同様に，データ数が比較的小さい場合には正則化は有効となる可能性がある．また，通常の正則化法では，基本的に重み全体に対して単一の正則化パラメータを導入しているが，重

みごとに正則化パラメータを導入し，それらを cross validation により決める方法も提案されている [61].

以上では，early stopping と正則化法を個別に扱ったが，Gauss 型の正則化項を用いた正則化法と early stopping は密接な関係にあることが指摘されており [11]，実は，適当な仮定のもとで，正則化パラメータと停止時間は一対一に対応することが示されている [64].

2.4.5　特異モデルとしての多層パーセプトロン

いま，二つの隠れ素子をもつ3層パーセプトロンの出力 $f_2(x) = v_1\psi(w_1 \cdot x + w_{1,0}) + v_2\psi(w_2 \cdot x + w_{2,0})$ を考える．$f_2(x)$ において，$(v_1, w_1, w_{1,0})$ と $(v_2, w_2, w_{2,0})$ を取り換えても，すなわち，隠れ素子を交換しても出力は変わらない．このことは，大域的な最小値は一つではなく，つねに複数個存在することを意味しており，重み空間が出力に関して同値な錐形状の領域に分割されることが示されている [16]．一方，隠れ素子の入れ換えを除いて重みが一意に定まるための条件として，多層パーセプトロンが irreducible である（minimal である）ことが示されている [65]．たとえば，もっとも単純な場合として，隠れ素子が一つの3層パーセプトロンの出力 $f_1(x) = v\psi(w \cdot x + w_0)$ を上記 $f_2(x)$ で表現することを考える．このとき，任意の x について，$v_1 = v$，$w_1 = w$，$w_{1,0} = w_0$，$v_2 = 0$ ととれば，任意の w_2 および $w_{2,0}$ に対して，$f_1(x) = f_2(x)$ が成り立つ．また，$w_1 = w_2 = w$，$w_{1,0} = w_{2,0} = w_0$ ととれば，$v_1 + v_2 = v$ であればよい．このとき，f_2 は f_1 を表すのに冗長（reducible）である（minimal でない）．この例からわかるように，reducible な場合の重みの取り方はある次元をもって存在する．すなわち，f_2 の重み空間には，f_1 を表す結合重みが集合として埋めこまれている．2.3.3 項の plateau の問題は，このことに起因して生じる．統計学の言葉によると，この場合，f_1 を表す f_2 の結合重みの値は識別不能（unidentifiable）であるという．

通常の統計的漸近理論を多層パーセプトロンに適用する場合，真の結合重みの存在性と識別可能性を暗黙の仮定とし，Fisher 情報行列が正則であるものとして，最尤推定量の漸近正規性が用いられる．このとき，Fisher 情報行列の正則性と文献 [65] の意味での minimality は同値であることが示されている [25].

前述したモデル選択規準，過学習の理論，正則化の理論は，いずれも，この性質を利用した解析的な結果である．ところが，真の結合重みの値により決まる多層パーセプトロンがあるとき，それより冗長な（reducible な）多層パーセプトロンでは，真の結合重みの値が識別不能となる．直感的には，真の結合重みの値が一意（あるいは有限個）ならば，その周りに最尤推定量が分布するが，識別不能な場合，その集合内のどれかの点の周りに推定量が集中することはなく，漸近正規性が成り立たないことは容易に想像できる．汎化性の問題は，おもに，サイズが比較的大きい場合のオーバーフィッティングの扱いが中心となるが，こうした場合は，上述した reducible な状況を考えるほうが妥当であり，したがって，識別不能な場合を扱わなければならない．多層パーセプトロンの場合に識別可能性が失われる状況が生じ，統計的モデルとして扱う際に注意が必要であることは，[3, 33, 74] によって指摘されている．このように，識別可能性が失われ，Fisher 情報行列が正則でなくなるモデルは，特異モデル（singular model）とよばれている．以下では，この方面での研究の動向について簡単に触れる．

文献 [27] は，局所錐形モデル [20] の定式化を 3 層パーセプトロンの最尤推定に導入し，雑音の確率分布として正規分布・二項分布を含む広いクラスを仮定したもとで，シグモイド型の隠れ素子が二つ以上の reducible な場合の学習誤差の減少分が確率的に $O(\log n)$ より小さいことを示している．同様な結果は文献 [34, 35] においても得られており，このオーダは，Fisher 情報行列が正則な場合の定数オーダ [51] より大きい．興味深い点は，文献 [27, 34, 35] の結果が，いずれも，多層パーセプトロンの出力が入力空間上で任意に狭い領域に制限できることを用いて得られているところにある．こうした状況は，たとえば，非常に近い急峻なロジスティックシグモイドの出力の差分をとる，あるいは，Gauss 型の素子において幅パラメータを小さくするなどして構成できる．実際，重み空間のコンパクト性を仮定すれば，学習誤差の期待値の減少分は定数オーダとなること [72] やステップ型の隠れ素子一つの場合には学習誤差の減少分が確率的に $O(\log\log n)$ となることが示されており [44]，実は，活性化関数の違いによっても性質は異なる．

一方，ベイズ推定の場合の理論的な取り扱いでは，事後分布をラプラス近似する場合が多い（たとえば [48]）が，これは特異モデルの観点からは適切ではない．文献 [70, 71] は，予測分布と真の分布の KL（Kullback-Leibler）情報量として定義される汎化誤差の漸近的挙動を，代数解析の手法を用いて明らかにしており，特異モデルの汎化誤差が通常の統計的漸近理論が適用できるモデルの場合より小さくなることを示している．また，特異モデルの場合には事前分布のとり方により汎化誤差が大きく左右されることも示されている [73]．特異モデルの観点は，汎化性の問題だけでなく，前述したように plateau の問題など学習においても重要な役割をはたす．ただし，2.2.4 項に述べたように，irreducible な状況であっても，パラメータ値が発散する場合があるため注意を要する．こうした場合，現実的には最尤推定量は得られないし，もし，真のパラメータ値が無限遠点に存在している場合などは，通常の統計的漸近理論は適用できない．

2.5　おわりに

本章では，多層パーセプトロンにおける関数近似・学習・汎化性の問題について概観した．ここでは，特に多層パーセプトロンに限定して話を進めたが，その議論のほとんどすべては Radial Basis Function にも当てはまる．最後に述べたように，多層パーセプトロンの今後の理論的研究のテーマの一つとして，特異モデルとしての取り扱いは汎化性・学習を考えるうえで重要な位置を占めていると思われる．一方で，汎化性における特異モデルの話題は，多層パーセプトロンをパラメトリックモデルとして扱うことから生じたといえる．Vapnik[68] の提唱する統計的学習理論（statistical learning theory）では，ノンパラメトリックな取り扱いがなされており，モデルの特異性に関係しない理論が構成されている．その中では，モデル選択の方法として汎化誤差の VC（Vapnik-Chervonenkis）上界を最小化する SRM（Structural Risk Minimization）が提案されている [68]．この VC 上界自体は漸近的でない場合にも成り立つが，SRM により選ばれたモデルが真のモデルに漸近的に一致するという意味で理論的には成功を収めている．しかしながら，その具体的応用に関する報告は少ない [17]．特異モデルの性質上，ノンパラメトリックな取り扱いは重要であり，応用における VC 理論の進展も期待される．

参考文献

[1] Akaike, H. : “On entropy maximization principle”, in *Application of Statistics*, P.R. Krishnaiah ed., North-Holland, Amsterdam, 27–41, 1977.

[2] Akaike, H. : "Information theory and an extension of the maximum likelihood principle", in *2nd International Symposium on Information Theory*, B. N. Petrov and F. Csaki eds., Budapest, Akademiai Kiado, 267–281, 1973.

[3] Amari, S., and Ozeki, T. : "Differential and algebraic geometry of multilayer perceptrons", *IEICE Trans. Fundamentals*, **E84-A**, 31–38, 2001.

[4] Amari, S. : "Theory of adaptive pattern classifiers", *IEEE Trans. Electron. Computers*, **EC-16**, 299-307, 1967.

[5] Amari, S. : "Mathematical foundations of neurocomputing", *Proceedints of the IEEE*, **78**, 9, 1443-1463, 1990.

[6] Amari, S., Murata, N., Müller, K.R., Finke, M. and Yang, H.H. : "Asymptotic statistical theory of overtraining and cross-validation", *IEEE Trans. on Neural Networks*, **8**, 985–996, 1997.

[7] Amari, S. : "Natural gradient works efficiently in learning", *Neural Computation*, **10**, 251–276, 1998.

[8] Amari, S., Park, S., and Fukumizu, K. : "Adaptive method of realizing natural gradient learning for multilayer perceptron", *Neural Computation*, **12**, 1399–1409, 2000.

[9] Barron, A.R. : "Universal approximation bounds for superpositions of a sigmoidal function", *IEEE Trans. on Information Theory*, **39**, 930-945, 1993.

[10] Battiti, R. : "First- and second-order methods for learning: Between steepest descent and Newton's method", *Neural Computation*, **4**, 141–166, 1992.

[11] Bishop, C.M. : "Neural networks for pattern recognition", Oxford University Press, New York, 1995.

[12] Bortoletti, A., Fiore, C.D., Fanelli, S., and Zellini, P. : "A new class of quasi-Newtonian methods for optimal learning in MLP-networks", *IEEE Trans. on Neural Networks*, **14**, 263–273, 2003.

[13] Buntine, W.L., and Weigend, A.S. : "Bayesian back-propagation", *Complex Systems*, **5**, 603–643, 1991.

[14] Burman, P. : "A comparative study of ordinary cross-validation, v-fold cross-validation and the repeated learning-testing methods", *Biometrika*, **76**, 503–514, 1989.

[15] Charalambous, C. : "Conjugate gradient algorithm for efficient training of artificial neural networks", *IEEE Proceedings*, **139**, 301–310, 1992.

[16] Chen, A.M., Lu H., and Hecht-Nielsen, R. : "On the geometry of feedfor-

ward neural network", *Neural Computatioin*, **5**, 910–927, 1993.

[17] Cherkassky, V., Shao, X., Mulier, F.M., and Vapnik, V.N. : "Model complexity control for regression using VC generalization bounds", *IEEE Trans. Neural Networks*, **10**, 1075–1089, 1999.

[18] Cramer, H. : "Mathematical Methods of Statistics, Princeton University Press, Princeton, NJ, 1946.

[19] Cybenko, G. : "Approximation by superpositions of a sigmoid function", *Mathematics of Control, Signals and Systems*, **2**, 303-314, 1989.

[20] Dacunha–Castelle, D., and Gassiat, E. : "Testing in locally conic models, and application to mixture models", *ESAIM Probability and Statistics, 1*, 285–317, 1997.

[21] Engelbrecht, A.P. : "A new pruning heuristic based on variance analysis of sensitivity information", *IEEE Trans. on Neural Networks*, **12**, 1386-1399, 2001.

[22] Fahlman, S.E. : "Faster-learning variations on back propagation: An empirical study", In *Proceedings of the 1988 Connectionist Models Summer School*, 38–51, 1988.

[23] Fletcher, R. : "Practical methods of optimization", *2nd Edtion, John Wiley & Sons*, 1987.

[24] Freeman, J.A.S., and Saad, D. : "Online learning in radial basis function networks", *Neural Computation*, **9**, 1601-1622, 1997.

[25] Fukumizu, K. : "A regularity condition of the information matrix of a multilayer perceptron network", *Neural Networks*, **9**, 871-879, 1996.

[26] Fukumizu, K., and Amari, S. : "Local minima and plateaus in hierarchical structures of multilayer perceptrons", *Neural Networks*, **13**, 317-327, 2000.

[27] Fukumizu, K. : "Likelihood ratio of unidentifiable models and multilayer neural networks",*The Annals of Statistics*, to be published, 2003.

[28] Funahashi, K. : "On the approximate realization of continuous mappings by neural networks", *Neural Networks*, **2**, 183-192, 1989.

[29] Funahashi, K. : "Approximate realization of identity mappings by three-layer neural networks", *Electronics and Communication in Japan*, **73**, 61-68, 1990.

[30] Funahashi, K. : "Multilayer neural networks and Bayes decision theory", *Neural Networks*, **11**, 209-213, 1998.

[31] Geman, S., Bienenstock, E. and Doursat, R. : "Neural networks and the

bias/variance dilemma", *Neural Computation*, **4**, 1-58, 1992.

[32] Hagan, M.T., Menhaj, M. : "Training feedforward networks with the Marquardt algorithm", *IEEE Transactions on Neural Networks*, **5**, 989–993, 1994.

[33] Hagiwara, K., Toda, N., and Usui, S. : "On the problem of applying AIC to determine the structure of a layered feedforward neural network", In *Proc. of IJCNN*, **3**, Nagoya, Japan, 2263–2266, 1993.

[34] Hagiwara, K., Hayasaka, T., Toda, N., Usui, S., and Kuno, K. : "Upper bound of the expected training error of neural network regression for a Gaussian noise sequence", *Neural Networks*, **14**, 1419–1429, 2001.

[35] Hagiwara, K. : "On the problem in model selection of neural network regression in overrealizable scenario", *Neural Computation*, **14**, 1979-2002, 2002.

[36] Hamey, L.G.C. : "XOR has no local minima: A case study in neural network error surface analysis", *Neural Networks*, **11**, 669–681, 1998.

[37] Heskes, T. : "Bias/variance decompositions for likelihood-based estimators", *Neural Computation*, **10**, 1425-1433, 1998.

[38] Hornik, K., Stinchcombe, M., and White, H. : "Multi-layer feedforward networks are universal approximators", *Neural Networks*, **2**, 359-366, 1989.

[39] Hornik, K., Stinchcombe, M., and White, H. : "Universal approximation of an unknown mapping and its derivatives using multilayer feedforward networks", *Neural Networks*, **3**, 551-560, 1990.

[40] Hornik, K. : "Some new results on neural network approximation", *Neural Networks*, **6**, 1069-1072, 1993.

[41] Ishikawa, M. : "Structural learning with forgetting", *Neural Networks*, **9**, 509–521, 1996.

[42] Jacobs, R.A. : "Increased rates of convergence through learning rate adaptation", *Neural Networks*, **1**, 295–307, 1988.

[43] Johansson, E.M., Dowla, F.U., and Goodman, D.M. : "Backpropagation learning for multilayer feed-forward neural networks using the conjugate gradient method", *International Journal of Neural Systems*, **2**, 291–301, 1992.

[44] Kitahara, M., Hayasaka, T., Toda, N., and Usui, S. : "On the statistical properties of least squares estimators of layered neural networks", *IEICE Transactions*, **J86-D-II**, 563–570, 2003. (in Japanese).

[45] Kollias, S., Anastassiou, D. : "An adaptive least squares algorithm for the efficient training multilayered networks", *IEEE Trans. on Circuits & Systems*, **36**, 1092–1101, 1989.

[46] Kreinovich, V.Y. : "Arbitrary nonlinearity is sufficient to represent all functions by neural networks : A theorem", *Neural Networks*, **4**, 381-383, 1991.

[47] Leshno, M., Lin, V.Y., Pinkus, A., and Schocken, S. : "Multilayer feedforward networks with a nonpolynomial activation function can approximate any function", *Neural Networks*, **6**, 861-867, 1993.

[48] Mackay, D. : "Bayesian interpolation", *Neural Computation*, **4**, 415–447, 1992.

[49] Malthouse, E.C. : "Limitaions of nonlinear PCA as performed with generic neural networks", *IEEE Trans. on Neural Networks*, **9**, 165–173, 1998.

[50] Moody, J. E. : "The effective number of parameters: an analysis of generalization and regularization in nonlinear learning systems", In *Advances in Neural Information Processing Systems*, **4**, 598–605, 1992.

[51] Murata, N., Yoshizawa, S., and Amari, S. : "Network information criterion – determining the number of hidden units for an artificial neural network model", *IEEE Trans. on Neural Networks*, **5**, 865–872, 1994.

[52] Murata, N. : "An integral representation of functions using three-layered networks and their approximation bounds", *Neural Networks*, **9**, 947-956, 1996.

[53] Murata, N : "Bias of estimators and regularization terms", In *Proc. of IBIS'98*, Hakone, Japan, 87–94, 1998.

[54] Ochiai, K., Toda, N., Usui, S. : "Kick-Out learning algorithm to reduce the oscillation of weights", *Neural Networks*, **7**, 1994.

[55] Plaut, D., Nowlan, S., and Hinton, G. : "Experiments on learning by backpropagation", *Technical Report*, **CMU-CS-86-126**, Carnegie-Melon, Department of Computer Science, Pittsburgh, PA, 1986.

[56] Rattray, M., Saad, D., and Amari, S. : "Natural gradient descent for on-line learning", *Physical Review Letters*, **81**, 5461–5464, 1998.

[57] Reed, R. : "Pruning algorithms - A survey", *IEEE Transactions on Neural Networks*, **4**, 740-747, 1993.

[58] Rumelhart, D.E., Hinton, G.E., & Williams, R.J. : "Learning internal representations by error propagation", *Parallel Distributed Processing, Vol-*

ume 1, MIT Press, 318-362, 1986.

[59] Richard, M.D., and Lippmann, R.P. : "Neural network classifiers estimate Bayesian *a posteriori* probabilities", *Neural Computation*, **3**, 461-483, 1991.

[60] Rissanen, J. : "Modeling by shortest data description", *Automatica*, **14**, 465–471, 1978.

[61] Saito, K., and Nakano, R. : "Discovery of relevant weights by minimizing cross-validation error", *IEICE Transactions*, **J84-D-II**, 178-187, 2001. (in Japanese).

[62] Scarselli, F., Tsoi, C. : "Universal approximation using feedforward neural networks : a survey of some existing methods, and some new results", *Neural Networks*, **11**, 15–37, 1998.

[63] Schwarz, G. : "Estimating the dimension of a Model", *The Annals of Statistics*, **6**, 461–464, 1978.

[64] Sjöberg, J., and Ljung, L. : "Overtraining, regularization and searching for a minimum, with application to neural networks", *Internal. J. Control*, **62**, 1391-1407, 1995.

[65] Sussmann, H.J. : "Uniqueness of the weights for minimal feedforward nets with a given input-output map", *Neural Networks*, **5**, 589–593, 1992.

[66] Sutton, R.S. : "Two problems with backpropagation and other steepest-descent learning procedures for networks", In *Proc. of Eightth Annual Conference of the Cognitive Science Society*, 823–831, 1986.

[67] Toda, N., Funahashi, K., and Usui, S. : "Polynomial functions can be realized by finite size multilayer feedforward neural networks", In *Proc. of IJCNN*, Singapore, 343-348, 1991.

[68] Vapnik, V.N. : "Statistical learning theory", Wiley, NY, 1998.

[69] Vitela, J.E., and Reifman, J. : "Premature saturation in backpropagation networks : mechanism and necessary conditions", *Neural Networks*, **10**, 721–735, 1997.

[70] Watanabe, S. : "Algebraic analysis for nonidentifiable learning machines", *Neural Computation*, **13**, 899-933, 2001.

[71] Watanabe, S. : "Algebraic geometrical methods for hierarchical learning machines", *Neural Networks*, **14**, 1049–1060, 2001.

[72] Watanabe, S. : "Training and generalization errors of learning machines with algebraic singularities", *IEICE Transactions*, **J84-A**, 99–108, 2001. (in Japanese).

[73] Watanabe, S. : "Algebraic information geometry for learning machines with sigularities", *Advances in Neural Information Processing Systems*, **13**, 329-336, 2001.

[74] White, H. : "Learning in artificial neural networks : A statistical perspective", *Neural Computaion*, **1**, 425–464, 1989.

[75] Williams, P.M. : "Bayesian regularization and pruning using a Laplace prior", *Neural Computation*, **7**, 117–143, 1995.

[76] Yu, X., Loh, N. K., and Miller, W. C. : "A new acceleration technique for the backpropagation algorithm", In *Proc. of ICANN*, **3**, 1157–1161, 1993.

[77] Yukich, J.E., Stinchcombe, M.B., and White, H. : "Sup-norm approximation bounds for networks through probabilistic methods", *IEEE Trans. on Information Theory*, **41**, 1021-1027, 1995.

第3章

カーネルマシン

データが与えられ，それを学習させて予測や分類といった目的に用いる際，もっとも単純な学習モデルとして線形モデルがある．線形モデルでは，たとえば最小二乗法などのように，簡単に解を求めることができる．ただし，線形モデルがうまくいっているうちは何の問題もないが，対象が複雑になるにつれて，だんだん役不足になってくる．そこで，モデルを非線形にしたり，あるいは，いっそのこと全部のサンプルを覚えておく，メモリベースドな方法を試したりすることになる．

しかしながら，モデルを複雑にすると新たな困難がいろいろ生じてくる．複雑なモデルでは一般に学習に要する時間が非常に長くなったり，学習途中で局所解に捕まって抜けだせなくなったりするという問題がある．また，与えられたデータにはよくフィットしているが，未知のデータにはまったく的外れな答えをだしたりする．これは汎化の問題とよばれる．たとえばメモリベースドな方法の極端な例として，与えられたデータ点では正しい答えをだし，それ以外ではランダムな答えを出力するようなものを考えると，それは学習システムとしてはほとんど意味がない．

それでは，線形の性質を保ったまま，複雑な対象を処理できないものだろうか．本章で説明するカーネルマシンは，そのような要求を満たすものの一つである．線形モデルにカーネルという武器を与えることによって，学習に要する計算量を低く保ちながらも，メモリベースド識別器並みの高い記述能力をもたせることができる．ただし，そのままでは上に述べたような無意味なものになりかねない．そこで，学習データの近くでは同じような答えをだすという，一種の「なまし」をすることによって高い汎化能力を保つことができる．これを正則化とよぶ．

以下ではそのようなモデルの代表選手であるサポートベクタマシン（SVM：support vector machine）を中心として，カーネルを用いた学習システムの汎化能力や計算量などの性質について説明する．

3.1　識別問題と線形識別器

ここでは，ある d 次元の入力 $\boldsymbol{x} = (x_1, \ldots, x_d) \in \mathbf{R}^d$ に対する2クラスの識別問題の学習を考える．たとえば，送られてきたメールがスパムメール（迷惑メール）かどうかを判定するというような問題である．便宜上，出力ラベルは $y \in \{-1, 1\}$ としておく．ここで n 個の学習用のサンプル $(\boldsymbol{x}_1, y_1), \ldots, (\boldsymbol{x}_n, y_n)$ が与えられているとしよう．つまり，スパムメールの例ならば，すでにいままで送られてきたそれぞれのメールに対して d 次元の特徴量が抽出され，スパムメールかどうかのラベルもつけてあるとする．

さて，まずサポートベクタマシンの基本となる線形の識別器からはじめよう．**線形識別器**（パーセプトロン）とは，入力 $\boldsymbol{x}$ の各要素 x_i を重み w_i で足し合わせ，その符号を答えるような識別器である．その入出力関係を式で書けば，$f_w(\boldsymbol{x}) = \boldsymbol{w} \cdot \boldsymbol{x}$ としたとき，$y = \mathrm{sgn}[f_w(\boldsymbol{x})]$ となる．ただし，$\boldsymbol{w} = (w_1, \ldots, w_d)$ で，$\boldsymbol{w} \cdot \boldsymbol{x}$ は $\boldsymbol{w}$ と $\boldsymbol{x}$ の内積を表す．また，$\mathrm{sgn}[x]$ は $x \geq 0$ なら1，$x < 0$ なら -1 となる関数である．関数 f_w のことを**識別関数**とよぶ．パーセプトロンを幾何学的に解釈すると，$\boldsymbol{w} \cdot \boldsymbol{x} = 0$ という超平面で $\mathbf{R}^d$ を二つに区切り，一方に1を，もう一方に -1 を割りあてていることに対応している（図3.1）

パーセプトロンの学習法としてはいろいろなものがあるが，ここではまず**誤り訂正学習**を取り上げる．誤り訂正学習では，学習サンプルのうち誤った出力をもつデータ i に対して，$y_i \boldsymbol{x}_i$ に比例した大きさ $\Delta \boldsymbol{w}$ で重みの値を変更していく．これは識別超平面の法線方向である $\boldsymbol{w}$ を $\boldsymbol{x}_i$ と同じ方向（あるいはその逆

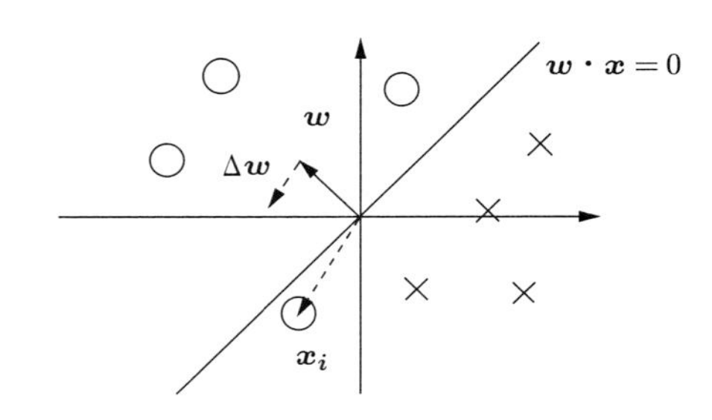

図3.1　線形識別器（パーセプトロン）○が $y_i = 1$，×が $y_i = -1$ のサンプル

方向）に動かすことによって $\boldsymbol{x}_i$ を正しく識別させるようにするという学習アルゴリズムである（図 3.1）．この学習法は，すべての学習サンプルを正しく分類する $\boldsymbol{w}$ が存在するならば（これを**線形分離可能**という），有限回の学習で収束することが証明されている．

先に進む前に，識別関数 $f_w(\boldsymbol{x})$ について少し補足しておく．これにはいわゆる定数項がついておらず，超平面としては原点を通るものだけを考えていることが気になるかも知れない．その場合には $\boldsymbol{x}$ に成分を一つ加えて $\widetilde{\boldsymbol{x}} = (\boldsymbol{x}, 1)$ というものを考え，$\boldsymbol{w}$ もその分だけ成分を一つ加えて $\widetilde{\boldsymbol{w}} = (\boldsymbol{w}, w_{d+1})$ とすれば，

$$\widetilde{f_w}(\boldsymbol{x}) = \widetilde{\boldsymbol{w}} \cdot \widetilde{\boldsymbol{x}} = \boldsymbol{w} \cdot \boldsymbol{x} + w_{d+1},$$

となって定数項を含めることができる．ただし後述するように，実際には $\boldsymbol{x}$ が高次元の場合を考えるので，その場合には定数項の寄与はわずかとなる．

3.2 カーネルトリック

さて，線形分離可能でない場合にはどうすればよいだろうか．そのためには $\boldsymbol{x}$ そのままではなく，いったん $\boldsymbol{x}$ を何らかの非線形変換により高次元空間（**特徴空間**）に写像した $\boldsymbol{\phi}(\boldsymbol{x}) \in \mathbf{R}^h$ を h 入力のパーセプトロンに入れてやればよい．一般に特徴空間の次元 h を，サンプル数である n 以上にすれば，サンプルは線形分離可能になる（厳密にいえば特徴空間で一般の位置に配置されている必要があるが，ほとんどの場合はだいじょうぶと思ってよい）．そこで以下では $f_w(\boldsymbol{x}) = \boldsymbol{w} \cdot \boldsymbol{\phi}(\boldsymbol{x})$ と定義しなおすことにする．

特徴空間に写像するメリットはほかにもある．最初に入力はユークリッド空間の元と仮定したが，実際の問題では実数に限らず記号列やグラフ，あるいはそれらが入り混じった複雑なものであることが多い．特徴空間への写像によって，入力が何であってもそれをユークリッド空間の元として扱うことができるようになるのである．そこで以下では $\boldsymbol{x}$ の空間は一般の空間 $\mathcal{X}$ であるとしておこう（以下の議論では，$\mathcal{X}$ 上で積分などが定義できる必要がある）．

さて，特徴空間での誤り訂正学習では，識別を誤ったサンプルに対して $y_i \boldsymbol{\phi}(\boldsymbol{x}_i)$ に比例して重みを修正していくので，$\boldsymbol{w} = \mathbf{0}$ を初期値とすれば，学習終了時には $\boldsymbol{\phi}(\boldsymbol{x}_i)$ の線形和，すなわち，

$$\boldsymbol{w} = \sum_{i=1}^{n} \alpha_i \boldsymbol{\phi}(\boldsymbol{x}_i) \tag{3.1}$$

という形になっているはずである．これをパーセプトロンの入出力関数に代入することにより，以下の形になる．

$$y = \mathrm{sgn}\left[\sum_{i=1}^{n} \alpha_i \boldsymbol{\phi}(\boldsymbol{x}_i) \cdot \boldsymbol{\phi}(\boldsymbol{x})\right].$$

さて，ここに出てくる二つの特徴空間の要素 $\boldsymbol{\phi}(\boldsymbol{x}_i)$ と $\boldsymbol{\phi}(\boldsymbol{x})$ の内積を $k(\boldsymbol{x}_i, \boldsymbol{x})$ と書くことにする．これが本章の主役である**カーネル関数**である．入出力関数をカーネル関数を使って書きなおすと

$$y = \mathrm{sgn}\left[\sum_{i=1}^{n} \alpha_i k(\boldsymbol{x}_i, \boldsymbol{x})\right]$$

となる．ここまでは単なる書き換えであるが，それでは逆に，勝手にもってきた関数 $k(\boldsymbol{x}_i, \boldsymbol{x})$ が，ある特徴空間の内積の形になっていないかということを考える．もしそれができれば，高次元への写像を計算してから，さらにその内積をとるという厄介なことをしなくても，簡単に計算できるカーネル関数を代わりに使ってやればよいことになる．これを**カーネルトリック**という．

だが実際には，k は何でもよいというわけではない．どんな関数なら内積の形に書けるかは，以下の定理で与えられる．

定理 1（マーサー（Mercer）の定理）　$\boldsymbol{x}, \boldsymbol{y} \in \mathcal{X}$ の関数 k が正の実数 γ_j と関数 ψ_j を用いて

$$k(\boldsymbol{x}, \boldsymbol{y}) = \sum_{j=1}^{\infty} \gamma_j \psi_j(\boldsymbol{x}) \psi_j(\boldsymbol{y}), \qquad (\gamma_1 \geq \gamma_2 \geq \ldots \geq 0) \tag{3.2}$$

と書けるための必要十分条件は，k が対称関数 $k(\boldsymbol{x}, \boldsymbol{y}) = k(\boldsymbol{y}, \boldsymbol{x})$ であり，かつ，半正定値すなわち任意の2乗可積分な $\mathcal{X}$ 上の関数 f に対して

$$\int_{\mathcal{X}} \int_{\mathcal{X}} k(\boldsymbol{x}, \boldsymbol{y}) f(\boldsymbol{x}) f(\boldsymbol{y}) d\boldsymbol{x} d\boldsymbol{y} \geq 0$$

を満たすことである．このとき，$\psi_j(\boldsymbol{x})$ は $k(\boldsymbol{x}, \boldsymbol{y})$ の固有関数で，

$$\int_{\mathcal{X}} k(\boldsymbol{x}, \boldsymbol{y}) \psi_j(\boldsymbol{y}) d\boldsymbol{y} = \gamma_j \psi_j(\boldsymbol{x}).$$

■

この定理から，$k(\boldsymbol{x}, \boldsymbol{y})$ は特徴ベクトルとして

$$\boldsymbol{\phi}(\boldsymbol{x}) = (\sqrt{\gamma_1}\psi_1(\boldsymbol{x}), \sqrt{\gamma_2}\psi_2(\boldsymbol{x}), \sqrt{\gamma_3}\psi_3(\boldsymbol{x}), \ldots) \tag{3.3}$$

をとれば，$k(\boldsymbol{x}, \boldsymbol{y}) = \sum_{j=1}^{\infty} \phi_j(\boldsymbol{x})\phi_j(\boldsymbol{y})$ という通常の積和の意味で内積とみなすことができる．したがって，特徴空間は式 (3.3) の形のベクトル全体の張る線形空間と考えることができる（あとの節では再生核ヒルベルト空間として別の見方も示す）．

さて，半正定値性は，つぎのような等価な定義も可能である．任意の $n \geq 1$ に対して，任意の $\boldsymbol{x}_1, \ldots, \boldsymbol{x}_n$ をとったとき，$k(\boldsymbol{x}_i, \boldsymbol{x}_j)$ を i，j 成分とする行列（**グラム（Gram）行列**という）が半正定値となることである．

マーサーの定理を満たすカーネルを**マーサーカーネル**あるいは**半正定値カーネル**とよぶ．ここでは実数値入力に対して用いられる代表的なカーネル関数の例をあげておく．よく用いられる**シグモイドカーネル** $k(\boldsymbol{x}, \boldsymbol{y}) = 1/(1+\exp(-\beta\boldsymbol{x}\cdot\boldsymbol{y}))$ や**動径基底関数**（RBF：radial basis function）**カーネル** $k(\boldsymbol{x}, \boldsymbol{y}) = \exp(-\beta\|\boldsymbol{x}-\boldsymbol{y}\|^2)$ は，無限次元の特徴空間を与える $(\beta > 0)$．また，**多項式カーネル** $(\boldsymbol{x}\cdot\boldsymbol{y}+c)^p$（$p$ は自然数，$c \geq 0$）などもよく使われるが，こちらは有限次元の特徴空間を与える．連続値に対する以外のカーネルなどについてはあとの節でくわしく紹介する．

3.3 サポートベクタマシン（SVM）

サンプルが線形分離可能な場合，そのサンプルを正しく分離する超平面は一般に無限にたくさんある（図 3.2）．また，特徴空間の次元を上げれば上げるほどその自由度は高くなる．誤り訂正学習ではそのうちのどれかに収束することしか保証してくれないため，汎化能力の低い超平面に収束する可能性がある．

たくさんある超平面のうち，汎化能力という点からは，どれを選ぶのがよいのだろうか．直感的には，サンプルすれすれを通るものよりも，できるだけ真ん中を通るようなもののほうがよさそうである．

そこで，ヴァプニック（Vapnik）ら [23, 24] によって提案されたサポートベクタマシン（SVM：support vector machine）では，超平面のうちいちばん近いサンプル点までの距離（これを**マージン**という）がもっとも大きいものを選ぶ．マージン最大化は汎化能力の点で，最適ではないが実用上たいへんうまく

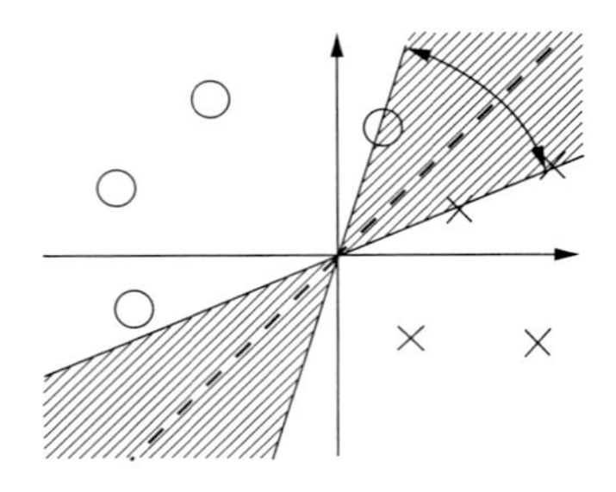

図 3.2　線形分離の場合には斜線の範囲で識別面の自由度がある．どれがベストか？

いく．それを裏づける数学的な解析はあとで述べるが，ここではそれがどのように求められるかを説明しよう．

前節で考えた誤り訂正学習ではカーネルの形で識別器を表すことができた．マージンを最大化する識別器も，最終的にはカーネルによって表せるが，まずはカーネルのことは忘れて，特徴空間の線形識別器という形で考えよう．各特徴点 $\boldsymbol{\phi}(\boldsymbol{x}_i)$ から超平面までの距離は超平面の法線方向への単位ベクトルとの内積を考えれば，$|\boldsymbol{w}\cdot\boldsymbol{\phi}(\boldsymbol{x}_i)|/\|\boldsymbol{w}\|$ となることがわかる（図 3.3）．ここで，識別超平面 $\boldsymbol{w}\cdot\boldsymbol{\phi}(\boldsymbol{x})=0$ は $\boldsymbol{w}$ に任意の正定数を掛けても等価なので，正のサンプルに対して $\boldsymbol{w}\cdot\boldsymbol{\phi}(\boldsymbol{x})\geq 1$，負のサンプルに対しては $\boldsymbol{w}\cdot\boldsymbol{\phi}(\boldsymbol{x})\leq -1$ を満たすようにできる．少なくとも一つのサンプルがこの等式を満たしているとすると，マージン（超平面までの距離の最小値）は $1/\|\boldsymbol{w}\|$ となる．結果として，解くべき問題は以下の制約付き最適問題に帰着される．

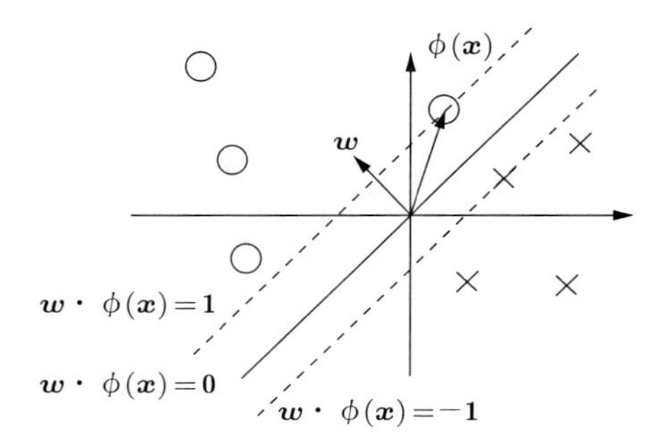

図 3.3　マージン：サンプル点から超平面への距離の最小値

$$\underset{\boldsymbol{w}}{\text{minimize}} \quad \|\boldsymbol{w}\|^2 \tag{3.4}$$
$$\text{subject to} \quad y_i \boldsymbol{w} \cdot \boldsymbol{\phi}(\boldsymbol{x}_i) \geq 1, \qquad (i = 1, 2, \ldots, n)$$

このままでは高次元での内積が入っているので，カーネルを用いて表すために，ラグランジュ（Lagrange）の未定係数法を用いて双対問題に置き換える．ラグランジュ関数

$$L = \frac{1}{2}\|\boldsymbol{w}\|^2 - \sum_{i=1}^{n} \alpha_i (y_i \boldsymbol{w} \cdot \boldsymbol{\phi}(\boldsymbol{x}_i) - 1)$$

を $\boldsymbol{w}$ で微分して 0 とおくと，

$$\boldsymbol{w} = \sum_{i=1}^{n} y_i \alpha_i \boldsymbol{\phi}(\boldsymbol{x}_i)$$

となる．これを元の L に代入すると，ウォルフェ（Wolfe）双対とよばれる双対問題

$$\underset{\boldsymbol{\alpha}}{\text{maximize}} \quad \sum_{i=1}^{n} \alpha_i - \frac{1}{2} \sum_{i,j=1}^{n} \alpha_i \alpha_j y_i y_j k(\boldsymbol{x}_i, \boldsymbol{x}_j) \tag{3.5}$$
$$\text{subject to} \quad \alpha_i \geq 0, \qquad (i = 1, 2, \ldots, n)$$

が得られる．ただし $\boldsymbol{\phi}$ どうしの内積はカーネルで置き換えた．

一方，式 (3.3) から入出力関数が，

$$y = \text{sgn}\left[\sum_{i=1}^{n} \alpha_i y_i k(\boldsymbol{x}_i, \boldsymbol{x})\right] \tag{3.6}$$

となり，サンプル点でのカーネル関数の形で書けることがわかる．したがって，上記最適化問題の解 α_i をこの式に入れてやればよい．こうして導かれた識別器を**ハードマージン SVM** とよぶ．

さて，元の最適化問題 (3.4) の形をみると，線形制約のもとでの最適化であり，最適化関数 $\|\boldsymbol{w}\|^2$ は凸な 2 次関数である．このような問題は**凸 2 次計画問題**とよばれる（双対問題 (3.5) も同じ）．凸 2 次計画問題であることによって，SVM は以下のような特長をもつことがわかる．まず第一に，凸 2 次計画問題は大域的最適解を一つだけもっている．これは多くの複雑な学習モデルが局所最

適解をもち，学習に時間がかかることに比べて大きなメリットといえる．第二には，最適解が満たすカルーシュ-キューン-トゥッカー（Karush-Kuhn-Tucker）条件から，$\alpha_i \neq 0$ となるサンプル $(\boldsymbol{x}_i, y_i)$ は制約の不等式を等号で満たすことがわかる．つまり，入出力関数は超平面にもっとも近いサンプルだけに依存した関数となる．多くの場合，これはサンプル数よりもずっと少ないので，識別を行う際には計算量の大きな節約となる．$\alpha_i \neq 0$ でないサンプルを超平面の支持関数という意味で**サポートベクタ**とよぶ．この支持関数が少ないという性質（**スパースネス**）はほかのカーネルベースの方法にはないSVMの大きな特長である．第三に，凸2次計画問題は多くの数値計算パッケージに含まれており，それを使えばプログラミングも容易に行える．また，高速に最適解を求めるアルゴリズムも数多く研究されている．

人工的に発生させた2次元データに対してハードマージンSVMを適用させた例を図3.4に示す．

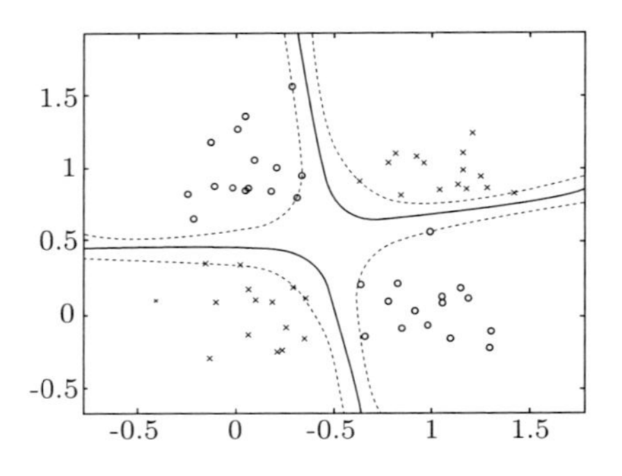

図3.4　ハードマージンSVMの例（動径基底関数カーネル $(\beta = 1)$ を使用）．実線が識別面を表しており，点線上のサンプルが特徴空間中で識別超平面にもっとも近いサポートベクタである

3.4　正則化とソフトマージン

前節まではサンプルが特徴空間で線形分離可能と仮定したが，必ずしもそうでない場合のことを考える必要がある．十分大きな次元の特徴空間に対応するカーネルを使えば無理やりにでも線形分離可能な分離超平面を学習することはできるが，ノイズがあるような状況下では明らかにサンプルにオーバーフィッ

トし汎化能力も低下する．

図 3.5 にそのような例を示す．この例では二つのクラスのサンプルがオーバーラップしているが，ハードマージン SVM ではこのようなデータに対してもサンプルについては正しく分離するような解を出力する．その結果，識別面は不自然にがたがたしたものになり，サポートベクタと識別面との距離は入力空間でみると非常に小さくなっている．

これを避けるための一般的な方法が正則化とよばれる手法で，正則化では「なまし」を行うことにより，滑らかな識別面を得ることができる．

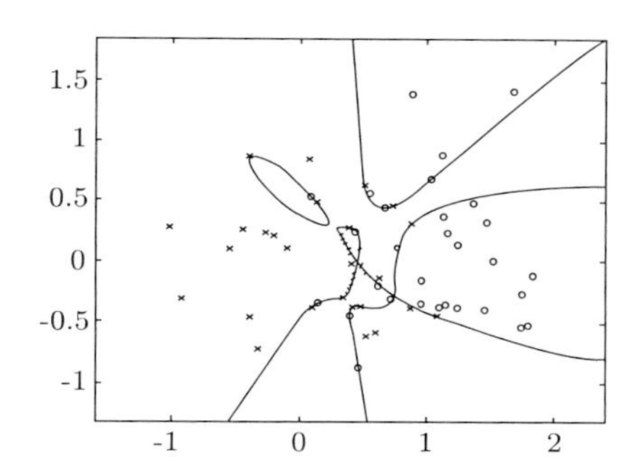

図 3.5 オーバーフィットしたハードマージン SVM の例

3.4.1 正 則 化

ここで学習における正則化という考え方を手短に説明しておこう．関数 f の学習においては，本来未知のデータに対する誤差（汎化誤差）を小さくするような f を選ぶのが目的である．しかしながら未知のデータは不明であるため，実際にはサンプル集合 $\mathcal{D}$ に対する関数 f の損失関数（誤差）$R_{\mathrm{emp}}(\mathcal{D}, f)$（サンプル損失）ができるだけ小さくなるような f を選ぶ．ところが，f の関数クラスが大きすぎるときには，$R_{\mathrm{emp}}(\mathcal{D}, f)$ だけを小さくしたのでは，サンプルにオーバーフィットしたものが得られてしまう（不良設定性）．そこで，関数に対する（ある条件を満たす）罰金項 $\Omega(f)$ を導入し，

$$\underset{f}{\operatorname{minimize}}\, R_{\mathrm{emp}}(\mathcal{D}, f) + \lambda\Omega(f)$$

という最適化問題を解いてオーバーフィットを避ける方法が**正則化**という手法

である．λ は正則化パラメータとよばれ，サンプル数の増加とともに適切に小さくしていけば，汎化誤差を最小にするような f に収束することが知られている [23]．

ちなみに，正則化は，損失関数を負の対数尤度，罰金項を対数事前分布とみればベイズ推定における最大事後確率（MAP）推定とみなすこともできる．

3.4.2　ソフトマージン

さて，SVM にもどって考えよう．線形分離可能でない場合には，誤識別されるサンプルが存在する．そこで，まず一つひとつのサンプル $(\boldsymbol{x}_i, y_i)$ に対して損失関数 $r(\boldsymbol{x}_i, y_i, f_w(\boldsymbol{x}_i))$ を定義する（サンプル全体の損失 R_{emp} はその平均値である）．そのうえで，線形分離の場合の最適化関数 $\|\boldsymbol{w}\|^2$（マージンに対応）を正則化の罰金項としてつけ加えたつぎの正則化法を考える．

$$\underset{\boldsymbol{w}}{\text{minimize}}\, \frac{1}{n}\sum_{i=1}^{n} r(\boldsymbol{x}_i, y_i, f_w(\boldsymbol{x}_i)) + \frac{\lambda}{2}\|\boldsymbol{w}\|^2.$$

これを解いて得られる識別器を**ソフトマージン SVM** という．λ の値をどんどん小さくしていくと相対的に誤識別サンプルに大きな損失を与えることになり，ハードマージン SVM に近づく．

さて，ソフトマージンではどのような損失関数を定義するかによって種々のアルゴリズムが得られる．識別問題に対する損失関数として自然なのは，0-1 損失すなわち正解すれば 0 で不正解なら 1 というものであるが，一般にそのような凸でない損失関数は最適化がむずかしい．そこで，0-1 損失を凸な関数で近似するようなものが用いられることが多い．もっとも代表的なものは，区分線形関数 $r(\boldsymbol{x}_i, y_i, f_w(\boldsymbol{x})) = \max\{0, 1 - y_i f_w(\boldsymbol{x}_i)\}$ である（図 3.6）．これを使う

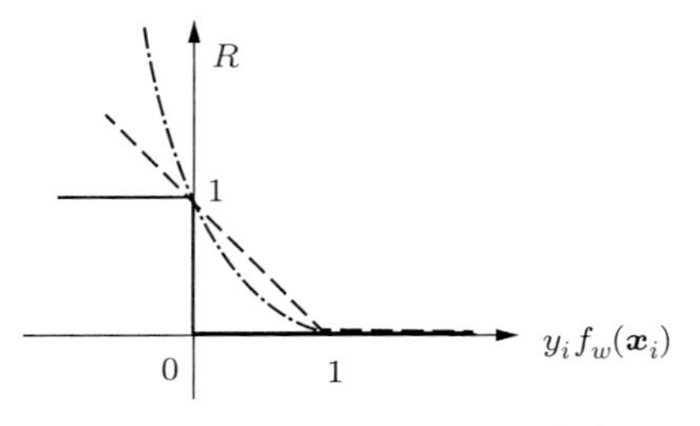

図 **3.6**　損失関数の例

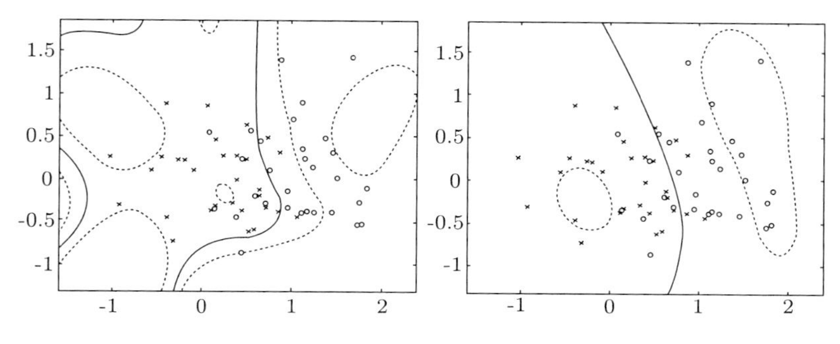

図 **3.7** ソフトマージン SVM の例．$1/(n\lambda)$ の値：左 1 000，右 1

と，線形分離の場合の SVM の最適化 (3.5) で制約を

$$0 \leq \alpha_i \leq \frac{1}{n\lambda}$$

と変更するだけでよく，ハードマージン SVM がもっている特長をほとんどそのまま引き継ぐことができる．

ソフトマージン SVM を図 3.5 と同じデータに対して適用した結果を図 3.7 に示す．正則化パラメータ λ の値によって結果は異なるものの，ハードマージン SVM を無理やりあてはめたときのような不自然さは少なくなっている．

区分線形関数のほか，図 3.6 に示したように，区分的に二乗誤差にした関数 $[\max\{0, 1 - y_i f_w(\boldsymbol{x}_i)\}]^2$ も同じように凸 2 次計画問題に帰着する．

3.5 SVM の汎化能力

SVM は，高い汎化能力をもつことが経験的に知られているが，そのための理論が十分に確立されているというわけではない．一つの説明は正則化による汎化能力の向上ということであるが，それでは，定量的にどうなのかがよくわからない．そこで，ここでは，**PAC**（probabilistically approximately correct：確率的に近似的に正しい）**学習**という枠組みでの汎化能力の評価の基本的な部分を説明する．通常，汎化誤差は特徴空間の次元に比例して大きくなるとされている．これを**次元の呪い**とよぶ．ところが，PAC 学習による評価の結果，SVM の汎化誤差が特徴空間の次元によらない上限をもつことが示される．

3.5.1 PAC 学習の枠組み

学習アルゴリズムは多くの場合，何らかの損失関数を最小化する問題として定式化されるが，実際に最小化できるものは学習サンプルだけから計算される損失関数のサンプル平均（サンプル損失）である．汎化能力を期待するなら，すでに正則化の項で述べたように，未知のサンプルを含めたすべてのサンプルに対する損失関数の期待値（汎化誤差・期待損失）を最小にすることが望まれるが，それは未知だからできない．したがって，サンプル損失と期待損失の差が汎化能力を測る一つのものさしとなる．これは PAC 学習に限らず，どのような学習理論においても共通のものである．

サンプルを生成する分布を $P(\boldsymbol{x}, y)$ とし，パラメータ $\boldsymbol{\alpha}$ をもつ学習機械がサンプル $(\boldsymbol{x}_i, y_i)$ を処理したときの損失関数を $r(\boldsymbol{x}_i, y_i\,; \boldsymbol{\alpha})$ としよう（正則化で定義したのと同じである）．サンプル損失

$$R_{\mathrm{emp}}(\boldsymbol{\alpha}\,; \mathcal{D}) = \frac{1}{n}\sum_{r=1}^{n} r(\boldsymbol{x}_i, y_i\,; \boldsymbol{\alpha})$$

を最小化するパラメータを $\widehat{\boldsymbol{\alpha}}$ とする．一方，期待損失は

$$R(\boldsymbol{\alpha}) = E\left[r(\boldsymbol{x}, y\,; \boldsymbol{\alpha})\right] = \int r(\boldsymbol{x}, y\,; \boldsymbol{\alpha})dP(\boldsymbol{x}, y)$$

であり，これを最小化する最適なパラメータを $\boldsymbol{\alpha}^*$ とする．学習によって得られるパラメータが最適なパラメータに比べてどれだけ損をしているかは，

$$C_1 = R(\widehat{\boldsymbol{\alpha}}) - R(\boldsymbol{\alpha}^*)$$

で評価できる．ただし，ここで問題となるのは，この値が未知の分布 $P(\boldsymbol{x}, y)$ に依存していることである．さらに，サンプルはその未知の分布に従う確率変数だから，$R(\widehat{\boldsymbol{\alpha}})$ はサンプルによって変化する確率変数である．

確率変数 C_1 を特徴づけるものはいくつか考えられるが，AIC などの情報量規準では「期待値」，PAC 学習では「信頼区間」を考えるという違いがある．ここではそのうち PAC 学習についてくわしく述べる．期待値に基づく解析では最近池田による興味深い研究がある [12]．

分布が未知の状況下では C_1 の信頼区間（ある $\delta > 0$ について確率 $1-\delta$ 以上で C_1 が入る区間）を正確に求めることはむずかしい．確率分布に何らかの仮定をおいて求めることも考えられるが，PAC 学習の枠組みではできるだけ仮

定をおかず，信頼区間の上限をいくつかの不等式で評価していくという方針をとる．その概略を順を追って説明しよう．

- まず，C_1 をつぎのように $\widehat{\boldsymbol{\alpha}}$ と $\boldsymbol{\alpha}^*$ のそれぞれに関する項に分ける．$C_1 \leq C_2(\widehat{\boldsymbol{\alpha}}) + C_2(\boldsymbol{\alpha}^*)$．ただし，$C_2(\boldsymbol{\alpha}) = |R(\boldsymbol{\alpha}) - R_{\mathrm{emp}}(\boldsymbol{\alpha}\,;\mathcal{D})|$．これは単純な三角不等式である．
- 未知の $\widehat{\boldsymbol{\alpha}}$ と確率変数の $\boldsymbol{\alpha}^*$ が入っていては評価しづらいので，それを最大値で置き換える．$C_2(\widehat{\boldsymbol{\alpha}}) + C_2(\boldsymbol{\alpha}^*) \leq 2\sup_{\boldsymbol{\alpha}} C_2(\boldsymbol{\alpha})$．これを行うため，「PAC 学習は最悪評価である」といわれることがある．
- 最大値がある値 ϵ 以上になる確率は，それぞれが ϵ 以上になる確率の総和で上からおさえられる，すなわち，

$$\Pr[\sup_{\boldsymbol{\alpha}} C_2(\boldsymbol{\alpha}) > \epsilon] \leq \sum_{\boldsymbol{\alpha} \in \mathcal{A}} \Pr[C_2(\boldsymbol{\alpha}) > \epsilon].$$

ただし，$\mathcal{A}$ は C_2 が取り得るすべての値をカバーするような $\boldsymbol{\alpha}$ 全体の集合である．

これにより，個々の $\boldsymbol{\alpha}$ についての区間確率の和として C_1 の信頼区間が押さえられた．さらに，個々の区間確率が $\boldsymbol{\alpha}$ によらない値 Q で押さえられれば，単に $C_1 \leq |\mathcal{A}|Q$ という結果になる（$|\mathcal{A}|$ は $\mathcal{A}$ の要素数）．個々の区間確率というのは単にサンプル平均が真の平均からどれだけずれているかということなので，大偏差型の不等式により評価できる．代表的なものとしては Chebyshev の不等式があるが，この場合は損失関数の有界性など通常よりも強い条件が使えるので，よりタイトな Hoeffding の不等式

$$\Pr[\bar{X} - E\,[\bar{X}] > \epsilon] \leq \exp\left(-\frac{2n\epsilon^2}{(b-a)^2}\right) \tag{3.7}$$

などを使ったほうがよい（ただし $\bar{X}$ は独立な確率変数 $X_i \in [a,b]$ のサンプル平均，$\bar{X} = \sum_{i=1}^{n} X_i/n$）．結果として，$C_2(\boldsymbol{\alpha})$ に関する不等式（信頼区間 $1-\delta$）

$$R(\boldsymbol{\alpha}) \leq R_{\mathrm{emp}}(\boldsymbol{\alpha};\mathcal{D}) + \sqrt{\frac{8}{n}\left(\log(|\mathcal{A}|) + \log\left(\frac{4}{\delta}\right)\right)}$$

が得られる．

残る問題は $|\mathcal{A}|$ をどう評価すればよいかということであるが，代表的なものとして，関数の組み合わせ論的な複雑さの指標である VC（Vapnik-Chervonenkis）

次元を用いた評価がある．一般に VC 次元が大きくなるほど，複雑な関数が学習できる一方で，$|\mathcal{A}|$ の上限が大きくなり汎化能力は下がる．

3.5.2 SVM の汎化誤差

SVM においては，サンプルの特徴ベクトルが半径 D の超球に含まれているとき，マージンの大きさ γ をもつ超平面クラスの VC 次元は $\min\{D^2\gamma^2, h\}$ に比例した値で上から押さえられる（h は特徴空間の次元）．したがって，マージンの大きなクラスほど汎化能力の高い識別器であり，特徴空間の次元とは無関係であり，次元の呪いから逃れられる．ただし，実はこの推論には落とし穴があり，学習によって得られたマージンというのはサンプルに依存したもので，想定した関数クラスというわけではない．この問題を克服するために，厳密には枠組みを拡張して考える必要がある [11].

以下，PAC 学習や SVM の汎化能力に関係し重要と思われる事項をいくつかまとめておく．

- SVM の汎化誤差をサポートベクタの数で上から押さえることができる．したがって，サポートベクタの数が小さいほど汎化能力は高い．
- 容易に想像できるように，PAC 学習の上限は何段階にもわたる不等式評価をしているためかなり甘い．そのため，PAC 学習の上限はモデル選択などには使えないという評価が多い．それでも SVM が次元の呪いを受けないことを示せたように，理論的な価値は高い．オリジナルの PAC 学習の上限をタイトにしていくという方向のほかに，新しい指標を用いて期待損失の信頼区間の上限評価する方法が提案されつつある．

  一つはデータをコンパクトに圧縮できる識別器は汎化能力が高いということから，学習モデルによるデータの圧縮度を指標として用いるものである [6]．もう一つは，外れ値などに敏感な学習モデルは汎化能力が低いと考えられるので，外れ値に対してどれだけ頑健かという指標を用いたものである [5]．いずれも従来 VC 次元ではできなかったタイトな上限を導く可能性をもっている．

3.5.3 SVM のパラメータの決定法

SVM では本質的に重要なパラメータが二つある．一つはソフトマージンを行う際の正則化パラメータ λ である．もう一つはカーネルのクラスを決めたときにそこに入るパラメータ，たとえば動径基底関数カーネルにおける β の値である．経験的に得られている結果では，これらのパラメータに対してそれほど敏感でないとされているが，極端な値をとるとやはりおかしなことが起きる．これらをどう決めたらいいのかは，結局のところ事前知識や問題依存の部分が大きいので一般論として論じるのはなかなかむずかしい．

PAC 学習から示唆される規準は，できるだけマージンを大きくし，サポートベクタの数が少ないものがよいということである．もう一つの現実的な決め方は，学習用サンプルとテストサンプルを分けておいて，汎化誤差をテストサンプルから推定する交差確認法を行ってよいパラメータを選ぶというものである．

3.6 カーネルマシンの一般性

SVM では，$\boldsymbol{w}$ がサンプル点での特徴ベクトル $\boldsymbol{\phi}(\boldsymbol{x}_i)$ の線形和で書き表され，結果として式 (3.6) のようにサンプル点のカーネル関数の線形和として識別関数が得られた．それはサポートベクタマシン特有のことで，たまたま幸運だったのか，それとも何かもっと一般的な場合にも成立するものなのかという疑問が浮かぶ．

カーネル関数で表すにしても，サンプル点だけではなく，もっといろいろな可能性があるではないかという指摘も考えられる．それらの疑問に答えるのが以下で紹介するレプリゼンタ定理であるが，その前に準備としてマーサーカーネルのなす空間である再生核ヒルベルト空間を導入しておく．

3.6.1 再生核ヒルベルト空間

いままでは，マーサーカーネルは式 (3.3) の形の特徴ベクトルの内積とみなすことのできるものとして，説明してきた．もちろんそれで十分であるが，そのように間接的なとらえ方ではなく，再生核ヒルベルト空間という概念を使えば直接カーネルのなす空間を考えることができる．

まず，マーサーカーネルの固有関数 ψ_i（式 (3.2)）の線形和で書けるような関数全体の集合 $\mathcal{F}$ を考えよう．ここで h を $\gamma_j \neq 0$ であるような最大の j とする（固有関数の数であり，特徴空間の次元である）．$\mathcal{F}$ の二つの要素 $f(\cdot) = \sum_{j=1}^{h} c_j \psi_j(\cdot)$，$g(\cdot) = \sum_{j=1}^{h} d_j \psi_j(\cdot)$ をとる．少しトリッキーであるが，これらの関数の間の内積を新たにつぎで定義する．

$$\langle f, g \rangle = \sum_{j=1}^{h} \frac{c_j d_j}{\gamma_j}.$$

これを式 (3.2) の内積と区別するために $\mathcal{F}$ 内積とよぶことにする．カーネル関数 $k(\boldsymbol{x}, \boldsymbol{y})$ 自身，$\boldsymbol{x}$ を固定すれば $\gamma_j \psi_j(\boldsymbol{x})$ を係数とする $\mathcal{F}$ の要素とみなせる．そこで，上記の f との $\mathcal{F}$ 内積をとってみると

$$\langle f, k(\boldsymbol{x}, \cdot) \rangle = \sum_{j=1}^{h} \frac{c_j \gamma_j \psi_j(\boldsymbol{x})}{\gamma_j} = f(\boldsymbol{x})$$

という関係式が導かれる．これは，$k(\boldsymbol{x}, \cdot)$ が $\mathcal{F}$ の中でまるで δ 関数のように働くことを意味し，f を再生するという意味で，$\mathcal{F}$ のつくるヒルベルト空間を**再生核ヒルベルト空間**（RKHS：reproducing kernel Hilbert space）とよぶ．ここで，$\mathcal{F}$ の要素 $f = \sum_{j=1}^{h} c_j \psi_j$ としては，$\mathcal{F}$ 内積の定めるノルム $||f||_{\mathcal{F}} = \langle f, f \rangle$ が有界になるものに限る必要がある．ちなみに，カーネル $k(\boldsymbol{x}, \cdot)$ は $\mathcal{F}$ の要素であるが，逆にいろいろな $\boldsymbol{x}$ に対する $k(\boldsymbol{x}, \cdot)$ の線形和の全体は $\mathcal{F}$ そのものとなる．

再生性により，カーネル関数 $k(\boldsymbol{x}, \boldsymbol{y})$ は，$k(\boldsymbol{x}, \cdot)$ と $k(\boldsymbol{y}, \cdot)$ との $\mathcal{F}$ 内積としてみなすことができる．つまりいままでは $\boldsymbol{x}$ の特徴量として式 (3.3) の形のものを考え，それに対する通常の積和の意味での内積としてカーネルをとらえていたのだが，この新たな見方では，$\boldsymbol{x}$ の特徴量はカーネル関数 $k(\boldsymbol{x}, \cdot)$ 自身であり，それに対して内積は $\mathcal{F}$ 内積をとればよい．

3.6.2　レプリゼンタ定理

再生核ヒルベルト空間としての表現をとるとすれば，識別関数 $f_w(\boldsymbol{x}) = \boldsymbol{w} \cdot \boldsymbol{\phi}(\boldsymbol{x})$ は，RKHS の要素と特徴量 $k(\boldsymbol{x}, \cdot)$ の間の $\mathcal{F}$ 内積として表される．そこで，$\boldsymbol{w}$ を RKHS の要素とし，$f_w(\boldsymbol{w}) = \langle \boldsymbol{w}, k(\boldsymbol{x}, \cdot) \rangle$ と定義しなおそう．RKHS は線形空間だから，重み $\boldsymbol{w}$ は $\mathcal{X}$ 上のいくつかの点 $\boldsymbol{z}_1, \ldots, \boldsymbol{z}_m$（サンプルである必要もないし，個数も無限個かもしれない）を用いて $\boldsymbol{w} = \sum_{l=1}^{m} a_l k(\boldsymbol{z}_l, \cdot)$ と表現することができるであろう．すると，$\boldsymbol{w}$ と $k(\boldsymbol{x}, \cdot)$ との $\mathcal{F}$ 内積は

$$f_w(\boldsymbol{x}) = \langle \boldsymbol{w}, k(\boldsymbol{x}, \cdot) \rangle = \sum_{l=1}^{m} a_l k(\boldsymbol{z}_l, \boldsymbol{x})$$

となり，関数 f_w がやはり RKHS の要素となることがわかる．以下の定理は，

比較的緩い条件で $\{\boldsymbol{z}_l\}$ がサンプル集合に一致することを示すものである．

定理 2（**レプリゼンタ**（**representer**）**定理**） k をマーサーカーネルとし，学習用サンプルは $\mathcal{X} \times \mathcal{Y}$ から生成された n 個の点 $(\boldsymbol{x}_i, y_i), i = 1, \ldots, n$ とする．$(\mathcal{X} \times \mathcal{Y} \times \mathbf{R})^n$ 上の実数値関数 G_{emp} と $\mathbf{R}$ から $[0, \infty)$ への狭義単調増加関数 G_{reg} が与えられたとする．k の定める RKHS を $\mathcal{F}$ とおくと，正則化問題

$$\underset{f \in \mathcal{F}}{\text{minimize}} \ G_{\mathrm{emp}}(((\boldsymbol{x}_i, y_i, f(\boldsymbol{x}_i)))_{i=1,\ldots,n}) + G_{\mathrm{reg}}(\|f\|_{\mathcal{F}})$$

の解 $f \in \mathcal{F}$ はサンプル点におけるカーネル関数の重みつき和

$$f(\boldsymbol{x}) = \sum_{i=1}^{n} \alpha_i k(\boldsymbol{x}_i, \boldsymbol{x})$$

で表される． ■

もちろん，SVM のときは正則化項が $\|\boldsymbol{w}\|^2 = \|f_w\|_{\mathcal{F}}^2$ となっていることが容易にわかるので，定理の条件を満たしているが，SVM 以外にもかなり広いクラスの問題に対して適用可能である（識別問題である必要もない）．いろいろなバリエーションについては 3.8 節で代表的なものを紹介する．

3.7 いろいろなカーネル

SVM ではカーネルをどう選ぶかが実用的な性能に大きく影響する．そこでカーネルを適切に設計したり，カーネルをも適応的に変化させるような研究が盛んに行われている．

最近ではバイオインフォマティクスやデータマイニングといった問題にカーネル法を適用することも多いので，入力空間 $\mathcal{X}$ として実数ベクトルだけでなく，文字列やグラフといったものを対象とすることも多い．そういった複雑なものからいかに効率的にカーネル関数を計算するかも研究対象となっている．

以下ではまず，あるカーネルから別のカーネルに変換したり，複数のカーネルを組み合わせるための一般的な方法を説明する．つぎに，入力空間の性質に応じたカーネルの設計の具体的な方法のうち，重要と思われるものを紹介する．

3.7.1 カーネルの変換と組み合わせ

マーサーカーネル $k_1(\boldsymbol{x}, \boldsymbol{y})$，$k_2(\boldsymbol{x}, \boldsymbol{y})$ があったとき，以下で計算される関数（およびその任意の組み合わせ）もマーサーカーネルとなる．

定数加算	$k_1(\boldsymbol{x}, \boldsymbol{y}) + c \quad (c > 0)$
定数倍	$ck_1(\boldsymbol{x}, \boldsymbol{y}) \quad (c > 0)$
べき乗	$k_1(\boldsymbol{x}, \boldsymbol{y})^m$ （m は自然数）
指数	$\exp(k_1(\boldsymbol{x}, \boldsymbol{y}))$
和	$k_1(\boldsymbol{x}, \boldsymbol{y}) + k_2(\boldsymbol{x}, \boldsymbol{y})$
積	$k_1(\boldsymbol{x}, \boldsymbol{y})k_2(\boldsymbol{x}, \boldsymbol{y})$

このように，マーサーカーネルにさまざまな演算を施してもやはりマーサーカーネルになるということから，さまざまなカーネルのバリエーションをつくることができる．ちなみに定数加算は3.1節の最後で述べた，識別関数に定数項を追加する操作にほぼ相当することがわかる（ただし，マージンの定義が変わるので損失関数が若干異なることに注意）．

さて，これらの基本式をどのように組み合わせるかを考えてみよう．まず，$\mathcal{X}$ が連続値をとる成分や離散値をとる成分など，種類の異なる成分が混ざっているときには，それらを統一的に扱う一つのカーネルを考えだすのはむずかしい．そこで，それぞれの成分ごとにカーネルを設計し，それらを上のやり方のどれかを使って組み合わせればよい．具体的には，$\boldsymbol{x} = (\boldsymbol{x}_1, \ldots, \boldsymbol{x}_m)$，$\boldsymbol{y} = (\boldsymbol{y}_1, \ldots, \boldsymbol{y}_m)$ に対して $k_1(\boldsymbol{x}_1, \boldsymbol{y}_1), \ldots, k_m(\boldsymbol{x}_m, \boldsymbol{y}_m)$ が定義されているときに，$k(\boldsymbol{x}, \boldsymbol{y}) = \prod_{i=1}^{m} k_i(\boldsymbol{x}_i, \boldsymbol{y}_i)$ は一つの候補である．これは和の形にすることも，積や和の組み合わせにすることも可能である．**コンボリューションカーネル**はこの考え方を一般化したもので，成分への分割の仕方が複数あるような場合に，それについて和をとった

$$k^{\text{conv}}(\boldsymbol{x}, \boldsymbol{y}) = \sum_{\{\boldsymbol{x}_i\}, \{\boldsymbol{y}_i\}} \prod_{i=1}^{m} k_i(\boldsymbol{x}_i, \boldsymbol{y}_i)$$

として定義される [10]．ただし，和はすべての可能な分割の仕方についてとる．どのような積や和の組み合わせにするかは，問題の性質などにも依存するが，グラム行列の対角成分が大きくなりすぎると，各サンプルをばらばらに扱うことに相当するので，そのようなカーネルは避けたほうがよい．

一方，逆に $\mathcal{X}$ よりも大きい空間で定義されたカーネルがあったとき，それか

ら $\mathcal{X}$ 上のカーネルをつくることは容易である．ここで，大きい空間として $(\boldsymbol{x},\boldsymbol{z})$ という形に書ける場合を考えよう．この上のカーネル $k((\boldsymbol{x}_1,\boldsymbol{z}_1),\ (\boldsymbol{x}_2,\boldsymbol{z}_2))$ は $\boldsymbol{z}_1$，$\boldsymbol{z}_2$ に任意の値を入れて固定すれば，これは $\boldsymbol{x}$ 上のカーネルである．特に，$(\boldsymbol{x},\boldsymbol{z})$ がある確率分布に従うことがわかっている場合には，その確率分布に応じてカーネルの期待値を計算すれば，$\boldsymbol{x}$ 上のより適切なカーネルとなるだろう．これが**周辺化カーネル**で，以下の式で定義される [20].

$$k^{\mathrm{mar}}(\boldsymbol{x}_1,\boldsymbol{x}_2)=\int k((\boldsymbol{x}_1,\boldsymbol{z}_1),\ (\boldsymbol{x}_2,\boldsymbol{z}_2))dP(\boldsymbol{z}_1\mid\boldsymbol{x}_1)dP(\boldsymbol{z}_2\mid\boldsymbol{x}_2).$$

また，任意の関数 $c(\boldsymbol{x})$ をもってきたとき，$c(\boldsymbol{x})c(\boldsymbol{y})$ はマーサーカーネルである（これを**独立カーネル**という）．このことから，計量の**コンフォーマル変換**として知られる

$$k^{\mathrm{conf}}(\boldsymbol{x},\boldsymbol{y})=c(\boldsymbol{x})c(\boldsymbol{y})k_1(\boldsymbol{x},\boldsymbol{y})$$

という形の関数もマーサーカーネルとなることがわかる．コンフォーマル変換を利用して，サポートベクタの周りの解像度を上げるようにカーネルを学習するアルゴリズム [3] や，入力空間でのサポートベクタと識別面との距離をできるだけ大きくするようなアルゴリズム [2] などが提案されている．

3.7.2 文字列に対するカーネル

バイオインフォマティクスや自然言語処理などでは，有限アルファベットやその系列（文字列）を扱うことが多い．文字列から計算されるカーネルの代表的なものとして，**ストリングカーネル**とよばれるものがある．これは，文字列 $\boldsymbol{u}$，$\boldsymbol{v}$ があったとき，それらに共通して含まれる部分文字列の（重みつきの）数を $k(\boldsymbol{u},\boldsymbol{v})$ の値とするものである．

まず，文字列 $\boldsymbol{u}$ から特徴ベクトル $\boldsymbol{\phi}(\boldsymbol{u})$ をつくる．$\boldsymbol{\phi}(\boldsymbol{u})$ はあらかじめ定めた部分文字列集合（たとえば長さ L 以下の部分文字列全体など）Σ を考え，その各要素をインデックスとするような $|\Sigma|$ 次元のベクトルである（$|\Sigma|$ は Σ の要素数）．$\boldsymbol{\phi}(\boldsymbol{u})$ の部分文字列 $\boldsymbol{s}\in\Sigma$ に関する成分を，

$$\phi_{\boldsymbol{s}}(\boldsymbol{u})=\sum_{\boldsymbol{i}:\boldsymbol{s}=\boldsymbol{u}[\boldsymbol{i}]}\lambda^{l(\boldsymbol{i})}$$

で定義する．ただし，$0<\lambda\leq 1$ は減衰係数，$\boldsymbol{u}[\boldsymbol{i}]$ は添え字集合 $\boldsymbol{i}$ に対応する $\boldsymbol{u}$

の部分文字列で，$l(\boldsymbol{i})$ は添え字の（$\boldsymbol{u}$ 上の）範囲である．たとえば $\boldsymbol{u} = \mathrm{abcdefg}$ に対して $\boldsymbol{s} = \mathrm{bdf}$ のとき，マッチする部分文字列は $\boldsymbol{i} = \{2, 4, 6\}$ の一通りで，$\boldsymbol{u}$ 上の範囲は 2〜6 まで，つまり $l(\boldsymbol{i}) = 6 - 2 + 1 = 5$ となる．

この特徴量から通常の積和の形の内積をとることによってカーネルを定義する．このカーネルの計算は，短い部分文字列に関する情報を長い部分文字列の場合に利用する再帰的な処理により効率的に行うことができ，長さ L の部分文字列までの計算が $\mathcal{O}(L|\boldsymbol{u}||\boldsymbol{v}|)$ のオーダの計算量ですむことが知られている．

3.7.3　グラフのノードに対するカーネル

ハイパーリンクで互いに結ばれた WWW のページなどはグラフ上のノードとみなすことができる．このように，対象がグラフ上のノードとみなせる場合の代表的なカーネルとして，**拡散（diffusion）カーネル**が知られている [13]．

まず，一般に実対称行列 A が与えられたとき，その行列指数関数

$$\exp A = I + A + \frac{1}{2!}A^2 + \frac{1}{3!}A^3 + \cdots$$

は正定値であることに注意しておこう．グラム行列がこの形で書かれるとき，これを**指数カーネル**とよぶ．

さて，グラフのノードとノードとの間のカーネル関数を求めたい．簡単のため，無向グラフでリンクに重みがついていない場合を考えよう．このときグラフ上のノードを各成分とするつぎの行列を考える．

$$A = \left\{ \begin{array}{ll} 1 & \cdots \ \text{ノード}\, i,j\, \text{間にリンクがある} \\ -d_i & \cdots \ i = j \\ 0 & \cdots \ \text{上記以外} \end{array} \right\}$$

ただし，d_i はノード i につながっているリンクの総数である．ここでグラフに対する拡散過程を考える．図 3.8 に示したように各ノードは Z_i という確率変数をもち，それをリンクによって結ばれた他のノードに対して Z_i に比例した値で拡散を行う．これは微分方程式で書けば

$$\frac{d}{dt}\boldsymbol{Z} = \alpha A \boldsymbol{Z}$$

となり，この解は $\boldsymbol{Z}(t) = \exp(\alpha t A)\boldsymbol{Z}(0)$ となる．拡散カーネルは $\boldsymbol{Z}(0)$ を標準正規分布でランダムに初期化したときの時刻 t における $\boldsymbol{Z}(t)$ の共分散行列と

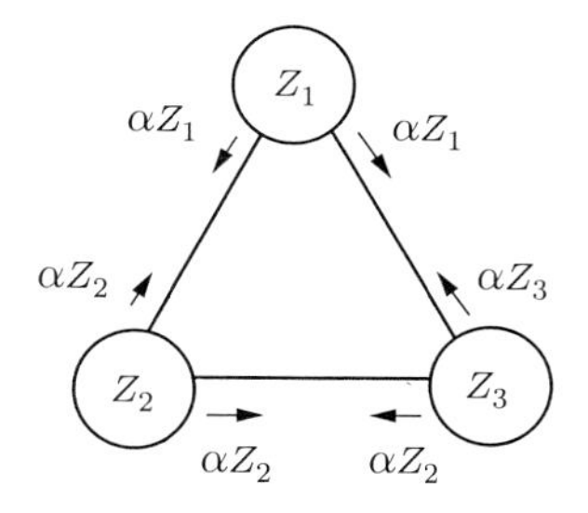

図 **3.8**　拡散過程により定義される拡散カーネル（3 ノードの場合）

して定義され，それは $2\alpha tA$ に対する指数カーネル

$$K^{\mathrm{dif}} = \exp(\beta A)$$

にほかならない ($\beta = 2\alpha t$)．これは重みつきグラフや有効グラフに対しても簡単に拡張できる．

3.7.4　分布に対するカーネル

入力に確率分布の構造が仮定できるとき，その構造を利用したカーネルにフィッシャー（**Fisher**）カーネルがある．確率分布 $p(\boldsymbol{x};\boldsymbol{\theta})$ のスコア関数

$$\left(\frac{\partial \log p(\boldsymbol{x};\boldsymbol{\theta})}{\partial \theta_1}, \ldots, \frac{\partial \log p(\boldsymbol{x};\boldsymbol{\theta})}{\partial \theta_m}\right) \tag{3.8}$$

を $\boldsymbol{x}$ の特徴ベクトルとみて，その間の内積をとったものとして定義される．これによって，もし $\mathcal{X}$ が離散値である場合でも連続値のベクトルに置き換えられるというメリットがある．単に特徴量を得るという目的のためならば，$\boldsymbol{x}$ は $p(\boldsymbol{x};\boldsymbol{\theta})$ に必ずしも従っている必要なく，$\boldsymbol{\theta}$ の値は任意の値でかまわない．

しかし，もし $p(\boldsymbol{x};\boldsymbol{\theta})$ が m 個のクラスからなる混合分布モデル

$$p(\boldsymbol{x}) = \sum_{i=1}^{m-1} \theta_i p_i(\boldsymbol{x}) + \left(1 - \sum_{i=1}^{m-1} \theta_i\right) p_0(\boldsymbol{x})$$

であれば，$\boldsymbol{x}$ のクラス情報は失われないという性質があり，実際には $\boldsymbol{\theta}$ として最尤推定量などを用いるのがよい [22]．

3.7.5　カーネルの修復

ここでは，カーネルを並べたグラム行列 K に何らかの問題があって，それを修復するという作業を行うことを考える．

まず，マーサーカーネルの条件から K は半正定値対称行列でなければならない．ところが，関数によって計算したグラム行列ではなく，たとえば類似度などを実験から計算してカーネルの代用品とした場合には対称性や半正定値性が崩れることがある．対称性については，$(K+K^\top)/2$ のように対称化するのがもっとも簡単であろう（$^\top$ は転置を表す）．半正定値性が崩れている場合には，K の最小固有値の絶対値より大きい c をとって $K+cI$ とするか（I は単位行列），指数カーネル $\exp(K)$ を用いる方法が考えられる．ただし，この場合もグラム行列の対角成分が大きくなりすぎないように注意する必要がある．

さて，今度は K の一部の要素だけがわかっていて，それ以外の要素を補完したいという場合を考えよう．これもたとえば実験などから K を決めている場合に起こりうる．単にこれを埋めるという問題はむずかしいが，他の実験から近似的な欠損していないグラム行列 K' があったとする．その場合には K' の情報を用いて K の要素を埋めるためのつぎのような方法が考えられる．

欠損値を含んだグラム行列 K は，グラム行列全体の空間 $\mathcal{S}$ のある部分多様体 $\mathcal{M}(K)$ とみなすことができる．ここで，グラム行列全体の空間はグラム行列を正規分布の分散とみなすことにより，指数型分布族という非常に美しい空間になっているので，K' から $\mathcal{M}(K)$ への射影をとることができる．そのような考え方に基づいて遺伝子配列間の類似度行列を埋める方法が提案された [21]．

3.8　いろいろなカーネルマシン

ここでは，ここまで紹介した SVM 以外のカーネル法についていろいろな研究の概要を紹介する．

3.8.1　SVM の拡張

まず，2 クラスの識別として導入した SVM を拡張したいくつかの方法について説明しよう．

複数クラスの扱い

SVM を多クラスの識別問題に拡張する方法には大きく分けて二つある．一つは一対他という組み合わせの識別問題をクラス数分解いて，その結果を統合するというものである（最大の f_w を出力したクラスに識別する）．この方法はクラス数とサンプル数が多いときは計算量が非常に多い．

もう一つの方法は一対一の組み合わせの識別問題をクラス数の組み合わせの数だけ解いて，その結果を統合するというものである．また，それぞれの識別器の出力は多次元の 0-1 ベクトルが並んだものだから，誤り訂正符号を利用して，より高い精度の識別器をつくる研究も行われている．

関数近似

ここでは，出力 y_i が実数値をとる場合に，$f_w(\boldsymbol{x}) = \boldsymbol{w} \cdot \boldsymbol{\phi}(\boldsymbol{x})$ という式で出力値を推定する関数近似の問題（回帰問題）を考えよう．SVM を回帰問題に適用するには，回帰問題に即した損失関数を定義する必要がある．損失関数を $\max\{0, |y - f(x)| - \epsilon\}$ という ϵ-不感応関数（図 3.9）で定義すると，これはソフトマージンのところで使った区分線形関数と似たような形をしている．そこで，同様の定式化と双対問題を考えることにより，最終的に

$$
\begin{aligned}
\underset{\boldsymbol{\alpha}, \boldsymbol{\alpha}^*}{\text{maximize}} \quad & -\frac{1}{2} \sum_{i,j=1}^{n} (\alpha_i^* - \alpha_i)(\alpha_j^* - \alpha_j) k(\boldsymbol{x}_i, \boldsymbol{x}_j) \\
& -\epsilon \sum_{i=1}^{n} (\alpha_i^* + \alpha_i) + \sum_{i=1}^{n} (\alpha_i^* - \alpha_i), \\
\text{subject to} \quad & 0 \leq \alpha_i, \alpha_i^* \leq \frac{1}{n\lambda}, \qquad (i = 1, \ldots, n)
\end{aligned}
$$

となり，近似関数はつぎの形で求まる．

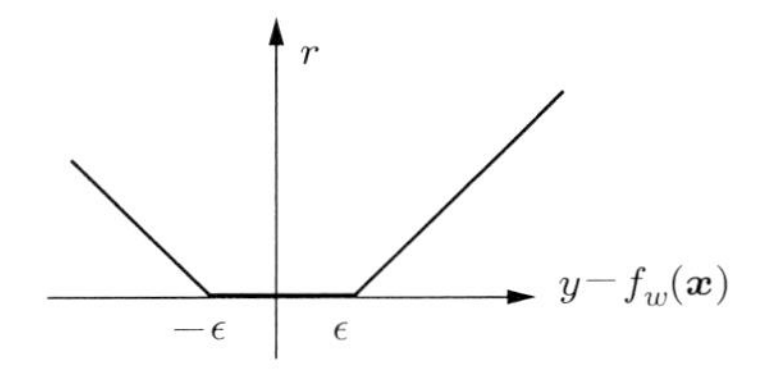

図 3.9 ϵ-不感応関数

$$f_w(\boldsymbol{x}) = \sum_{i=1}^{n} (\alpha_i^* - \alpha_i) k(\boldsymbol{x}_i, \boldsymbol{x}).$$

凸2次計画問題の性質から，識別問題の場合と同様に，スパースなサポートベクタで関数を表現する形に帰着できる．これは，従来のロバストな回帰手法と性能的には同等レベルにあると考えられているが，大域的な最適化ができるところと，基底関数がスパースになるところが特長である．

$\boldsymbol{\nu}$ トリック

線形分離でない場合の方法としてソフトマージンを紹介したが，正則化パラメータを調節するのがむずかしいことがある．そこで，マージンを超えるサンプルの個数の割合の上限 $0 < \nu < 1$ を設定し，それを超えないようにするという枠組みを考えよう．結果だけを書くと，以下の最適化問題を解くことによりそのような解が得られる．

$$\begin{aligned} \text{minimize} \quad & \frac{1}{n}\sum_{i=1}^{n} \xi_i - \nu\rho + \frac{1}{2}\|\boldsymbol{w}\|^2, \\ \text{subject to} \quad & y_i \boldsymbol{w} \cdot \boldsymbol{\phi}(\boldsymbol{x}_i) \geq \rho - \xi_i, \\ & \xi_i \geq 0, \quad \rho \geq 0, \qquad (i = 1, \ldots, n) \end{aligned}$$

ここで，$\boldsymbol{w}, \xi_1, \ldots, \xi_n, \rho$ についての最小化を行う．この場合 $\rho/\|\boldsymbol{w}\|$ がマージンの大きさを与える．また，ν トリックで得られた ρ を用いて $\lambda = \rho$ とおいたソフトマージン SVM の識別器は ν トリックの識別器と一致することが証明されている [17].

さて，前に複数クラスの場合について述べたが，複数クラスとは逆に，クラスが一つしかない問題というのも教師なし学習の重要な問題である．これは，サンプル全体のまとまりを学習して，クラスタリングや外れ値検出に利用するというものである．ν トリックは，外れ値の割合を制御したりするのに便利なので，この場合に用いられることが多い．ν トリックを行うと，識別問題と類似の

$$\begin{aligned} \text{minimize} \quad & \frac{1}{\nu n}\sum_{i=1}^{n} \xi_i - \rho + \frac{1}{2}\|\boldsymbol{w}\|^2, \\ \text{subject to} \quad & \boldsymbol{w} \cdot \boldsymbol{\phi}(\boldsymbol{x}_i) \geq \rho - \xi_i, \\ & \xi_i \geq 0, \quad \rho \geq 0, \qquad (i = 1, \ldots, n) \end{aligned}$$

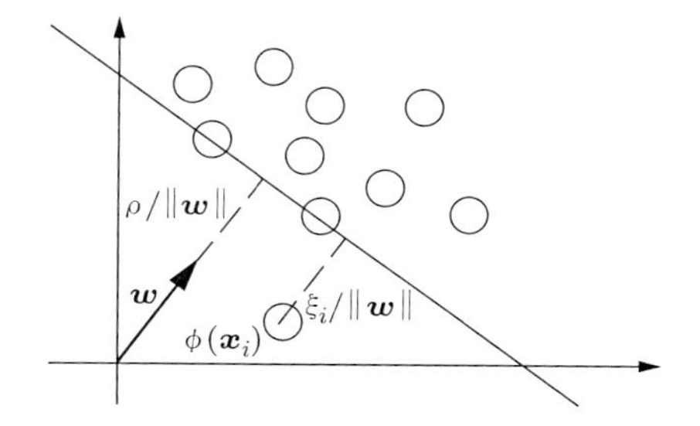

図 3.10 1 クラス問題．超平面よりも原点よりの点が外れ値となる．$\|\boldsymbol{w}\|$ および $\boldsymbol{\xi}_i$ をできるだけ小さくするように超平面を定める

となる．ν は外れ値の割合の上限に相当する．この解を用いて，$f_w(\boldsymbol{x}) = \sum_{i=1}^n \alpha_i k(\boldsymbol{x_i}, \boldsymbol{x}) - \rho$ という識別関数でサンプル集合を外れ値と分ける（図 3.10）．外れ値は，この識別関数の負の側にある．この問題の双対問題は以下のように最適化問題に ρ を含まない簡単な形に帰着される．

$$\underset{\boldsymbol{\alpha}}{\text{minimize}} \quad \frac{1}{2}\sum_{i,j=1}^{n} \alpha_i \alpha_j k(\boldsymbol{x}_i, \boldsymbol{x}_j)$$
$$\text{subject to} \quad 0 \leq \alpha_i \leq \frac{1}{\nu n}, \quad \sum_{i=1}^{n} \alpha_i = 1,$$

そして ρ は $\alpha_i \neq 0$ であるサポートベクタを選んで次式により求まる．

$$\rho = \sum_{j=1}^{n} \alpha_j k(\boldsymbol{x}_j, \boldsymbol{x}_i).$$

正則化項のバリエーション

一方，SVM では $\|\boldsymbol{w}\|^2$ という形の正則化項が前提であったが，正則化項そのものにもいろいろなバリエーションを考えることができる．その代表的なものとして，$\|\boldsymbol{w}\|$ というものを考えよう．この正則化はもちろんレプリゼンタ定理の条件を満たしているので，解はサンプル点でのカーネル関数の和として表現される．

$\|\boldsymbol{w}\|$ を使うメリットとしては二つある．一つは，これと区分線形関数の組み合わせからなるソフトマージン識別器は，目的関数が 1 次の項となるので，線形計画問題として凸 2 次計画問題よりもむしろやさしい問題に帰着される．二つ目は，$\|\boldsymbol{w}\|$ という形の正則化項は一般に L_1 正則化とよばれ，スパースな表

現を得るために用いられるものである．したがって，この識別器はSVMよりも少ないサポートベクタをもつ場合が多い．

ただし，もはやマージン最小化という意味は失われるので，SVMで行ったPAC学習に基づく汎化の理論は使うことができない．しかしながら，経験的にはSVMと同程度の汎化能力を実現できるようである．

3.8.2　カーネル密度推定，動径基底関数

カーネルを使った学習ではSVMなどと並んでよく用いられるのが，ノンパラメトリックな密度推定の代表であるカーネル密度推定と，動径基底関数（RBF：radial basis function）やスプラインによる関数近似である．どちらもSVMなどと同じく正則化の枠組みから導出されるものである．ただし，これらの問題ではレプリゼンタ定理とは異なり，カーネル自身もある規準で最適化される．ここでは詳細は省略するが，一般には正則化オペレータのグリーン関数（ヒルベルト-シュミット展開）を求めることに帰着される．

これを密度関数の推定の場合に適用したのがカーネル密度推定であるが，一般にこの場合のカーネルは半正定値である必要はないので，RKHSの枠組みからはみだすことも正則化項の設計の仕方によってはあり得る．

動径基底関数の場合は，二乗誤差の損失関数と$\boldsymbol{x}$の空間でのシフトに対する不変性を仮定した正則化問題から動径基底関数の形が導出される．平滑化スプラインは，同様に二乗誤差の損失関数と，関数の滑らかさ（導関数のノルムの最小化）という正則化により導かれる．

3.8.3　正規過程

正規過程（GP：Gaussian process）はブラウン運動などと関連し，確率過程で古くから研究されてきた対象であり，学習においても特に関数近似に関してはSVMなどよりもずっと基本的なモデルであり，これを理解しておくことは重要である．

GPとは，パラメータ$\boldsymbol{x}$によって定まる確率過程$t(\boldsymbol{x}) \in \mathbf{R}$で，任意の$n$に対し，$n$個の$\boldsymbol{x}$の集合$\{\boldsymbol{x}_1, \ldots, \boldsymbol{x}_n\}$の定める確率過程$\{t(\boldsymbol{x}_1), \ldots, t(\boldsymbol{x}_n)\}$が$n$次元正規分布に従うものである．

正規分布は平均と分散だけで定まるが，簡単のため平均は0として考えることが多い．一方，分散共分散行列Kのi, j成分は$\boldsymbol{x}_i$と$\boldsymbol{x}_j$の関数$k(\boldsymbol{x}_i, \boldsymbol{x}_j)$に

よって定められるが，正定値でなければならないので，k はマーサーカーネルでなければならない．すなわち，K はマーサーカーネル k によって定まるグラム行列であり，$\boldsymbol{t} = (t(\boldsymbol{x}_1), \ldots, t(\boldsymbol{x}_n))^\top$ とおくと，

$$\boldsymbol{t} \sim \mathcal{N}[\boldsymbol{0}, K]$$

であるが，便宜上 $\boldsymbol{t} = K\boldsymbol{\alpha}$ という変数変換を行うと，

$$\boldsymbol{\alpha} \sim \mathcal{N}[\boldsymbol{0}, K^{-1}]$$

となる．

さて，回帰問題の場合，入力 $\boldsymbol{x}_i$ に対して実数値 y_i が観測されるが，この y_i が独立に $t(\boldsymbol{x}_i)$ を中心とした分散 σ^2 の正規分布に従うとしよう．すると，$\boldsymbol{\alpha}$ に対する事後分布も正規分布となり，その期待値（最大事後確率（MAP）推定値でもある）は，

$$\boldsymbol{\alpha} = (K + \sigma^2 I)^{-1}\boldsymbol{y}$$

となる．ただし，$\boldsymbol{y} = (y_1, \ldots, y_n)^\top$．これを用いて，新たな入力 $\boldsymbol{x}$ に対する出力 y の期待値は

$$\widehat{f}(\boldsymbol{x}) = (k(\boldsymbol{x}_1, \boldsymbol{x}), \ldots, k(\boldsymbol{x}_n, \boldsymbol{x}))\boldsymbol{\alpha}$$

により求まる．

上記の回帰問題の場合の GP にはもう一つの異なった導入の方法もある．入力 $\boldsymbol{x}$ を h 次元特徴空間 $\boldsymbol{\phi}(\boldsymbol{x})$ に写像したうえで線形回帰 $f_w(\boldsymbol{x}) = \boldsymbol{w} \cdot \boldsymbol{\phi}(\boldsymbol{x})$ を考える．そこで，$\boldsymbol{w}$ が h 次元の標準正規分布に従うとし，観測 y は平均 $f_w(\boldsymbol{x})$，分散 σ^2 の正規分布に従うとする．カーネルトリックを用いて $\boldsymbol{\alpha}$ を導入すると，事後分布は上記の場合とまったく同じになる．

GP の考え方は識別問題にも適用可能であるが，その場合は識別関数の符号をとるという非線形性が入るために，回帰の場合のように閉じた形で解を求めることはできない．そのため，マルコフ連鎖モンテカルロ法やラプラス近似などといったベイズ推定の近似手法を用いて解くことになる．

3.8.4 その他のカーネルマシン

線形の手法にレプリゼンタ定理の正則化項を考えれば，基本的に何でもカー

ネル化することができる．そこで多くの多変量解析の手法（主成分分析，判別分析，正準相関分析など）がカーネル化された [15]．ただし，そこで問題となるのはカーネルの形になるだけではなく，SVM がもっていたようなスパース性や効率的な学習アルゴリズムの存在をも保持しているかどうかという点にある．

また従来の手法である最近傍法，局所線形回帰などの方法もカーネル法の仲間とみなすこともできるが [9]，そうみなすことによってどのような新たな知見が得られるかがポイントとなるであろう．

一方，カーネル独立成分分析は少々変わったカーネルの使い方をしている [4]．独立成分分析は，線形変換によって混ぜられた信号（音声信号など）を統計的独立性を用いて復元するための方法である．求めるものは線形変換ではあるが損失関数（高次の相関など）の計算が厄介である．そこでカーネル正準相関分析を用いることにより損失関数を計算するという方法を通じて独立成分分析の問題を解いている．この方法は変換を非線形化するためにカーネル法を用いる他のカーネルマシンとは異なるアプローチである点で興味深い．この方法を一般化して空間の次元縮小に利用する方法も提案されている [7]．

3.9　おわりに

本章では，SVM を中心としたカーネル法を用いた学習機械の仕組みやその性質について大まかに紹介した．紙面のつごうや著者の力不足により十分説明しきれなかった部分も多い．特に応用に関してはほとんど触れることができなかった．

他に手に入れやすいやさしい解説として，日本語では文献 [1, 14, 18, 19] などがあり，英語では文献 [8, 15] などがある．PAC 学習の理論などを含め理論的にくわしく書かれた本には [17, 11, 23, 24] などがある．再生核ヒルベルト空間など関数空間での学習理論については文献 [16, 25] などが参考になる．文献 [9] はカーネル法を含めた統計的方法の全般を学ぶのに適している．また，インターネット上での情報源としては http://www.kernel-machines.org/ に多くの情報が集積しているし，検索エンジンにサポートベクタマシンなどのキーワードを入れれば多くの情報が得られるであろう．

参考文献

[1] 赤穂昭太郎，津田宏治："サポートベクターマシン 基本的仕組みと最近の発展"，In 別冊・数理科学 脳情報数理科学の発展，サイエンス社，2002.

[2] 赤穂昭太郎："入力空間でのマージンを最大化するサポートベクターマシン"，電子情報通信学会論文誌，J86-D-II(7)，934–942，2003.

[3] S. Amari and S. Wu : "Improving support vector machine classifiers by modifying kernel functions", *Neural Networks*, 12(6), 783–789, 1999.

[4] F.R. Bach, M.I. Jordan : "Kernel Independent Component Analysis", *J. of Machine Learning Research*, 3, 1–48, 2002.

[5] O. Bousquet, A. Elisseeff : "Algorithmic stability and generalization performance", *Advances in Neural Information Processing Systems 13*, 196–202, 2001.

[6] S. Floyd, M. Warmuth: "Sample compression, learnability, and the Vapnik Chervonenkis dimension", *Machine Learning*, 27, 1–36, 1995.

[7] K. Fukumizu, F.R. Bach, M.I. Jordan : "Dimensionality Reduction for Supervised Learning with Reproducing Kernel Hilbert Spaces", *J. of Machine Learning Research*, 5, 73–99, 2004.

[8] N. Cristianini, J. Shawe-Taylor : *An Introduction to Support Vector Machines*, Cambridge University Press, 2000.

[9] T. Hastie, R. Tibshirani, J. Friedman : *The Elements of Statistical Learning*, Springer-Verlag, 2001.

[10] D. Haussler : "Convolution kernels on discrete structures", Technical Report UCSC-CRL-99-10, UC Santa Cruz, 1999.

[11] R. Herbrich : *Learning Kernel Classifiers Theory and Algorithms*, MIT Press, 2001.

[12] 池田和司："多項式カーネルをもつカーネル法の幾何学と学習曲線"，電子情報通信学会論文誌，J86-D-II(7)，918–925，2003.

[13] R. Kondor, J. Lafferty : "Diffusion kernels on graphs and other discrete structures", *Proc. Int. Conf. Machine Learning*, 315–322, 2002.

[14] 前田英作："痛快! サポートベクトルマシン"，情報処理，42(7)，676–683，2001.

[15] K.-R. Müller, S. Mika, G. Rätsch, K. Tsuda, B. Schölkopf : "An introduction to kernel-based learning algorithms", *IEEE Trans. on Neural Networks*, 12(2), 181–201, 2001.

[16] 斉藤三郎："再生核の理論入門"，牧野書店，2002.

[17] B. Schölkopf, A.J. Smola : *Learning with Kernels : Support Vector Machines, Regularization, Optimization and Beyond*, MIT Press, 2001.

[18] 津田宏治："サポートベクターマシンとは何か"，電子情報通信学会誌，83(6), 460–466，2000.

[19] 津田宏治："カーネル法の理論と実際"，In 甘利他：パターン認識と学習の統計学（統計科学のフロンティア 6），岩波書店，2003.

[20] K. Tsuda, T. Kin, K. Asai : "Marginalized kernels for biological sequences", *Bioinformatics*, 18, S268–S275, 2002.

[21] K. Tsuda, S. Akaho, K. Asai : "The *em* Algorithm for Kernel Matrix Completion with Auxiliary Data", *J. of Machine Learning Research*, 4, 67–81, 2003.

[22] K. Tsuda, S. Akaho, M. Kawanabe, K.-R. Müller : "Asymptotic Properties of the Fisher Kernel", *Neural Computation*, 16(1), 115–137, 2004.

[23] V.N. Vapnik : *The Nature of Statistical Learning Theory*, Springer-Verlag, 1995.

[24] V.N. Vapnik : *Statistical Learning Theory*, John Wiley & Sons, 1999.

[25] G. Wahba : *Spline Models for Observational Data*, SIAM, 1990.

第4章

ベイジアンネットワーク

4.1 はじめに

情報技術の応用範囲が飛躍的に拡大している中で，これまで計算機にとっては比較的扱いにくかった不確実で非明示的な情報を取り扱うことが必要になってきている．たとえば，ユーザーの年齢，職業などの基本属性，嗜好性，これまでした買物や質問のような行動履歴などのデータなどが集積されているので，そこからある顧客層に人気のある情報や商品，あるいは逆に，ある対象に興味をもつユーザー層を見つけだし，こうした情報を積極的に使った情報サービスも考えられている．

また，知的情報処理システムが実際の問題領域において観測データから自律的に学習を行い，不確実な情報からでも確率的な推論や予測を行う仕組みも期待されている．たとえば，複雑なシステムにおいて障害が発生したときの状況をすべてデータベースに記録しておき，あとで何か障害が発生したときに自動的に原因となる可能性の高い要因を推定することが考えられる．

こうした要請に応えるために，確率的なデータに基づいてモデルを構築する統計的学習理論や，不確実性のもとでの確率推論の研究が重要になっている．特に，意思決定理論に基づいてシステムを制御したり，有用な知識を表現するには，比較的複雑な構造をもった確率モデルが必要になる．

このような確率モデルの一つに，変数間の依存関係や因果関係を非循環有向グラフで表すベイジアンネットワーク（またはベイジアンネット，Bayesian network, Bayesnet, belief network）がある（ベイジアンネットワークに関する詳細については，英語の教科書としては [1,2,3,4] が，また日本語で読める解説としては [5,6,7,8,9,10,11] などがあるので，さらに興味のある方は適宜参照していただきたい）．

これは不確実性を含む事象の予測や合理的な意志決定，障害診断などに利用することのできる確率モデル（グラフィカルモデル）の一種である．最近，このモデル上での確率推論アルゴリズムの進歩や，不確実性を含むさまざまな問題への応用，ソフトウェアの普及などにより，さまざまな分野で期待が高まっている．本章では，ベイジアンネットワークに関するモデル，確率推論，統計的学習などの研究の流れを概観し，知的情報システムへの応用や応用システムの事例についても紹介する．

4.2　ベイジアンネットワーク

ベイジアンネットワークとは，複数の確率変数の間の定性的な依存関係をグラフ構造によって表し，個々の変数の間の定量的な関係を条件つき確率で表した確率モデルである．確率変数と，その間の依存関係を表すグラフ構造，条件つき確率，の集合によって定義される．

確率変数としては，たとえば「会議に関係するメールがくる（かもしれない）」というような不確実な事象について定義し，その可能性について 0 から 1 の間の確率値によって不確実性を表す.「つぎの会議が行われる曜日」（月曜から日曜日）のように複数の状態と，それぞれの確率をとる場合もある.「前回の会議の曜日」のように観測の結果，状態を確定できる場合にはその状態の確率値は 1，それ以外の状態については 0 となる．

変数はノードとして，変数間の依存関係は向きをもつ有向リンクで図示する．たとえば，確率変数 X_i，X_j の間の条件つき依存性をベイジアンネットワークでは $X_i \rightarrow X_j$ と表す．リンクの先にくるノード（この場合は X_j）を子ノード，リンクの元にあるノード（この場合は X_i）を親ノードとよぶ．

親ノードが複数あるとき子ノード X_j の親ノードの集合を $Pa(X_j)$ と書くことにする．X_j と $Pa(X_j)$ の間の依存関係はつぎの条件つき確率によって定量的に表される．

$$P(X_j|Pa(X_j)) \tag{4.1}$$

（ただし $Pa(X_j)$ が空集合の時は単に事前確率分布 $P(X_j)$ とする.）

さらに n 個の確率変数 $X_1, \ldots, X_n$ のそれぞれを子ノードとして同様に考えると，すべての確率変数の同時確率分布は式 (4.2) のように表せる．

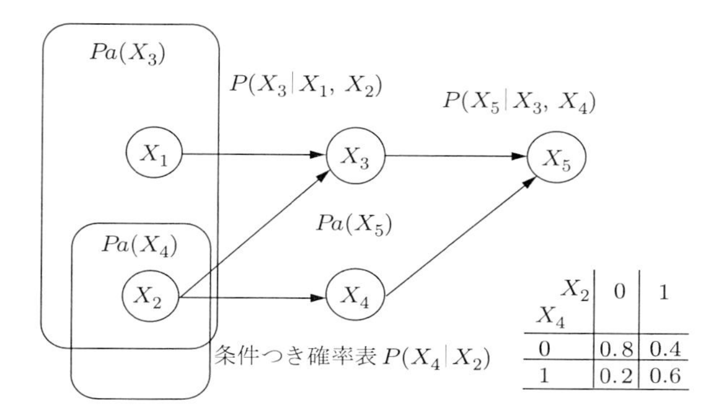

X_4 \ X_2	0	1
0	0.8	0.4
1	0.2	0.6

図 4.1 ベイジアンネットワーク

$$P(X_1, \ldots, X_n) = \prod_{j=1}^{n} P(X_j|Pa(X_j)). \tag{4.2}$$

こうして各子ノードとその親ノードの間にリンクを張って構成したベイジアンネットワーク（図 4.1）によって，これらの変数の間の確率的な依存関係がモデル化できる．先の例でいえば「前回の会議」（の曜日）と「会議に関係するメールがくる」という二つの事象と「次の会議」（の曜日）の間に依存関係があるならば*1)，この三つのノードを使ったベイジアンネットワークによって，その確率的な関係がモデル化でき，それを使ってシステムが今日のスケジュールを予測して事前に入力しておいたり，会議を忘れないようにユーザーに通知することなどが可能である．またこのような確率的関係が成立していれば，それを何段にもつないだネットワークと，あとで述べる確率推論アルゴリズムによって，より複雑な推論も行うことができる．

変数が離散の場合，式 (4.2) の右辺にある条件つき確率は，たとえば P（「次の会議」= 月 |「メールが来る」= yes，「前回の会議」= 月）= 0.8 のような形で列挙することができ，子ノードと親ノードがとるすべての状態のそれぞれにおける確率値を定めた表（条件つき確率表：conditional probability table, CPT）を使うことで完全に表現できる．

一般的に書くと，親ノードがある状態 $Pa(X_j) = \boldsymbol{x}$（$\boldsymbol{x}$ は親ノード群の各

*1) もちろん定例的な会議とそれをメールで通知する習慣があり，統計的にこうした傾向があるならば，である．

表 4.1　条件つき確率表（CPT）

	$Pa(X_j) = \boldsymbol{x}_1$	$\cdots$	$Pa(X_j) = \boldsymbol{x}_m$
$X_j = y_1$	$p(y_1 \vert \boldsymbol{x}_1)$	$\cdots$	$p(y_1 \vert \boldsymbol{x}_m)$
$\vdots$	$\vdots$	$\ddots$	$\vdots$
$X_j = y_1$	$p(y_n \vert \boldsymbol{x}_1)$	$\cdots$	$p(y_n \vert \boldsymbol{x}_m)$

値で構成したベクトル）のもとでの n 通りの離散状態 $(y_1, \ldots, y_n)$ をもつ変数 X_j の条件つき確率分布は $p(X_j = y_1|\boldsymbol{x}), \ldots, p(X_j = y_n|\boldsymbol{x})$ となる（ただし $\sum_{i=1}^{n} p(y_i|\boldsymbol{x}) = 1$）．これを各行として，親ノードが取り得るすべての状態を $\boldsymbol{x}_1, \ldots, \boldsymbol{x}_m$ として，そのそれぞれについて列を構成した表 4.1 の各項目に確率値を定めたものが X_j にとっての条件つき確率表（CPT）である．

このベイジアンネットワークのある一つの子ノードに注目した依存関係を，一つの目的変数（従属変数：Y）と，それに対する説明変数（独立変数：X）の間の依存関係としてみると，統計分野における回帰モデル，因子分析や共分散構造分析などの多変量解析，人工知能分野における決定木，ニューラルネットなどと比較して特徴を理解することができる（図 4.2）．従来の多くの多変量解析的手法では，相関や主成分分析，因子分析のように変数間の線形の共変関係に基づいてモデル化が行われることが多い．

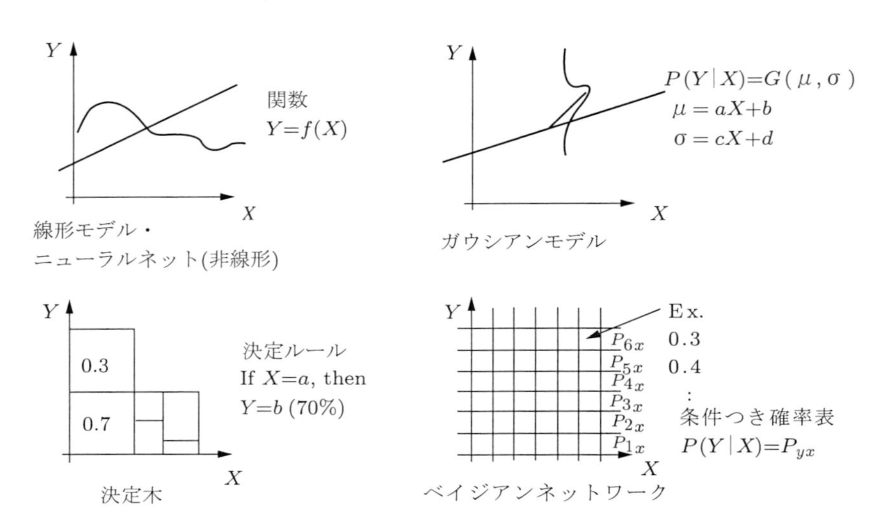

図 4.2　ベイジアンネットワークと他のモデルの比較

グラフィカルモデリングへの拡張である共分散構造分析も基本的には正規性（ガウス分布）を仮定し，ある変数に関する平均，分散を別の変数によってモデル化する枠組みと理解することができる．データからの階層型ニューラルネットの学習は非線形な関数（または写像）によるモデル化とみなすこともできる．ベイジアンネットワークは X-Y 空間を条件つき確率表にしたがって離散化し，個々の確率値を割りあてた不連続な確率分布によるモデル化である．その自由度は比較的高く，線形から非線形，非正規な依存関係まで柔軟に近似することができる．また各項目ごとに十分な数の統計データがあれば，変数の各状態についての頻度を正規化して，各項目の確率値を求めることが容易にできる．

決定木もベイジアンネットワーク同様に変数空間を離散的に分割するようにモデル化するが，子ノードに相当する変数が一つだけであること，分割が非一様であることを許す点が異なっている（図 4.3）．

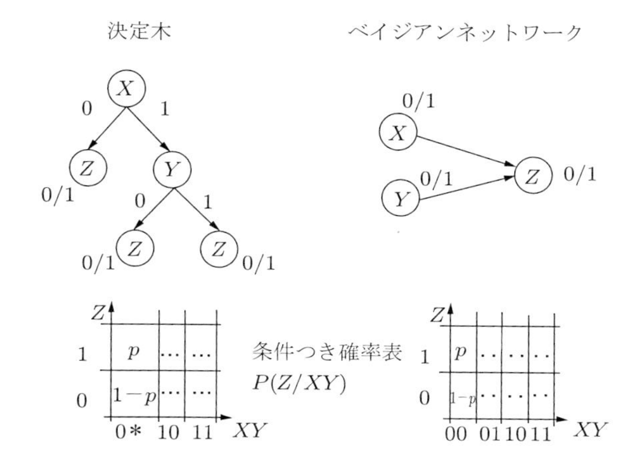

図 4.3　ベイジアンネットワークと決定木

さらに，いわゆるパターン認識におけるベイズ識別との関連でいえば，親ノードにパターンクラス，子ノードに特徴量を与え，パターンクラスの事後確率を計算し，これを最大化するようなパターン認識を行うことができ，この場合はベイズ識別器（Bayesian classifier）やナイーブベイス（naive Bayes）とよばれるものと等価である．ベイジアンネットワークとして拡張したベイズ識別器を使うことで識別精度が向上したという報告 [17,18] もある．

また音声認識やバイオインフォマティクスなど，時系列データの認識に使わ

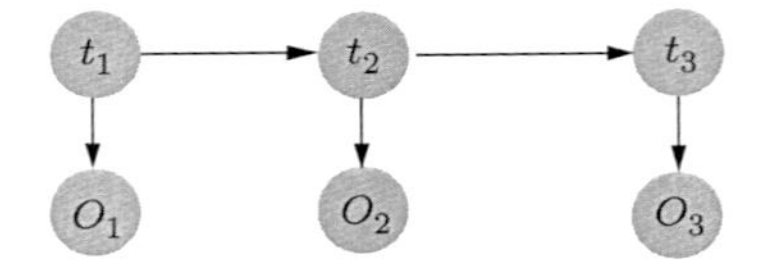

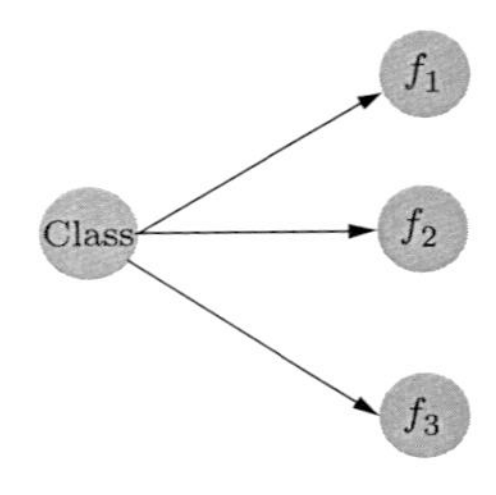

図 **4.4**　ベイジアンネットワークと HMM，ベイズ識別器

れる確率モデル，隠れマルコフモデル（Hidden Markov Model）と等価なモデルをベイジアンネットワークとして作成することもできる（図 4.4）．このように状態変数を導入したモデルはダイナミックベイジアンネットワーク（Dynamic Bayesian Network）ともよばれている．このようにベイジアンネットワークはその表現力の高さから，これまで有用とされてきた多くの確率モデルを包含し，統一的に理解できるものとみることもできる．

4.3　ベイジアンネットワークの確率推論

ベイジアンネットワークを使うことで，一部の変数を観測したときのその他の変数についての確率分布を求めたり，確率値がもっとも大きい状態をその変数の予測結果として得ることができる．観測された変数の情報（e）から，求めたい確率変数（X）の確率値，すなわち事後確率 $P(X|e)$ を求め，それにより X の期待値や事後確率最大の値（MAP 値），ある仮説の確信度（いくつかの変数が特定の値の組をとる同時確率）などを評価するわけである．先の例では「つぎの会議のある曜日」を予測したり，異常を観測したセンサの状態からシステムの障害原因を推定するような計算処理である．こうした確率計算に基づく推論が確率推論とよばれている．

4.3.1 確率推論アルゴリズム

ベイジアンネットワークによる確率的推論は，i）観測された変数の値（エビデンス）e をノードにセットする，ii）親ノードも観測値ももたないノードに事前確率分布を与える，iii）知りたい対象の変数 X の事後確率 $P(X|e)$ を得る，という手順で行われる．iii）における事後確率を求めるために，観測された情報からの確率伝搬（変数間の局所計算）によって各変数の確率分布を更新していく確率伝搬法（belief propagation）とよばれる計算法がある．ここでは簡単に，図 4.5 の構造のもとでの計算の実行例を示す．

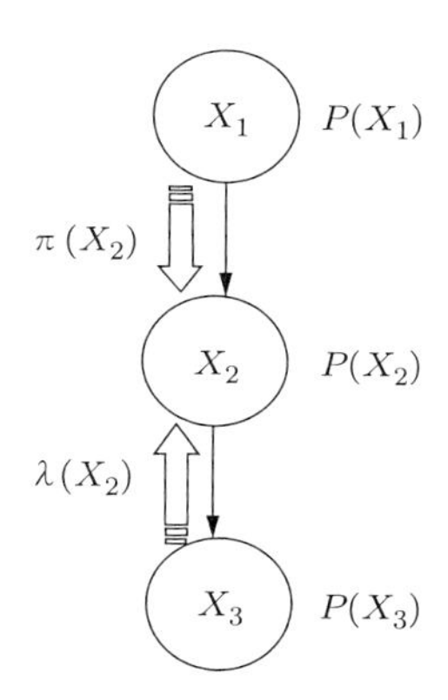

図 **4.5** 簡単な構造での確率伝搬

$X_1 \to X_2$，$X_2 \to X_3$ の間に依存性があり，条件つき確率が与えられているとする．いま，計算しようとしているノードを X_2 として，上流にある親ノードに与えられる観測情報を e^+，下流の子ノードに与えられる観測情報を e^- と書く．ここでいう上流とはリンクの向きに対して親ノード側，下流とは子ノード側である．計算したい事後確率 $P(X_2|e)$ は，e を e^+ と e^- に分け，X_2 と e^- に注目してベイズの定理を使うとつぎのようになる．

$$
\begin{aligned}
P(X_2|e) &= P(X_2|e^+, e^-) \\
&= \frac{P(e^-|X_2, e^+)P(X_2|e^+)}{P(e^-|e^+)}.
\end{aligned}
$$

また e^+ と e^- は X_2 を固定したときには条件つき独立になるので，$\alpha = \dfrac{1}{P(e^-|e^+)}$ を X_2 の値によらない正規化定数とすれば，つぎのように変型で

きる．

$$P(X_2|e) = \alpha P(e^-|X_2)P(X_2|e^+). \tag{4.3}$$

このうち e^+ による X_2 への寄与分，つまり親ノードから伝搬する確率を $P(X_2|e^+) = \pi(X_2)$ と書く．これは，$P(X_1|e^+)$ と X_2 の CPT を使って，X_1 についての周辺化，次式 (4.4) によって求めることができる．

$$\pi(X_2) = \sum_{X_1} P(X_2|X_1)P(X_1|e^+). \tag{4.4}$$

$P(X_1|e^+) = \pi(X_1)$ は観測値が与えられているならば，その値は決定できる．観測値がなく，さらに親ノードをもたない最上流のノードであるならば，事前確率を与える．その上流に親ノードをもつ場合には式 (4.4) を再帰的に適用していけば最終的にはもっとも上流にあるノードによって，その値が求まる．

一方，式 (4.3) の子ノード側の e^- の寄与分，つまり子ノードから伝搬する確率を $P(e^-|X_2) = \lambda(X_2)$ とすると，これを計算するためには，すでに定義されている条件つき確率 $P(X_3|X_2)$ を使って X_3 の全状態について周辺化する次式を用いればよい．

$$\lambda(X_2) = \sum_{X_3} P(e^-|X_2, X_3)P(X_3|X_2).$$

観測から得られる情報 e^- は，X_2 の値によらず独立であることを利用すると，これは次式のように書きなおせる．

$$\lambda(X_2) = \sum_{X_3} P(e^-|X_3)P(X_3|X_2). \tag{4.5}$$

ここで，$P(X_3|X_2)$ は，条件つき確率表として与えられている．$P(e^-|X_3) = \lambda(X_3)$ は観測情報が与えられているならば値が確定できる．また観測値がなく，その下流に子ノードをもたない下端のノードの場合には，無情報であるから一様確率分布であるとして X_3 のすべての状態について等しい値とする．また一般の構造のネットワークの場合，さらに下流に子ノードをもつならば，式 (4.5) を再帰的に適用していけば，最終的にはもっとも下流にあるノードによって値が求まるので，やはり $\lambda(X)$ を計算することが可能である．

したがって，式 (4.4)，(4.5) を，式 (4.3) に代入すればノード X_2 の事後確率

が求まる．同様に次式によって任意のノードの事後確率 $P(X_j|e)$ も計算できる．

$$P(X_j|e) = \alpha\lambda(X_j)\pi(X_j).$$

ベイジアンネットワークのリンクの向きを考慮しないでグラフ構造内のすべてのパスがループをもたないとき，そのベイジアンネットワークは単結合（singly connected）ネットワークとよばれる．この場合には，親ノード，子ノードが複数存在するような構造のネットワークでも，条件つき独立性の性質を使うことで，各ノードについて上流からの伝搬，下流からの伝搬，上流への伝搬，下流への伝搬の 4 種について，先の確率伝搬計算を図 4.6 のように行うことで計算は完了する．この計算量はネットワークのサイズに対して線形オーダである．多くの場合メモリサイズの制約から子ノードに接続される親ノードの数が制限されるので，その場合にはノード数に対しても線形オーダとなる．

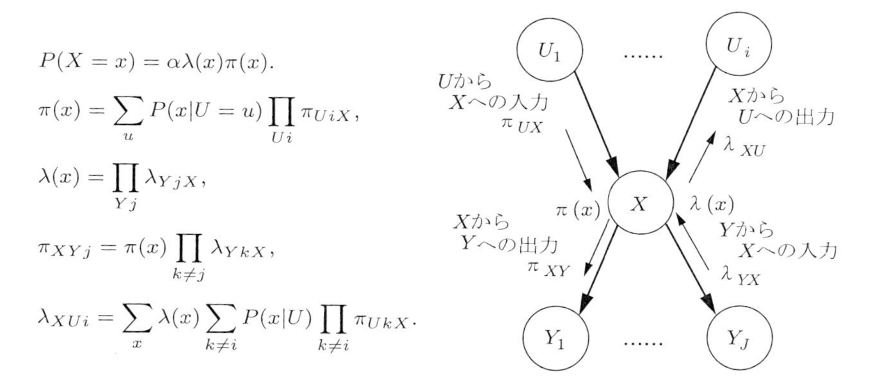

図 **4.6** 確率伝搬アルゴリズム

リンクの向きを考慮しないでネットワークをみたときに，どこか一つでもパスがループしている部分があるとき，このベイジアンネットワークは複結合（multiply connected）ネットワークとよばれる．この場合には単純にリンクに沿って確率を伝搬していくだけでは，その計算の収束性が保証できない．しかし 1990 年代のはじめにジャンクションツリー（Junction tree）アルゴリズムとよばれるグラフ構造を事前に変換してから確率計算を実行する手法が開発されたことで，さまざまな構造に対するベイジアンネットワークの有用性が高まった．このジャンクションツリーアルゴリズムを実装したソフトウェアとして，あとで紹介する Hugin があり，これを使った実用化も進んでいる．

一方で複結合ネットワークを変換せずに，そのまま確率計算を行う近似アルゴリズムがあり，決定的なサンプリング法やLoopy belief propagation（LoopyBP）アルゴリズムなどがある．ここではこの三つの異なるアルゴリズムについての紹介を行う．

ジャンクションツリーアルゴリズム

ジャンクションツリーは，まず適切な親ノードを併合する操作を繰り返してノードのクリークをクラスタとして生成し，元のベイジアンネットワークのノードをクリークとして結合した単結合の木構造からなるジャンクションツリーとよばれる無向グラフに変換する．つぎに，こうしてできた単結合の木構造にしたがってクリークごとに確率伝搬を行うことで，やはり確率値が計算できる．複雑なネットワークの場合には，グラフ変換にかかる計算コストが大きくなるが，一度グラフ構造の変換に成功したあとに何度も確率計算を行うような場合には非常に効率のよい確率伝搬を実行することができる．

ただしジャンクションツリーアルゴリズムは，ノード数が増え，グラフ構造が複雑になるにつれ，変換操作自体の計算コストが無視できない問題となる．たとえばネットワーク構造がつねに変わらない場合には，一度だけ変換を行えばよいが，状況によってネットワーク構造が変化する場合には，そのつどグラフ構造を変換しなければならず，変換のための計算コストは深刻である．またグラフ構造の性質によっては効率のよいジャンクションツリーに変換できず，結果として巨大なクラスターが生じることも起こり得る．その場合にはクラスタ内の周辺化計算のために多数の確率変数の全状態の組み合わせについての計算が必要なために，計算量とメモリ消費が増大する．

サンプリング法

グラフ構造を変換しない確率推論アルゴリズムのうち，比較的厳密計算に近い近似アルゴリズムがストカスティックサンプリングによる確率推論である．これはベイジアンネットワークによるすべての確率変数が取り得る全状態ごとに，その結合確率を事前に求めておき，その確率に基づいて確率変数の具現値の集合をあるサンプル数だけストカスティックに生成する．

さらにそのサンプル群のうち，与えられたエビデンスと合致するものだけを対象に，知りたい変数の具現値の頻度を数えあげ正規化することで，対象とする確率変数の事後確率 $P(X|e)$ を求める．サンプル数が多ければ解は厳密解に

いくらでも近づくが，ノード数，ノードの状態数が増加すると必要なサンプル数が指数的に増大する．しかし，解の精度が低くてよいならばサンプリング数を少なくすることで計算時間を減少させることができ，利用する状況に応じて計算時間と解の精度を制御することができるメリットがある．

このとき，サンプルの生成方法にいくつかバリエーションがあり，古典的なものとしてはランダムサンプリング，また最近では Marcov Chain Monte Carlo 法（MCMC）の適用も考えられている．また決定論的なサンプリング法としては systematic sampling がある [3].

Loopy belief propagation

確率伝搬法を強引に複結合ベイジアンネットワークに適用する方法が，Loopy belief propagation とよばれている．複結合のベイジアンネットワークに対しても強引に局所的な確率伝搬法を繰り返し適用してみると，経験的には良好な性質，たとえば多くの場合事後確率最大の状態が解として得られること，また収束しないような場合の多くはノードの値が振動するので，比較的容易に判別できること，などが実験的に示されている [12].

また Loopy belief propagation は，ベイジアンネットワークを含むグラフィカルモデル一般について，アルゴリズムの改良やその収束性の解析などに関する理論研究 [13,14,15,16] が盛んに行われており，中でも統計力学や情報幾何学が重要な役割をはたしている．また日本でも若手研究者による研究が進められ，今後の展開が期待される．

確率推論アルゴリズムの評価実験

これまで紹介した，LoopyBP，ジャンクションツリー（Junction tree）アルゴリズム，サンプリング法の各確率推論アルゴリズムの性質を比較するために性能評価を行った．われわれの実験では各アルゴリズムの計算速度の比較は表 4.2 のようになった．ノード数が多くなると LoopyBP は圧倒的に高速である．

表 4.2 実行速度比較：Pentium III 975 MHz, 512 MBmem

ノード数	LoopyBP	Junction tree	サンプリング法
20	119 ms	112 ms	445 ms
50	314 ms	997 ms	1 845 ms
100	2.283 s	10.820 s	4.197 s
300	4.765 s	実行不可能	20.367 s

Junction tree はノード数 300 では消費メモリが増大して計算が実行不可能となった．サンプリング法（ここでは Systematic sampling を用いた.）

以上の結果から

- LoopyBP は，大規模なネットワークに対しても非常に高速であり，メモリ消費も少ない．
- ジャンクションツリーアルゴリズムでは，グラフ変換のための計算時間が膨大になり，ノード数が多いと実行が不可能な場合もある．
- サンプリング法では，小規模なネットワークの場合ではサンプル数を十分とることにより高い精度で解が得られるが，大規模なネットワークではジャンクションツリーアルゴリズムと同様，メモリ消費計算時間が膨大になる．

計算効率という面では LoopyBP のメリットが大きいが，しかし解の精度や収束性にまだ問題が残されている．そこで今後は LoopyBP の特長を生かしつつ，解の精度と収束に関する問題を解決するための新規アルゴリズムの開発が望まれる．

4.4　ベイジアンネットワークの統計的学習

ベイジアンネットワークを実際に使うときには，まず適切なモデルを構築しなければならないが，これが人手ではなかなか容易でないという問題がある．変数，条件つき確率，グラフ構造は対象領域をよく知ったエキスパートの経験や知識により適切に決めなければならない．つまり適切なモデルを構築する手法が本格的な実用化の大きな鍵になっている．

モデルの構築は大量の統計データと変数の定義を与え，それらをもっともよく説明するようにグラフ構造と条件つき確率を決定することで行われる．グラフ構造を仮定できれば，条件つき確率表だけを求めればよい．ここではベイジアンネットワークの学習の中心となる，条件つき確率の学習と，グラフ構造の学習のそれぞれについて述べる．

4.4.1　条件つき確率の学習

条件つき確率表において，X，Y の取り得る値のすべての組み合わせについてデータが存在する場合を完全データとよび，そうでないものを不完全データとよぶ．完全データの場合にはデータの頻度により CPT のすべての項を埋め

ることができる．たとえば，簡単のため確率変数が真偽二値とすると，親ノード群 $\pi(X_j)$ がある値をとるときの X_j が，真であった事例数を n_j^t，偽であった事例数を n_j^f とする．$\pi(X_j)$ を与えたときに X_j が真となる条件つき確率が $P(X_j=1|\pi(X_j))=\theta_j^*$ であったとするならば，このような観測結果 (n_j^t, n_j^f) が得られる確率は ${}_{n_j^t+n_j^f}C_{n_j^t}{\theta_j^*}^{n_j^t}(1-\theta_j^*)^{n_j^f}$ になる．

条件つき確率の学習では，この θ_j^* をデータの頻度 n_j^t，n_j^f から推定することになる．データの数が多く，n_j^t，n_j^f が十分大きい場合には，最尤推定により $\widetilde{\theta_j}=n_j^t/(n_j^t+n_j^f)$ とすることができる．

一方，すべての起こり得る組み合わせのデータをもたない不完全データの場合には，先のような方法では最尤推定量を求めることができない．データから条件つき確率を決定するためには，各項に十分な数のデータが必要になるが，CPT のすべての項目について一様に分布したデータが得られるとは限らない．特にいくつかの項についてはデータが欠損している不完全データしか利用できない場合も多い．特に実際の問題に適用するにあたっては確率変数の取り得る値が多様であり，状態数の増加にともなって CPT のサイズが増大するので，不完全データとなる場合が増える．

こうした不完全データの場合にはまず，未観測データについての確率分布を推定し，さらにその分布によって期待値計算を行うことが必要になり，そのために EM アルゴリズムや MCMC 法が用いられる．しかし理論的には一見解決ずみのようであるが，実際には繰り返し計算に時間がかかることや収束精度などの困難が多く，あまり実用化は進んでいない．さらに実際の問題領域において収集したデータの分布には偏りや依存性があることなどから，さらにより現実的な解決策が望まれている．

4.4.2　グラフ構造の学習

ベイジアンネットワークの構造学習アルゴリズムとしては現実的な時間でグラフ構造を探索するためのヒューリスティクスを用いた K-2 アルゴリズム [19] がある．子ノード一つを根，これに接続する親ノード群を葉とした木に注目すると，ベイジアンネットワークはこの木が複数組み合わさったものになっている．そして条件つき確率分布はこの局所的な木のそれぞれについて一つ定義される．

そこでグラフ構造の決定は各子ノードごとに最適な局所木を探索する Greedy アルゴリズムとして実現できる．つまり，(a) 子ノードを定義，(b) 子ノードごとに候補となる親ノードの集合を与える，(c) 各子ノードごとに親ノードと条件つき確率を決定，(d) 情報量基準に基づき，最適な局所木を子ノードごとに探索する，という手順でベイジアンネットワークを構築するのが K-2 アルゴリズムの基本である．また (d) の手続きにおいては AIC や MDL（BIC）などの情報量規準を使うこともできる．しかしベイジアンネットワークモデルのよさの基準にはまだ多くの課題も残されている．

4.5　ベイジアンネットワークの応用

ベイジアンネットワークによる確率的推論の応用として成功している例としては，複雑なシステムの障害診断がある．また最近はユーザーに適応するインタフェースや情報システムのためのユーザーモデリングに利用する例なども増えてきている [8].

4.5.1　障害診断への応用

たとえば車の故障診断の例を考えよう．エンジンが始動するためには点火系，燃料系，それにセルモータが勢いよく回ることが必要である．もしエンジンがかからないとき，故障の原因を探るためにわれわれはどのように考えるであろうか．真の原因は部品の不具合を直接観測するまではわからないとしても，バッテリーの古さや，燃料計の値，セルモータの回転する音などから，事前におおよその見当がつけられることもあるのではないだろうか．これをベイジアンネットワークでモデル化したものが図 4.7 である．

バッテリーの容量が十分あればカーステレオの音がきちんと聞こえている，などの定性的な依存関係をグラフ構造で表し，さらにそのうえで，プラグがどのくらい古くなると，状態がどの程度劣化する可能性があるかといった定量的な依存関係を各条件つき確率分布で表す．このベイジアンネットワークに運転席から観測したり推定できた情報を代入して，それぞれの要因に障害が発生している可能性を示す確率を計算する．その結果，もっとも不具合のある可能性が高い要因を中心に故障を診断することで，最小のコスト（診断回数，時間）で問題解決をはかることが可能となる．

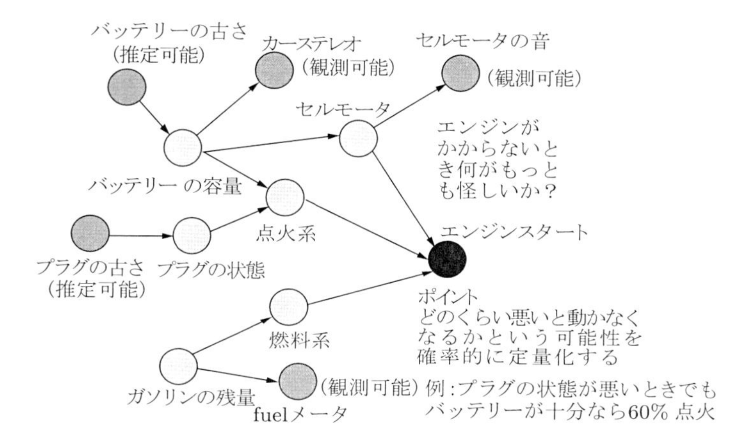

図 **4.7** 車の故障診断の例

このような故障や障害診断は，ベイジアンネットワークの応用としてはもっとも成功しているものである．ベイジアンネットワークソフトウェアを開発している Hugin Expert 社と Hewlett-Packard 社のカスタマーサポート R&D は Systems for Automated Customer Support Operations（SACSO）という共同開発プロジェクトにより，HP 社のプリンタに関する障害診断・発見システムを開発した [20]．ほかにも障害診断システムへのベイジアンネットワークの応用は NASA や Intel, Nokia 社をはじめ多くの例がある [21]．

4.5.2 ユーザーモデリングへの応用

ベイジアンネットワークを用いた，ユーザーモデリングの実証的なプロジェクトとして先駆的なものは，Microsoft 社の Lumière Project[22] である．ベイジアンネットワークはある機能がユーザーにとって適切である確からしさを推定するために用いられる．同様のアプリケーションとして Windows 上の代表的なソフトウェア OutLook をもじった LookOut という，1998 年ごろからマイクロソフトリサーチの社内で試用されているプロトタイプを紹介する．

LookOut は Windows のメールソフトである OutLook を使うユーザーの操作をモニターし，ユーザーが新しいメールを開くとそれを検出して，そのメールの内容を読み取り，スケジュール調整を行うためにカレンダーを開くかどうか，またいつ，どのようにユーザー支援動作を行うのがもっともよいかなどを判断する．

LookOut がメールの内容を読み取るときの確率推論はつぎのようになる．それぞれのメールが到着すると LookOut はユーザーが OutLook のカレンダーとスケジュールサブシステムを使う可能性を確率として計算する．この確率はメールヘッダの内容（メールの差し出し人や時間など）とテキスト文中に含まれるパターンによる確率推論で計算できる．この確率と，サービスを提供した場合にユーザーがどれだけありがたいと思うかという効用，動作のコストを考慮した期待効用が最適なアクション（場合によっては何もしないこと）などを決定する．

各アクションの期待効用の値によって，ユーザーを支援する動作を行うか，カレンダーの表示とスケジュール入力を自動的に実行するかどうか，またはその必要がないので邪魔をしない，といったいくつかの候補の中から最良の動作を決定する．この推論の中で LookOut は人がミーティングなどを記述するときに用いる典型的な語句，“Friday afternoon”，“next week”，“lunch” などを検出する．それらの表現から想定されるさまざまな場合の可能性を考慮して，スケジュールの決定に関連する可能性を確率として計算し，適切なユーザー支援動作を決定する．

もしも特定の日時と相手とのミーティングを行う確率が非常に高い場合には，その内容に基づいたサブジェクトと，内容を入力ずみの OutLook が起動し，この内容でよいか，あるいは修正するかをユーザーに確認する．もし他のスケジュールとぶつかっていたら，代替案として他の時間を探してからそれを表示する．一方，メールの情報が特定の日時を示している確率や，ミーティングを表す確率が低く，LookOut が起動するスケジューリングサービスの期待効用が低い場合には，単にもっとも必要と思われる時期のカレンダーを表示するだけにとどめ，それ以上の余計な動作はしない．

ユーザーが何をしたいと望んでいるかを確率と効用を通じてモデル化しているところ，および観測だけからは確定できない事象に基づく不確実な意思決定を確率推論を用いることで実行しているところが，このシステムのポイントである．また，支援動作をキャンセルするなどのユーザーからの適合性フィードバックを通じて，システムが学習できる点も非常に先進的である[*1]．

こうした自律的な判断の信頼性が向上すれば，複雑な機能を提供するシステムの場合でもユーザーは比較的単純な操作を行うことでも所望のサービスを受けられるようになると期待され，運転中のドライバーに対するアシストなどでは特に重要な技術となるだろう．

4.5.3 ベイジアンネットワークソフトウェア

幅広いさまざまな分野においてベイジアンネットワークを，誰もが，容易に，すぐに利用できるようにするためには，ソフトウェアの形で整備することは非常に意義の深いことである．こうしたベイジアンネットワークの確率推論やモデル構築に関連する代表的なソフトウェアとしては，デンマークで開発されたHugin，アメリカのMicrosoft社で開発されたMSBNx，California大で開発されたBayesNetToolbox，日本では産総研で開発されたBayoNetがある．

Hugin

1989年の創業になるデンマークのHugin Expert社はベイジアンネットワーク研究の先駆者である，Aalborg大学で研究を行っていたメンバーを中心に設立され，以来，Huginの開発と継続的な改良を続け，ベイジアンネットワークとJunction treeアルゴリズムの普及に大きく貢献している．またHuginはベイジアンネットワークの教科書[2]にも試用版（Windows用のバイナリ）がフロッピーディスクで添付されており，教科書の読者がHuginを実際に操作しながらベイジアンネットワークの動作を体験できるようになっている．

一方で，実用的なアプリケーションのためには各種のプラットフォームのもとで，外部プログラムからも確率推論エンジンを利用することのできるAPI（他のプログラムから呼びだせるライブラリ）を提供し，その形態により商用，教育用など，いくつかの異なる種類の製品やライセンスが用意されている．ここでは試用版における基本機能を紹介する．まずHuginを起動するとグラフ描画ソフトのようなGUIを用いてネットワーク構造を作成する画面が現れる．

さらに各子ノードごとに割り当てられるテーブルの中に条件つき確率を入力することでベイジアンネットワークを完成させる．つぎにこのベイジアンネッ

*1）Microsoft社はこうしたベイジアンネットワークの応用研究を進め，ユーザーへの情報の通知を最適に制御するNotification plathomeというシステムに発展した[25]．

トワークを使って確率推論を実行するために，一部のノードの値を設定すると，他のノードの確率値が更新される仕組みになっている．ただし，原理的には確率推論を実行する前には必ずモデルをコンパイルする必要があるので，一度作成したベイジアンネットワークは確率推論を実行している間は変化しないことが前提となり，ネットワーク構造が頻繁に変化するようなアプリケーションには向かない．WWW[*1] からも試用版がダウンロードできる．

MSBNx

Microsoft 社の基礎研究部門である Microsoft research も精力的にベイジアンネットワークの研究とアプリケーションの開発を進めている．彼らは研究所内のソフトウェアコンポーネントとして MSBNx (Microsoft Bayesian Network) とよぶ Windows 用の実装系を完成させ，これを使った多くのアプリケーションソフトのプロトタイプを開発している．MSBNx 自体もやはり確率推論を実行するためのベイジアンネットワークソフトウェアであるが，マイクロソフト研究所内ではその API を用いて開発した多くのアプリケーションソフト群がある．MSBNx 自体は一般に公開されており web ページからダウンロードすることも可能になっている[*2]．

BayesNetToolbox

BayesNetToolbox[*3] は California 大学 Berkeley 校で管理されている MATLAB で実行するオープンソースのライブラリで，ベイジアンネットワーク関連の各種のアルゴリズムが利用・参照可能になっていることが特色である．MATLAB で動作することからも，実用的なソフトウェアというよりは，どちらかというとソースコードを理解し，研究のために新たなアルゴリズムの評価実験を手早く行いたいという用途に向いている．

一方で，GUI などは未整備であるため，ベイジアンネットワークについて理解している学生・研究者向きであろう．MATLAB を理解できる利用者にとっては，過去に発表された著名なアルゴリズムの多くをすでに実装してあり，それらを統一的に実験評価することも可能であるので，研究用途に向いている．こうしたオープンソースの研究用ベイジアンネットワークソフトウェアは，その

*1) http://www.hugin.com
*2) http://research.microsoft.com/adapt/MSBNx/
*3) http://www.cs.berkeley.edu/~murphyk/Bayes/bnt.html

後もいくつかの大学から発表されている．

BayoNet

BayoNet は JAVA による実装としては，世界でも最初期のベイジアンネットワークソフトウェアである 1996 年に作成されたバージョンをはじめとし，以後通産省の RWC プロジェクトなど，いくつかの研究プロジェクトの中で機能拡張が進められてきたソフトウェアシリーズの総称である [23, 24]．

本来は，知能システム・機械学習研究の中で必要とする機能を実現するためのプロトタイプとして開発が行われたものである．当時まだベイジアンネットワークのモデル構築機能をもつソフトウェアが一般的でなかったことから，SQL データベースに格納された大量のデータとのインタフェースをはじめ，効率よくモデルを構築するためのグラフ構造の探索機能，事前知識（ルール）の利用，GUI，Wizard スタイルの対話的なインターフェースなど，さまざまな機能拡張を行ってきた．

それに加えて，BayoNet 独自の特徴として，ニューラルネットにより条件つき確率を学習，補完する方法を導入している．この手法は実際的なデータの中には，しばしばデータに偏りや欠損値があるという問題や，連続値や多次元ベクトルの扱いが従来のベイジアンネットワークソフトウェアでは十分でないという問題を解決するために開発された．これは条件つき確率表を展開した連続

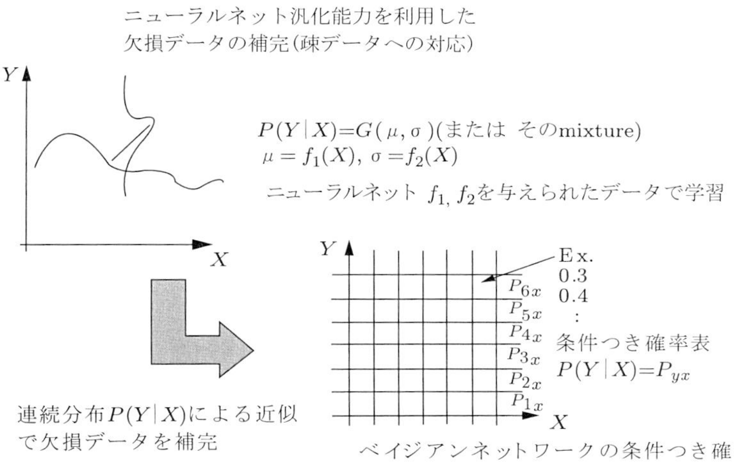

図 4.8 ニューラルネットワークによる条件つき確率の学習

空間上で階層型ニューラルネットにより表される連続的な確率分布を考え，与えられたデータから学習したニューラルネットの汎化（近似）能力によって，データにない欠損している項目についての条件つき確率を推定するものである（図4.8）．

またJAVAのリフレクション機能を利用して利用者が階層型ニューラルネットの代わりに独自の学習モジュールを追加したり，構築したベイジアンネットワークを使った確率推論を他のアプリケーションからTCP/IP接続を経由して利用するためのAPIを備えるなど，拡張性にもすぐれている．また多くのSQLデータベースとも連携でき，データをメモリに読み込むことなく，SQLのコマンドにより得られる頻度から条件つき確率を計算するため，大規模なデータに対する扱いが容易である．

こうした特長をもつBayoNetは企業と産総研の共同研究プロジェクトの中でも使用され，特にユーザーごとに適応してより知的な動作を行う情報システムのために適用技術の検討が進められている（図4.9）．また市販化されたバー

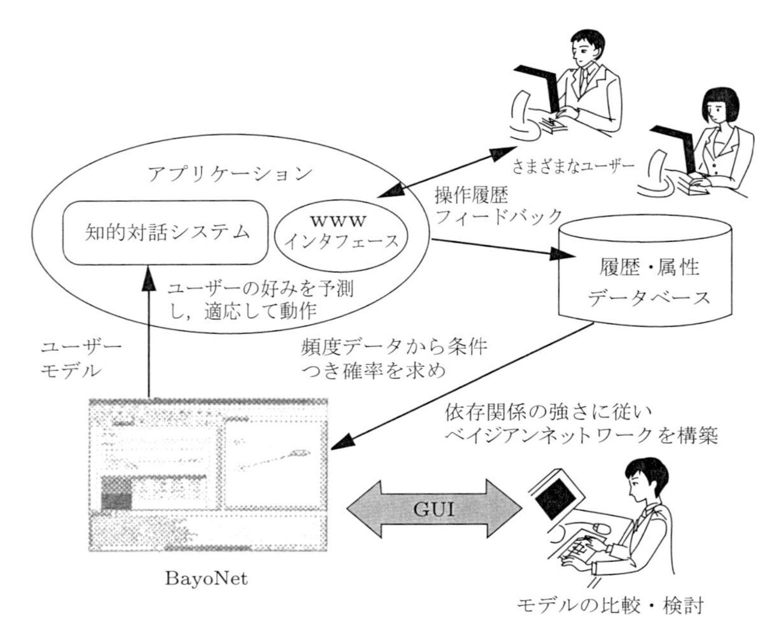

図 **4.9**　ユーザーの個性を自律的に学習する応用システム

ジョンの試用版は無償でダウンロードできるようにもなっている*1).

4.6 おわりに

計算機の高速化と，大量データが現実に利用可能となってきたことで，情報システムが実際の問題領域における観測データから自律的に学習することも現実的になっている．われわれにとっても身近な例では，送られてきたスパムメールを学習して自動分類を行うプログラムなどの形で，ベイズ確率に基づく推論技術や統計的学習理論が使われるようになっている．

またはじめに述べたように情報技術の発達により，ユーザーの年齢，職業などの基本属性，嗜好性，などと，これまでの買物や質問のような行動履歴などのデータなどが大量に集積され，これらを積極的に活用したサービス提供や問題解決，有用な知識の発見などを行うことも期待されている*2)．これは多くのデータマイニング技術がすでに使われている分野でもあるが，ベイジアンネットワークのように解析結果を知識モデルとして構築し，推論まで自動的に実行できるシステムとして発展できることはさらに大きな可能性を秘めている．

これまでの情報処理システムはプログラマが設計した範囲でしか機能できなかったが，統計的学習と確率推論技術を用いることによってシステムの稼働中に得られた統計データに従いその動作を最適化し，さまざまな状況に適応しながら知的な処理を行える可能性が出てくるのである．

今後は新しいセンサ技術や，ネットワーク環境，有機的に結合したデータベースなどの発展と連携した形で，ベイジアンネットワークが統計的学習から得られる有用な知識のモデルとして蓄積され，そのモデルを使った確率推論が計算機の新しい応用技術として確立されることが期待される．

参考文献

[1] J. Pearl : "*Probabilistic reasoning in intelligent systems*", Morgan Kaufmann, 1988.

---

*1) http://www.msi.co.jp/BAYONET/

*2) たとえば協調フィルタリングや顧客分析への応用がある．ただし最近はプライバシーや個人情報保護を最優先に考慮しながら利便性を考える必要がある．

[2] F. Jensen : "*An Introduction to Bayesian networks*", University College London Press, 1996.

[3] E.Castillo, J. Gutierrez and A. Hadi : "*Expert systems and probabilistic network models*", Springer-Verlag, 1997.

[4] R. G. Cowell, A. P. Dawid, S. L. Lauritzen and D. J. Spiegelhalter : "*Probabilistic Networks and Expert Systems*", Springer-Verlag, 1999.

[5] S. Russell and P. Norvig : "Artificial intelligence, A modern approach", Prentice Hall, 1995, 邦訳：古川康一監訳，"エージェントアプローチ 人工知能"，共立出版，1997.

[6] 本村陽一，佐藤泰介："ベイジアンネットワーク—不確定性のモデリング技術—"，人工知能誌，vol.15，no.4575，2000.

[7] 本村陽一："ベイジアンネットワーク"，信学誌，vol.83，no.8 p.645，2000.

[8] 本村陽一："ベイジアンネットワークソフトウェア"，人工知能誌，vol.17，no.5，pp.559-565，2002.

[9] 本村陽一："ベイジアンネットによる確率的推論技術"，計測と制御，vol.42，no.8，pp.649-654，2003.

[10] 本村陽一：ベイジアンネットワーク，信学技法 NC 103 巻 228 号，pp. 25-30，2003.

[11] "ベイジアンネットセミナー BN2002"，http://staff.aist.go.jp/y.motomura/bn2002/ (2002).

[12] K. P. Murphy, Y. Weiss, M. I. Jordan : Loopy Belief Propagation for Approximate Inference : An Empirical Study, Proceedings of Uncertainty in AI, 1999.

[13] Y. Kabashima and D. Saad : Belief Propagation vs. TAP for decoding corrupted messages, Europhys. Letter, 44-5, 668/674, 1999.

[14] T. Tanaka : A theory of Mean Field Approximation, Advances in Neural Information Processing Systems, 11, 351/357, 2000, MIT Press.

[15] S. Ikeda, T. Tanaka, and S. Amari : Information geometrical framework for analyzing belief propagation decoder, Advances in Neural Information Processing Systems, 14, 407/414, 2002.

[16] 田中和之："確率推論に対する統計力学的アプローチ—クラスター変分法と信念伝搬アルゴリズム—"，計測自動制御学会 システム・情報部門学術講演会 SSI-2002 予稿集，2002.

[17] J. Cheng and R. Greiner :"Comparing Bayesian Network Classifiers", *proceedings of the fifteenth conference on uncertainty in artificial intelligence*,

1999.

[18] J. Cheng, C. Hatzis, H. Hayashi, M. Krogel, S. Morishita, D. Page, and J. Sese : "KDDD cup 2001 report", *ACM SIGKDD Explorations*, Vol.3, No.2, 2002.

[19] G. Cooper and E. Herskovits :"A Bayesian method for the induction of probabilistic networks from Data", *Machine Learning*, vol.9, 309, 1992.

[20] F. Jensen, U. Kjarulff, B. Kristiansen, H. Langseth, C. Skaanning, J. Vomlel and M. Vomlelova :"The SACSO methodology for troubleshooting complex systems", *Artificial Intelligence for Engineering Design, Analysis and Manufacturing* （*AIEDAM*）, vol.15, 321, 2001.

[21] http://excalibur.brc.uconn.edu/~baynet/fieldedSystems.html

[22] E. Horvitz, J. Breese, D. Heckerman, D. Hovel and D. Rommelse :"The Lumière Project : Bayesian User Modeling for Inferring the Goals and Needs of Software Users", in *14th National Conference on Uncertainty in Artificial Intelligence*, 1998.

[23] Y. Motomura, "BAYONET : Bayesian Network on Neural Network", Foundation of Real-World Intelligence, pp.28-37, CSLI calfornia, 2001.

[24] 本村陽一：ベイジアンネットソフトウェア BayoNet，計測と制御，vol.42，no.8，2003.

[25] W. ギブズ："気配りできるコンピューター"，日経サイエンス 2005 年 4 月号，vol.35，no.4，2005.

第5章

能動学習の理論

5.1 能動的な学習とは何か

ここでは「能動学習（active learning)」の基本的な概念を説明し，本章で解説する機械学習における能動学習について概観したい．学習という用語の意味を，データを用いることにより，システムのもつパラメータをある規準に従って最適化していくプロセスだと定めることにしよう．この定義は，本章で述べるような確率的データによる機械学習にもあてはまるし，学習に用いられるシステムが脳であり，脳の神経細胞を結ぶ結合状態がシステムパラメータだと考えれば，われわれの脳における学習にもあてはまるであろう．

データから知識を獲得する機械学習の理論では，与えられたデータに対してシステム設計者が適切なモデルを設定し，問題に沿った規準（目的関数）を最適化するように学習を行う，という枠組みで議論が進められることが多い．ここで着目してほしいのは,「あらかじめ与えられたデータ」を学習の出発点としている点である．

一方，われわれ人間が通常行っている学習を振り返ると，受動的に与えられた情報だけを使って知識を獲得しているわけではない．小さな子供は「あれは何？」と周囲に質問をさかんに発し，また自ら試行錯誤を繰り返しながら成長していく．抽象的にいえば，このような学習の方法は，自発的にデータを収集していくという意味において「能動的」な学習だと考えることができる．

機械でも能動的に学習すればより効果的な学習が行えるに違いない — この発想が能動学習の原点である．すなわち，機械学習における能動学習とは，学習データがあらかじめ受動的に与えられていると考えず，学習につごうのよいデータの採取法を機械自らに設計させようという方法論である．このような能動学習の方法論は，機械が実世界の知識を獲得する場合に特に重要となる．

たとえば，チームを組んでサッカーの試合を行うロボットの行動戦略をつくることを考えてみよう．このためには多様な局面に対して適切に行動するようにロボットをプログラムする必要があるが，受動的なデータによってロボットを学習させようとすると，設計者は，考えられる限りのゲームの局面とそれに対する行動パターンをデータ化してロボットに与えなければならない．この場合，強い戦略を獲得するためにどのようなデータを与えればよいのかを決めることはむずかしく，むしろロボットが実際に試合を行い，ときには試してみたい局面を故意につくりだし，試行錯誤の中でよりよい戦略を学習していくほうがよさそうである．

このように，限られた状況下で定まったタスクを実行する機械から，複雑な実世界の知識を柔軟に獲得していく機械へと要請が移るにつれて，機械が主体的にデータを収集する能動学習の重要度が増してきている．

あとでくわしく述べるように，最適なデータ採取法という観点からみると，能動学習のひとつの形態は「最適実験計画」とよばれる統計学の一分野の中で古くから研究されてきた．しかしながら，それらの研究は，機械を線形回帰モデルなど単純なモデルに限定し，データを採取する入力点を理論的に最適設計することに主眼がおかれていた．一方「能動学習」というよびかたには，データの採取と機械のパラメータ最適化を逐次的に行っていくという意味合いが込められている．

このようなデータとパラメータの逐次的な最適化が活発に議論されるようになった理由のひとつには，計算機の発達によりデータを収集しながら実環境下で学習することが現実的になってきたことがあげられよう．

本章では，このような能動学習の理論的な枠組みについて述べる．一口に効果的なデータの採取法といっても，その実現の仕方はさまざまであり，機械が解こうとしている問題の種類によってもアプローチが異なる．本章では，入力から出力への入出力関係をニューラルネットなどの非線形回帰モデルを用いて学習する問題を対象とし，最終的な関数の推定精度ないしは汎化誤差を最適化するように，パラメータの最適化とデータ採取点の最適化を交互に行っていく方法を中心に述べる．

5.2 確率的なデータからの入出力関係の学習

まず準備として，入力 $\boldsymbol{x}$ から出力 $\boldsymbol{y}$ への入出力関係を，有限個の確率的なデータから推定する問題を理論的に定式化する．このような枠組みは，入力である文字画像から文字コードを出力する文字認識の問題や，現在の経済指標を入力することにより，次期の経済指標を出力する時系列予測の問題など，さまざまな現実の設定を含んでいる．

5.2.1　確率的な動作をするシステム

L 次元の入力ベクトル $\boldsymbol{x}$ を与えると M 次元の出力ベクトル $\boldsymbol{y}$ を返すシステムを考えよう．現実に遭遇する多くの問題では，入出力関係が必ずしも決定論的に $\boldsymbol{y} = \boldsymbol{f}(\boldsymbol{x})$ という関数関係で記述できるわけではなく，確率的な要素を含んでいることも多い．経済指標の予測などでは，過去の経済指標によって次期の値が完全に決定されるとは考えにくいし，文字認識の問題でも，手書き数字の「1」と「7」の識別では，書き手の癖などによってほとんど同じ画像が異なる数を表していることもあり得る．

そこで決定論的な関数で表現できない部分は確率的要素として扱うことにし，ある入力 $\boldsymbol{x}$ が与えられたときの出力 $\boldsymbol{y}$ の条件つき確率によって，学習対象である真のシステムの確率的な入出力関係を表す．この条件つき確率の密度関数を

$$p(\boldsymbol{y}|\boldsymbol{x}) \tag{5.1}$$

とおく．このシステムに n 個の入力データ $\{\boldsymbol{x}^{(i)}\}_{i=1}^{n}$ を与えると，$\{\boldsymbol{y}^{(i)}\}_{i=1}^{n}$ が式 (5.1) の条件つき確率に従って発生するが，今後の議論では異なる i に対して $\{\boldsymbol{y}^{(i)}\}_{i=1}^{n}$ は互いに独立であると仮定する．さらに，システムは，通常の状態ではある一定の環境におかれており，決まった確率 Q に従う入力ベクトルを受け取っていると考えよう．以下，入力確率 Q の密度関数を $q(\boldsymbol{x})$ で表す．

本章で述べる能動学習の枠組みでは，学習者が与えたどんな入力データに対しても，式 (5.1) の確率的ルールに従って出力データを返答するシステムを想定する．以下では話をさらに簡単にするために，この確率的ルールが，決定論的な関数 $\varphi_o(\boldsymbol{x})$ と条件つき確率 $r(\boldsymbol{y}|\boldsymbol{s})$ を用いて

$$p(\boldsymbol{y}|\boldsymbol{x}) = r(\boldsymbol{y}|\boldsymbol{\varphi}_o(\boldsymbol{x}))$$

と表されると仮定する．ここで，確率的要素 $r(\boldsymbol{y}|\boldsymbol{s})$ はノイズや揺らぎなどの不確定要因を表現している．以下で二つの例を示そう．

例 1 加法的ガウスノイズ 入力ベクトル $\boldsymbol{x}$ に対して，決定論的な出力 $\boldsymbol{\varphi}(\boldsymbol{x})$ に，平均 0 分散共分散行列 $\sigma^2 I_M$ の独立なガウスノイズ $\boldsymbol{z}$ が加わったものが $\boldsymbol{y}$ として観測されるとしよう．このとき，

$$\boldsymbol{y} = \boldsymbol{\varphi}(\boldsymbol{x}) + \boldsymbol{z}$$

と表される．条件つき確率密度関数で書けば，

$$p(\boldsymbol{y}|\boldsymbol{x}) = \frac{1}{(2\pi\sigma^2)^{M/2}} \exp\left\{-\frac{1}{2\sigma^2}\|\boldsymbol{y} - \boldsymbol{\varphi}(\boldsymbol{x})\|^2\right\}$$

となる．

例 2 2 クラスの識別問題 パターンを二つのクラスに識別する問題では，出力 y が $\{1,0\}$ に値をとるとして

$$r(y|s) = \frac{e^{ys}}{1+e^s}$$

という確率的要素を導入し，

$$p(y|\boldsymbol{x}) = r(y|\varphi(\boldsymbol{x})) = \frac{e^{y\varphi(\boldsymbol{x})}}{1+e^{\varphi(\boldsymbol{x})}}$$

というルールを考えることがよく行われる．これは，$y = 1$ となる確率が $1/(1+e^{-\varphi(\boldsymbol{x})})$ となるモデルである．関数 $1/(1+e^{-s})$ はロジスティック関数とよばれ，図 5.1 のようなグラフをもつ．

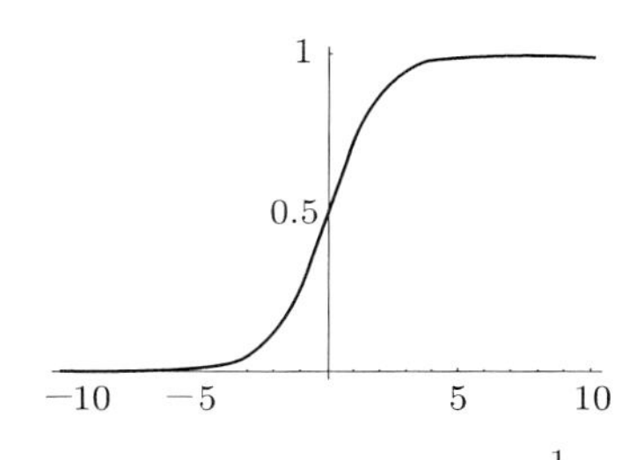

図 5.1 ロジスティック関数 $\dfrac{1}{1+e^{-s}}$

5.2.2 入出力関係の学習

確率的なシステムの背後にある関数関係 $\boldsymbol{\varphi}_o(\boldsymbol{x})$ を学習するために，ここでは

パラメトリックな方法論をとる．すなわち，真の関数関係 $\boldsymbol{\varphi}_o(\boldsymbol{x})$ の候補となる関数族 $\{\boldsymbol{\varphi}(\boldsymbol{x};\boldsymbol{\theta})|\boldsymbol{\theta} \in \Theta\}$（$\boldsymbol{\theta} \in \Theta$ は d 次元のパラメータベクトル）と，真のシステムから得られた学習データ $\{(\boldsymbol{x}^{(i)}, \boldsymbol{y}^{(i)})\}_{i=1}^{n}$ を用意し，真の関数関係を精度よく推定できるように，学習データを用いてパラメータ $\boldsymbol{\theta}$ を最適化する．

まず，関数族に関して考えよう．本項ではこのようなパラメトリックな関数のことを学習機械と考える．学習機械の設定の仕方はシステムの設計者に任されている．問題の本質を汲み上げて，なるべく高い性能の機械ができるようにモデル化するのがよい．問題の構造に関する十分な知識がある場合には，それを適切に表現するパラメトリックな関数族を設定できることもある．

しかしながら，たとえば文字認識の問題において，濃淡画像や特徴ベクトルの空間から文字コードへの写像をよく表すモデルをわれわれが想像することはほとんど不可能である．そのため，問題の構造を直接モデル化するのではなく，さまざまな関数の近似が可能な汎用関数系を用意して，それによって未知なる真の関数関係を学習しようとする方針もあり得る．後者のような立場で選択される関数族として，多層パーセプトロンや Radial Basis Funcitons（RBF）に代表されるニューラルネットワークがある．あとで解説する応用ではニューラルネットを用いた例を述べる．

つぎに学習データの採取法であるが，これには入力データを真のシステムに与えて出力データを観測する必要がある．このとき，システムに与える入力データ $\{\boldsymbol{x}^{(i)}\}_{i=1}^{n}$ は，必ずしも真のシステムが通常おかれている環境の入力分布 Q から発生したものを用いる必要はない．この入力データをどのように設計すればよいかが能動学習の問題となる．具体的な設計法はあとで説明するとして，ここではある定まった入力データ $X_n = \{(\boldsymbol{x})^{(i)}\}_{i=1}^{n}$ に対して出力データ $Y_n = \{\boldsymbol{y}^{(i)}\}_{i=1}^{n}$ が観測され，学習データ $\{(\boldsymbol{x}^{(i)}, \boldsymbol{y}^{(i)})\}_{i=1}^{n}$ が得られたとする．

やや天下り的であるが，以降入力データ $X_n = \{\boldsymbol{x}^{(i)}\}_{i=1}^{n}$ の性質として，密度関数 $u(\boldsymbol{x})$ をもつある確率分布 U が存在して，$\boldsymbol{x}$ の U に関する任意の可積分関数 $g(\boldsymbol{x})$ のサンプル平均が，大数の法則

$$\frac{1}{n}\sum_{i=1}^{n} g(\boldsymbol{x}^{(i)}) \longrightarrow \int g(\boldsymbol{x})u(\boldsymbol{x})d\boldsymbol{x} \qquad (n \to \infty) \tag{5.2}$$

を満たすことを仮定する．また，学習データ $\{(\boldsymbol{x}^{(i)}, \boldsymbol{y}^{(i)}\}_{i=1}^{n}$ に対しては可積分関数 $h(\boldsymbol{x}, \boldsymbol{y})$ のサンプル平均が

$$\frac{1}{n}\sum_{i=1}^{n} h(\boldsymbol{x}^{(i)}, \boldsymbol{y}^{(i)}) \longrightarrow \iint h(\boldsymbol{x}, \boldsymbol{y}) r(\boldsymbol{y}|\varphi_o(\boldsymbol{x})) u(\boldsymbol{x}) d\boldsymbol{y} d\boldsymbol{x} \quad (n \to \infty) \tag{5.3}$$

と収束することを仮定する．

学習機械と学習データを用いて真の関数関係の学習を行うためには，学習の目的を定義する目的関数を決める必要がある．そのために，M 次元ベクトル $\boldsymbol{y}$ と $\boldsymbol{s}$ の近さを測る**損失関数**（loss function）$\ell(\boldsymbol{y}, \boldsymbol{s})$ を用意し，与えられたデータに対する**経験損失関数**（empirical loss function）$L_n(\boldsymbol{\theta})$ を

$$L_n(\boldsymbol{\theta}) = \frac{1}{n}\sum_{i=1}^{n} \ell(\boldsymbol{y}^{(i)}, \boldsymbol{\varphi}(\boldsymbol{x}^{(i)}; \boldsymbol{\theta})) \tag{5.4}$$

により定義する．この $L_n(\boldsymbol{\theta})$ を最小にすることを学習の目的と考え，その最小値をとるパラメータを $\widehat{\boldsymbol{\theta}}$ と書く．損失関数 $\ell(\boldsymbol{y}, \boldsymbol{s})$ の満たすべき条件として，任意の $\boldsymbol{s}_1$，$\boldsymbol{s}_2$ に対して

$$\int \ell(\boldsymbol{y}, \boldsymbol{s}_2) r(\boldsymbol{y}|\boldsymbol{s}_1) d\boldsymbol{y} \geq \int \ell(\boldsymbol{y}, \boldsymbol{s}_1) r(\boldsymbol{y}|\boldsymbol{s}_1) d\boldsymbol{y} \tag{5.5}$$

が成り立つことを要請しておく．

式 (5.3) の仮定のもと，データ数 n が大きいとき，$L_n(\boldsymbol{\theta})$ は

$$L_\infty(\boldsymbol{\theta}) = \iint \ell(\boldsymbol{y}, \boldsymbol{\varphi}(x; \boldsymbol{\theta})) r(\boldsymbol{y}|\boldsymbol{\varphi}_o(\boldsymbol{x})) u(\boldsymbol{x}) d\boldsymbol{y} d\boldsymbol{x} \tag{5.6}$$

の近似となる．したがって，経験損失関数の最小化は，近似的に式 (5.6) を最小化する θ を探していることになる．

損失関数の代表的な選び方として，統計学でよく用いられる**最尤法**（maximum likelihood method）がある．これは，損失関数として負の対数尤度関数

$$\ell(\boldsymbol{y}, \boldsymbol{s}) = -\log r(\boldsymbol{y}|\boldsymbol{s})$$

をとる方法である．また，二乗誤差 $\ell(\boldsymbol{y}, \boldsymbol{s}) = ||\boldsymbol{y} - \boldsymbol{s}||^2$ もよく用いられる．

5.2.1 項で紹介した二つの例に関して最尤法がどのような目的関数を与えるか調べておこう．例 1 の加法的ガウスノイズの場合には，簡単な計算により

$$L_n(\boldsymbol{\theta}) = \frac{1}{n}\sum_{i=1}^{n}\frac{1}{2\sigma^2}||\boldsymbol{y}^{(i)} - \boldsymbol{\varphi}(\boldsymbol{x}^{(i)};\boldsymbol{\theta})||^2 + \text{定数}$$

となり，最小二乗誤差の規準と一致する．また例 2 の 2 クラス識別問題では，関数 $\varphi(\boldsymbol{x};\boldsymbol{\theta})$ のもとで $y=1$ となる確率を $p(\boldsymbol{x};\boldsymbol{\theta}) = 1/(1+e^{-\varphi(\boldsymbol{x};\boldsymbol{\theta})})$ で表すとき，

$$L_n(\boldsymbol{\theta}) = -\frac{1}{n}\sum_{i=1}^{n}\{y^{(i)}\log p(\boldsymbol{x}^{(i)};\boldsymbol{\theta}) + (1-y^{(i)})\log(1-p(x^{(i)};\boldsymbol{\theta}))\}$$

が得られる．この目的関数をクロスエントロピーとよぶことがある．

5.2.3　学習機械の汎化能力

学習機械 $\boldsymbol{\varphi}(\boldsymbol{x};\boldsymbol{\theta})$ に対して，その期待損失を

$$K(\boldsymbol{\theta}) = \iint \ell(\boldsymbol{y}, \boldsymbol{\varphi}(\boldsymbol{x};\boldsymbol{\theta}))r(\boldsymbol{y}|\boldsymbol{\varphi}_o(\boldsymbol{x}))q(\boldsymbol{x})d\boldsymbol{y}d\boldsymbol{x} \tag{5.7}$$

により定義する．$K(\boldsymbol{\theta})$ は，学習機械が定環境における入力分布 Q から入力ベクトルを受け取ったときに，真のシステムの出力 $\boldsymbol{y}$ を $\boldsymbol{\varphi}(\boldsymbol{x};\boldsymbol{\theta})$ によって予測した場合の損失の平均値を表している．

経験損失関数 $L_n(\boldsymbol{\theta})$ を最小にするパラメータを $\widehat{\boldsymbol{\theta}}$ として，その期待損失 $K(\widehat{\boldsymbol{\theta}})$ を考えよう．これは有限個のデータによる学習からどれぐらい真の関数を忠実に再現できたかを示しており，得られた機械の**汎化誤差**（generalization error），もしくは**予測誤差**（prediction error）とよばれる．

学習によって得られたパラメータ $\widehat{\boldsymbol{\theta}}$ は学習データの関数であるから，確率的なばらつきをもつ確率変数である．いま学習データの入力点 $X_n = \{\boldsymbol{x}^{(i)}\}_{i=1}^{n}$ を固定して考え，X_n を条件としたときの出力データ $Y_n = \{\boldsymbol{y}^{(i)}\}_{i=1}^{n}$ による汎化誤差の期待値

$$R(X_n) = E_{Y_n}\left[K(\widehat{\boldsymbol{\theta}})|X_n\right] \tag{5.8}$$

を考える．本章における能動学習の目的は $R(X_n)$ を最小にする X_n を探すことである．

5.3 能動学習の方法 – 汎化誤差を最小にするデータ採取点

5.3.1 漸近理論による汎化誤差の期待値の推定

汎化誤差の期待値 (5.8) は未知の関数 $\boldsymbol{\varphi}_o(\boldsymbol{x})$ を用いて定義されているため，これを直接計算することはできず，何らかの方法により推定することが必要となる．

汎化誤差を推定する方法には，大きく分けて，データ数 n が大きいときの推定量の統計的性質を記述する統計的漸近理論を用いる方法や，学習データを学習に使うデータとテストデータに分けて検証を行うクロスバリデーション（cross-validation, [1]）などのアプローチがある．クロスバリデーションでは，推定量が陽に計算できる単純なモデルを除くと，実際に学習をしてみないと汎化誤差の推定が行えないため，採取するデータ点に $R(X_n)$ がどう依存するかを事前に明示的な形で与えるのがむずかしい．そこで以下では漸近理論を用いた方法を考察していく．

式 (5.6) の経験損失の極限 $L_\infty(\boldsymbol{\theta})$ を最小にするパラメータを $\boldsymbol{\theta}_o$ とおく．このパラメータは，学習データを与える入力分布 U のもとで，学習機械のなかで，真の入出力関係 $\boldsymbol{\varphi}_o(\boldsymbol{x})$ をもっともよく近似する機械を与える．微分可能性などの適当な条件のもと，$\boldsymbol{\theta}_o$ は

$$\frac{\partial L_\infty(\boldsymbol{\theta}_o)}{\partial \boldsymbol{\theta}} = 0 \tag{5.9}$$

を満足する．真の入出力関係がもともと有している期待損失

$$\iint \ell(\boldsymbol{y}, \boldsymbol{\varphi}_o(\boldsymbol{x})) r(\boldsymbol{y}|\boldsymbol{\varphi}_o(\boldsymbol{x})) q(\boldsymbol{x}) d\boldsymbol{y} d\boldsymbol{x}$$

を K_* で表すことにすると，式 (5.8) は以下のように分解される．

$$R(X_n) = K_* + \{K(\boldsymbol{\theta}_o) - K_*\} + E_{Y_n}[K(\widehat{\boldsymbol{\theta}}) - K(\boldsymbol{\theta}_o)]. \tag{5.10}$$

右辺第 1 項は学習機械や学習データには依存しない．第 2 項は，入力分布 U のもとで，最適な関数が真の入出力関係からどれぐらいずれているかを表している．学習データのばらつきに依存するのは第 3 項のみであり，データから推定された機械が，もっともよい機械からどれほどばらつくかを表している（図 5.2）．

いま，システム設計者が学習機械として十分に表現能力の高い関数族を設定したと仮定し，第 3 項に比べて第 2 項が無視できるほど小さい場合を考察の対

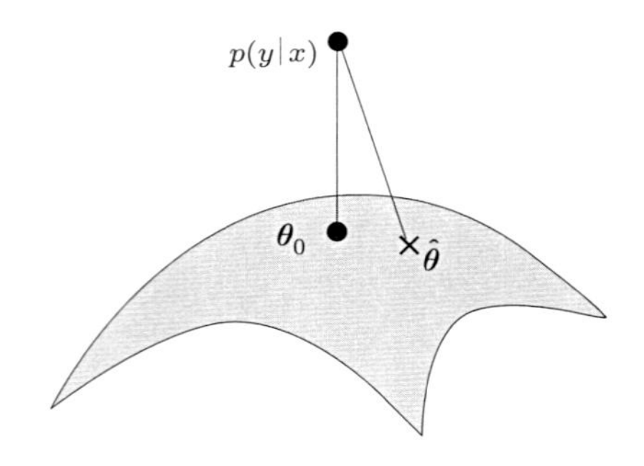

図 **5.2**　汎化誤差の分解

象としてみよう．そこで理論的な単純化として，真の入出力関係が $\boldsymbol{\theta}_o$ で与えられる，すなわち

$$\boldsymbol{\varphi}(x;\boldsymbol{\theta}_o)=\boldsymbol{\varphi}_o(\boldsymbol{x}) \tag{5.11}$$

を仮定する．このとき式 (5.10) の第 2 項は，式 (5.5) の仮定より，最小値である 0 をとる．さらに本節では，任意の $\boldsymbol{x}$ に対し

$$\frac{\partial}{\partial\boldsymbol{\theta}}\int \ell(\boldsymbol{y},\boldsymbol{\varphi}(\boldsymbol{x};\boldsymbol{\theta}))r(\boldsymbol{y}|\boldsymbol{\varphi}_o(\boldsymbol{x}))d\boldsymbol{y}\Big|_{\boldsymbol{\theta}=\boldsymbol{\theta}_o}=0 \tag{5.12}$$

が成り立つことを仮定する．簡単な計算により，損失関数 $\ell(\boldsymbol{y},\boldsymbol{s})$ が 負の対数尤度 $-\log r(\boldsymbol{y}|\boldsymbol{s})$ であれば，式 (5.12) が成り立つことがわかる．また，条件つき密度関数 $r(\boldsymbol{y}|\boldsymbol{s})$ において $\boldsymbol{s}$ が $\boldsymbol{y}$ の平均値を表しており ($\int \boldsymbol{y}r(\boldsymbol{y},\boldsymbol{s})d\boldsymbol{y}=\boldsymbol{s}$)，かつ損失関数が二乗誤差 $\ell(\boldsymbol{y},\boldsymbol{s})=||\boldsymbol{y}-\boldsymbol{s}||^2$ であるならば，やはり式 (5.12) を満足する．

式 (5.11) の仮定のもと，汎化誤差の期待値は

$$R(X_n)=K_*+E_{Y_n}[K(\widehat{\boldsymbol{\theta}})-K(\boldsymbol{\theta}_o)]$$

となるが，これを $\boldsymbol{\theta}_o$ のまわりで $\widehat{\boldsymbol{\theta}}$ に関してテイラー（Taylor）展開すると

$$\begin{aligned}R(X_n)=&K_*+\frac{1}{2}\sum_{a,b=1}^{d}\frac{\partial^2K(\boldsymbol{\theta}_o)}{\partial\theta^a\partial\theta^b}E_{Y_n}[(\widehat{\theta}^a-\theta_o^a)(\widehat{\theta}^b-\theta_o^b)]\\&+O(E_{Y_n}||\widehat{\boldsymbol{\theta}}-\boldsymbol{\theta}_o||^3)\end{aligned} \tag{5.13}$$

が得られる．ここで式 (5.12) を用いた．

$n \to \infty$ のときに $E_{Y_n}[(\widehat{\theta}^a - \theta_o^a)(\widehat{\theta}^b - \theta_o^b)]$ が収束する値を漸近理論（[2], Section 6）により知ることができる．半正定値行列 $G(\boldsymbol{\theta};\boldsymbol{x})$，$H(\boldsymbol{\theta};\boldsymbol{x})$ を

$$G(\boldsymbol{\theta};\boldsymbol{x})_{ab} = \int \frac{\partial \ell(\boldsymbol{y},\boldsymbol{\varphi}(\boldsymbol{x};\boldsymbol{\theta}))}{\partial \theta^a}\frac{\partial \ell(\boldsymbol{y},\boldsymbol{\varphi}(\boldsymbol{x};\boldsymbol{\theta}))}{\partial \theta^b} r(\boldsymbol{y}|\boldsymbol{\varphi}(\boldsymbol{x};\boldsymbol{\theta}))d\boldsymbol{y}$$

$$H(\boldsymbol{\theta};\boldsymbol{x})_{ab} = \int \frac{\partial^2 \ell(\boldsymbol{y},\boldsymbol{\varphi}(\boldsymbol{x};\boldsymbol{\theta}))}{\partial \theta^a \partial \theta^b} r(\boldsymbol{y}|\boldsymbol{\varphi}(\boldsymbol{x};\boldsymbol{\theta}))d\boldsymbol{y}$$

により定義し，入力データ X_n に対する情報行列 $G_n(\boldsymbol{\theta};X_n)$，$H_n(\boldsymbol{\theta};X_n)$ を

$$\begin{aligned} G_n(\boldsymbol{\theta};X_n) &= \frac{1}{n}\sum_{i=1}^{n} G(\boldsymbol{\theta};\boldsymbol{x}^{(i)}), \\ H_n(\boldsymbol{\theta};X_n) &= \frac{1}{n}\sum_{i=1}^{n} H(\boldsymbol{\theta};\boldsymbol{x}^{(i)}) \end{aligned} \tag{5.14}$$

により定める．$G_n(\boldsymbol{\theta}_o;X_n)$ は正定値であると仮定し，情報行列 $J_n(\boldsymbol{\theta}_o;X_n)$ を

$$J_n(\boldsymbol{\theta}_o;X_n) = H_n(\boldsymbol{\theta}_o;X_n)G_n^{-1}(\boldsymbol{\theta}_o;X_n)H_n(\boldsymbol{\theta}_o;X_n)$$

により定義する．式 (5.2) の仮定により，$n \to \infty$ における $G_n(\boldsymbol{\theta}_o;X_n)$，$H_n(\boldsymbol{\theta}_o;X_n)$ の極限をそれぞれ $G(\boldsymbol{\theta}_o)$，$H(\boldsymbol{\theta}_o)$ とおくと，$J_n(\boldsymbol{\theta}_o;X_n)$ は $n \to \infty$ のとき

$$J_n(\boldsymbol{\theta}_o;X_n) \quad \to \quad J(\boldsymbol{\theta}_o) = H(\boldsymbol{\theta}_o)G^{-1}(\boldsymbol{\theta})H(\boldsymbol{\theta}_o)$$

と収束する．このとき，適当な正則条件のもとで，

$$nE_{Y_n}[(\widehat{\boldsymbol{\theta}} - \widehat{\boldsymbol{\theta}}_o)(\widehat{\boldsymbol{\theta}} - \boldsymbol{\theta}_o)^T] \quad \longrightarrow \quad J^{-1}(\boldsymbol{\theta}_o)$$

と収束することが示される．さらに対称行列 $F(\boldsymbol{\theta})$ を

$$F_{ab}(\boldsymbol{\theta}) = \frac{\partial^2 K(\boldsymbol{\theta})}{\partial \theta^a \partial \theta^b} = \int H(\boldsymbol{\theta}_o;\boldsymbol{x})_{ab} q(\boldsymbol{x})d\boldsymbol{x}$$

により定義すると，データ数 n が大きいとき，式 (5.13) より

$$R(X_n) = K_* + \frac{1}{2n}\mathrm{Tr}\big[F(\boldsymbol{\theta}_o)J^{-1}(\boldsymbol{\theta}_o)\big] + o_p\left(\frac{1}{n}\right)$$

となるので，X_n を用いて

$$R(X_n) \approx K_* + \frac{1}{2n}\mathrm{Tr}\big[F(\boldsymbol{\theta}_o)J_n^{-1}(\boldsymbol{\theta}_o;X_n)\big] \tag{5.15}$$

と近似できる．以上により，汎化誤差の期待値を最小にする能動学習の規準

$$\mathrm{Tr}\big[F(\boldsymbol{\theta}_o)J_n(\boldsymbol{\theta}_o;X_n)^{-1}\big] \tag{5.16}$$

が得られた．

システムがおかれる環境から与えられたデータを学習に使う場合，X_n は Q からの独立なサンプルである．このような学習は能動学習に対して**受動学習**とよばれる．能動学習を行うことにより，受動学習よりも汎化誤差を小さくすることが期待される．大数の法則により，受動学習の場合には，$G(\boldsymbol{\theta}_o) = E_Q[G(\boldsymbol{\theta}_o;\boldsymbol{x})]$，$H(\boldsymbol{\theta}_o) = E_Q[H(\boldsymbol{\theta}_o;\boldsymbol{x})]$ となる．特に $\ell(\boldsymbol{y},\boldsymbol{s}) = -\log r(\boldsymbol{y}|\boldsymbol{s})$ の場合には，$\int \dfrac{\partial r(\boldsymbol{y}|\boldsymbol{s})}{\partial \boldsymbol{s}} d\boldsymbol{y} = 0$，$\int \dfrac{\partial^2 r(\boldsymbol{y}|\boldsymbol{s})}{\partial \boldsymbol{s}\partial \boldsymbol{s}} d\boldsymbol{y} = 0$ を用いることにより，

$$G(\boldsymbol{\theta};\boldsymbol{x}) = H(\boldsymbol{\theta};\boldsymbol{x})$$

が得られるので，$J(\boldsymbol{\theta}) = F(\boldsymbol{\theta}) = G(\boldsymbol{\theta}) = H(\boldsymbol{\theta})$ が成り立つ．すると，パラメータ $\boldsymbol{\theta}$ の次元を d とするとき

$$R(X_n) \approx K_* + \frac{d}{2n}$$

となることがわかる．能動学習の効果の理論値は，$\mathrm{Tr}[F(\boldsymbol{\theta}_o)J_n(\boldsymbol{\theta}_o;X_n)^{-1}]$ が d よりどれだけ小さくなるかによって決定される．

能動学習の規準式 (5.16) は，未知パラメータ $\boldsymbol{\theta}_o$，言い換えれば真の関数 $\boldsymbol{\varphi}_o(\boldsymbol{x})$ に依存している．そこで，これを推定量 $\widehat{\boldsymbol{\theta}}$ で置き換える必要が生じるのであるが，それはあとに回し，手始めに式 (5.16) が $\boldsymbol{\theta}_o$ に依存しない場合を考察してみよう．これは関数族 $\boldsymbol{\varphi}(\boldsymbol{x};\boldsymbol{\theta})$ が $\boldsymbol{\theta}$ に関して線形の場合である．

5.3.2　汎化誤差を小さくする能動学習 – 線形の場合 –

ここでは簡単のため出力次元 M が 1 の場合に話を限る．学習機械が，K 個の固定された関数 $\psi_k(\boldsymbol{x})$ とパラメータ $v_k (1 \le k \le K)$ とを用いて，

$$\varphi(\boldsymbol{x};\boldsymbol{v}) = \sum_{k=1}^{K} v_k\psi_k(\boldsymbol{x}) = \boldsymbol{v}^T\boldsymbol{\psi}(\boldsymbol{x})$$

($\boldsymbol{v} = (v_1,\ldots,v_K)^T$，$\boldsymbol{\psi}(\boldsymbol{x}) = (\psi_1(\boldsymbol{x}),\ldots,\psi_K(\boldsymbol{x}))^T$) という線形の関数族で定義されているとする．さらに，損失関数は二乗誤差 $\ell(y;s) = \dfrac{1}{2}\|y-s\|^2$ であ

り，条件つき確率密度 $r(y|s)$ は，平均 0 分散 σ^2 のある確率密度関数 $g(s)$ を用いて $r(y|s) = g(y-s)$ と表すことができると仮定する．このとき簡単な計算により，

$$F(\boldsymbol{\theta}_o) = E_Q[\boldsymbol{\psi}(\boldsymbol{x})\boldsymbol{\psi}(\boldsymbol{x})^T],$$

$$J_n(\boldsymbol{\theta}_o; X_n) = \frac{1}{\sigma^2}\widetilde{J}_n(X_n) = \frac{1}{\sigma^2}\overline{\boldsymbol{\psi}(\boldsymbol{x})\boldsymbol{\psi}(\boldsymbol{x})^T}$$

となり，これらは $\boldsymbol{\theta}_o$ に依存しないことがわかる．ここで，$\widetilde{J}_n(X_n)$ は，

$$\widetilde{J}_n(X_n) = \overline{\boldsymbol{\psi}(\boldsymbol{x})\boldsymbol{\psi}(\boldsymbol{x})^T} = \frac{1}{n}\sum_{i=1}^{n}\boldsymbol{\psi}(\boldsymbol{x}^{(i)})\boldsymbol{\psi}(\boldsymbol{x}^{(i)})^T$$

で定義される，学習データの入力点の標本相関行列であり，デザイン行列とよばれることもある．さらに，以上の仮定のもとでは，式 (5.15) は，$n \to \infty$ における近似ではなく，$R(X_n)$ を厳密に与える式であることが簡単な計算によりわかる．

式 (5.16) は X_n のみの関数であり，学習を行う以前に最適化を行うことが可能である．実際，入力分布 Q が特殊な場合に，多項式などいくつかの関数系に関して最適なデータ採取点が知られている（[3], 2.3, 2.4 節）．以下に三角関数の場合の最適データ採取点を示しておこう．

入力の空間として閉区間 $[0, 2\pi]$ を考え，自然数 H と $K = 2H+1$ に対して，三角関数系

$$\psi_1(x) = 1,\ \psi_{2j}(x) = \sqrt{2}\cos(jx),$$

$$\psi_{2j+1}(x) = \sqrt{2}\sin(jx), \quad (1 \le j \le H)$$

を設定する．入力空間上の分布 Q として区間 $[0, 2\pi]$ 上の一様分布を定めると，$\{\psi_k(x) \mid k = 1, \ldots, K\}$ が $L^2(Q)$ の正規直交系となることは容易にわかる．すると，$F(\boldsymbol{\theta}) = I_K$（$K$ 次単位行列）であり，汎化誤差最小の学習データは

$$\mathrm{Tr}[\widetilde{J}_n(X_n)^{-1}] \tag{5.17}$$

を最小にする入力点でとればよいことがわかる．実はつぎの定理が示すように，等間隔にとった X_n がこの条件を満たしている．

定理 1　式 (5.17) が最小となるのは $\widetilde{J}_n = I_K$ の場合である．また，$n \geq K$ のとき，入力点

$$x^{(i)} = \frac{i-1}{n}2\pi, \qquad i = 1, \ldots, n$$

はこの条件を満足する．

証明　後半の主張は容易に調べられるので，前半だけ示す．任意の x に対し

$$\sum_{k=1}^{K} \varphi_k(x)^2 = 1 + \sum_{j=1}^{H} \bigl(2\cos^2(jx) + 2\sin^2(jx)\bigr) = K$$

であることに注意すると，任意の $X_n = \{x^{(i)}\}_{i=1}^{n}$ に対し，

$$\begin{aligned}&\frac{d}{dt}\mathrm{Tr}[\{t\widetilde{J}_n(X_n) + (1-t)I_K\}^{-1}]\big|_{t=0} \\ &\quad = \mathrm{Tr}[-I_K^{-1}\{\widetilde{J}_n(X_n) - I_K\}I_K^{-1}] = 0 \end{aligned} \tag{5.18}$$

が成立する．いま式 (5.17) を最小にする $\widetilde{J}_n$ を $\widetilde{J}_n^*$ と書くことにし，$t \in [0,1]$ に対して，

$$J(t) = t\widetilde{J}_n^* + (1-t)I_K$$

とおく．一般に正定値対称行列 A, B に関して $(sA+(1-s)B)^{-1} \leq sA^{-1}+(1-s)B^{-1}$ が成り立つので，$\mathrm{Tr}[J(t)^{-1}]$ は t に関する凸関数である．すると，もしある $t \in (0,1]$ に対して $\mathrm{Tr}[J(t)^{-1}] < \mathrm{Tr}[I_k^{-1}]$ であるならば，$\dfrac{d}{dt}\mathrm{Tr}[J(t)^{-1}]|_{t=0} < 0$ となり式 (5.18) に矛盾する．したがって，任意の $t \in [0,1]$ に対して $\mathrm{Tr}[J(t)^{-1}] = \mathrm{Tr}[\widetilde{J}_n^{*-1}] = \mathrm{Tr}[I_K] = K$ が成り立つ．ところがこれは，$t\widetilde{J}_n^{*-1} + (1-t)I_K^{-1} - J(t)^{-1} \geq 0$ において，左辺のトレースが 0 であることを意味し，$J(t)^{-1} = t\widetilde{J}_n^{*-1} + (1-t)I_K^{-1}$ を得る．対角化すれば明らかなように，$\widetilde{J}_n^* = I_K$ でなければならない．■

5.3.3　汎化誤差を小さくする能動学習 – 一般の場合 –

5.3.2 項でみた線形の場合とは異なり，一般には能動学習の規準式 (5.16) は未知パラメータ $\boldsymbol{\theta}_o$ に依存している．そこで，これを推定量 $\widehat{\boldsymbol{\theta}}$ で置き換え，

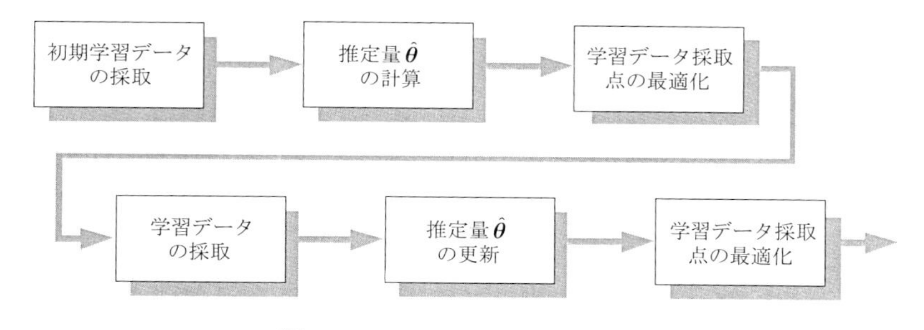

図 **5.3** シーケンシャルな能動学習

$$\mathrm{Tr}[F(\widehat{\boldsymbol{\theta}})J_n(\widehat{\boldsymbol{\theta}}; X_n)^{-1}] \tag{5.19}$$

を考えるとよい．しかしながら，推定量 $\widehat{\boldsymbol{\theta}}$ はデータを決めないと計算できないので，比較的少数の学習データによって求められた推定量から出発し，新たな学習データ採取点の最適化と推定量の更新とを交互に行っていく，シーケンシャルな学習が自然と必要になる（図 5.3）．

これをまとめると以下のような能動学習の手順が構成できる．

シーケンシャルな能動学習

1. 初期学習データ D_{N_0} を用意する．

2. D_{N_0} を用いて初期推定量 $\widehat{\boldsymbol{\theta}}_{N_0}$ を計算する．

3. $n := N_0 + 1$ とおく．

4. $X_n = X_{n-1} \cup \{\boldsymbol{x}^{(n)}\}$ として，次式を最小にする $\boldsymbol{x}^{(n)}$ を算出する．

$$\mathrm{Tr}\left[F(\widehat{\boldsymbol{\theta}}_{n-1})J_n(\widehat{\boldsymbol{\theta}}_{n-1}; X_n)^{-1}\right] \tag{5.20}$$

5. システムに $\boldsymbol{x}^{(n)}$ を入力し，それに対する出力 $\boldsymbol{y}^{(n)}$ を観測する．

6. 学習データを $D_n := D_{n-1} \cup \{(\boldsymbol{x}^{(n)}, \boldsymbol{y}^{(n)})\}$ により更新する．

7. 学習データ D_n を用いて推定量 $\widehat{\boldsymbol{\theta}}_n$ を計算する．

8. $n := n + 1$ とおく．

9. $n > N$ ならば終了．そうでないならば **4** へ行く．

ここではデータ点を 1 個ずつとるような方法を述べたが，一度に複数個のデータ点をとるようにしてもよい．

さて，ここで述べたシーケンシャルな能動学習はもっとも基本的なものであるが，応用される問題や使われる関数系によってはいくつかの問題点も含んでいる．まず第 1 の問題は，パラメータ学習の困難さに関する点である．非線形な関数系を学習機械に用いた場合には，パラメータ $\boldsymbol{\theta}$ の最適化に最急降下法やニュートン（Newton）法といった非線形最適化手法を用いることになる．

一方，能動学習により得られる学習データは，最適パラメータが正確に求められれば汎化誤差の期待値を最小にするが，逆に経験損失関数の形状を複雑にしてしまい，パラメータ $\boldsymbol{\theta}$ の最適化を困難にする可能性がある．実際，汎化誤差最小の規準による最適データ採取点を求めることにより，同じ点が繰り返し選ばれ，パラメータの最適化が困難になる例が，文献 [4] に示されている．

最適な入力点が同じような点を選ぶ現象は，理論的にはつぎのように理解することができる．規準式 (5.16) は，対称行列 $G_n(\boldsymbol{\theta}_o; X_n)$ と $H_n(\boldsymbol{\theta}_o; X_n)$ の関数とみなせる．これらは合わせて $d(d-1)$ 次元のベクトルであるが，式 (5.14) からわかるように，任意のベクトルが集合 $\Delta = \{(G(\boldsymbol{\theta}_o; \boldsymbol{x}), H(\boldsymbol{\theta}_o; \boldsymbol{x})) \mid \boldsymbol{x} \in X_n\}$ の点の凸結合として表現できる．本章末付録 1 で述べた Carathéodory の定理に従うと，これは高々$d(d-1)+1$ 個の点の凸結合として表現できる．したがって，もし最適なデータ採取点が存在すれば，それらは高々$d(d-1)+1$ 個の点をある割合で繰り返しとることにより近似できる．この結果として，バリエーションの少ない入力点が選ばれる可能性が生じる．

第 2 の問題点は，最適化に伴う計算コストの問題である．非線形関数を学習機械として用いる場合には，機械のパラメータ $\boldsymbol{\theta}$ を数値的最適化により求める必要があるが，それに加えて新たなデータ採取点も数値的最適化で求めなくてはならない．シーケンシャルな能動学習においては，これをデータ採取ごとに繰り返し行うので，情報行列に対する多くの演算を必要とし計算コストは非常に高くなる．

以上のような問題点に対処するための工夫のひとつとして，以下では確率的な能動学習について述べる．

5.3.4　確率的な能動学習

5.3.3 項で述べた問題から，式 (5.16) の規準を厳密に最小化するのではなく，確率的にばらつきを残した入力点を選ぶ方法が考えられている．文献 [4] が提案した多点探索を用いた方法を以下に述べる．

この方法は，特に学習の初期段階でのパラメータ最適化の失敗を防ぐため，学習の初期においては得られるデータ採取点のばらつきを大きくし，徐々に真に最適な採取点がみつかりやすくする．以下で T_n は n に関して単調増加な自然数列である．

確率的な能動学習（多点探索による方法）

1. 初期学習データ D_{N_0} を用意する．

2. D_{N_0} を用いて初期推定量 $\widehat{\boldsymbol{\theta}}_{N_0}$ を計算する．

3. $n := N_0 + 1$ とおく．

4. T_n 個の候補点 $\boldsymbol{x}_{<1>}, \ldots, \boldsymbol{x}_{<T_n>}$ を発生させる．

5. 次式の最小化問題の解 $\boldsymbol{x}_{<j>}$ を新しい入力点 $\boldsymbol{x}^{(n)}$ とする．

$$\min_{j=1,\ldots,T_n} \mathrm{Tr}\left[F(\widehat{\boldsymbol{\theta}}_{n-1}) J_n(\widehat{\boldsymbol{\theta}}_{n-1}; X_{n-1} \cup \{\boldsymbol{x}_{<j>}\})^{-1}\right]$$

6. システムに $\boldsymbol{x}^{(n)}$ を入力し，それに対する出力 $\boldsymbol{y}^{(n)}$ を観測する．

7. 学習データを $D_n := D_{n-1} \cup \{(\boldsymbol{x}^{(n)}, \boldsymbol{y}^{(n)})\}$ により更新する．

8. 学習データ D_n を用いて推定量 $\widehat{\boldsymbol{\theta}}_n$ を計算する．

9. $n := n + 1$ とおく．

10. $n > N$ ならば終了．そうでないならば **4** へ行く．

もし候補点を入力分布 Q から発生させたとすると，この学習は初期においては受動的学習に近い学習を行い，徐々に最適に近いデータを採取していくことになる．これにより，実際に学習データ採取点のばらつきが大きくなることが実験的にも確認されている [4]．また，この方法は計算コストの点でも利点が大きい．一般には，式 (5.20) の最適化には数値的な非線形最適化の手法を用いる必要があるが，上の多点探索を用いるとその必要はない．

ばらつきを残した能動学習と考えられる他の例として，Cohn[5] の提案した方法がある．この方法は，式 (5.20) の情報行列の計算を省略するために，定環境下での入力分布 Q に従う参照点 $\boldsymbol{x}_r$ をデータ点選択時ごとにひとつとり，$F(\boldsymbol{\theta})$ のかわりに $H(\boldsymbol{\theta}; \boldsymbol{x}_r)$ を用いて

$$\min_{\boldsymbol{x}^{(n)}} \mathrm{Tr}[H(\widehat{\boldsymbol{\theta}}_{n-1}; \boldsymbol{x}_r) J_n(\widehat{\boldsymbol{\theta}}_{n-1}; X_{n-1} \cup \{\boldsymbol{x}^{(n)}\})^{-1}]$$

を達成する $\boldsymbol{x}^{(n)}$ をつぎの入力点として選択するものである．これは本来 $F(\widehat{\boldsymbol{\theta}})$ の積分計算を省略することを目的として提案された手法であるが，Q からの参照点をとることにより，データ採取点にバリエーションをもたせる働きもある

と考えられる．

5.3.5 その他の規準による最適データ採取点探索

いままで汎化誤差最小を規準とした能動学習を述べてきたが，汎化誤差を定義するためには，実環境下における入力分布 Q が必要であった．しかしながら，この分布を学習時に知ることができない場合もあるため，汎化誤差とは異なる規準を考えることも重要である．統計学の最適実験計画や，Response Surface Methodology[6, 7] とよばれる回帰分析の方法論においては，さまざまな規準によるデータ採取点の最適化が研究されてきた．ここではその中で，おもに最適実験計画で議論されてきた minmax 規準，D-optimality，A-optimality などを紹介する．

本項では，以下の仮定のもとで問題を考えることにする．

1. 真の入出力関係は設定したモデルに含まれており，$\boldsymbol{\varphi}(\boldsymbol{x};\boldsymbol{\theta}_o)=\boldsymbol{\varphi}(\boldsymbol{x})$ を満たす．
2. 式 (5.12) が成立する．すなわち，任意の $\boldsymbol{x}$ について
$$\frac{\partial}{\partial\boldsymbol{\theta}}\int \ell(\boldsymbol{y},\boldsymbol{\varphi}(\boldsymbol{x};\boldsymbol{\theta}_o))r(\boldsymbol{y}|\boldsymbol{\varphi}_o(\boldsymbol{x}))d\boldsymbol{y}=0.$$
3. ある正数 c があって $H(\boldsymbol{\theta}_o;\boldsymbol{x})=cG(\boldsymbol{\theta}_o;\boldsymbol{x})$ が成り立つ．

上の仮定のうち，2，3 は，つぎの (A)，(B) のうちどちらか一方が満足されれば成立する．

(A) 損失関数が負の対数尤度：　$\ell(\boldsymbol{y},\boldsymbol{s})=-\log r(\boldsymbol{y}|\boldsymbol{s})$

(B) 損失関数が二乗誤差 $\ell(\boldsymbol{y},\boldsymbol{s})=\frac{1}{2}\|\boldsymbol{y}-\boldsymbol{s}\|^2$ で，$r(\boldsymbol{y}|\boldsymbol{s})$ は，平均 0 分散共分散行列 $\sigma^2 I_M$ なる確率密度関数 $g(\boldsymbol{s})$ を用いて $r(\boldsymbol{y}|\boldsymbol{s})=g(\boldsymbol{y}-\boldsymbol{s})$ と書ける．

この事実をチェックするのはそれほどむずかしくないので，ここでは省略するが，上の (A)，(B) は特によく用いられる重要なケースである．

minmax 規準

経験損失最小によって得られた学習機械 $\boldsymbol{\varphi}(\boldsymbol{x};\widehat{\boldsymbol{\theta}})$ に対して，各 $\boldsymbol{x}$ における推定の誤差を表す量として

$$d(\boldsymbol{x};X_n) = E_{Y_n}\left[\int \ell(\boldsymbol{y},\boldsymbol{\varphi}(\boldsymbol{x};\widehat{\boldsymbol{\theta}}))r(\boldsymbol{y}|\boldsymbol{\varphi}(\boldsymbol{x};\boldsymbol{\theta}_o))d\boldsymbol{y}\right] - \int \ell(\boldsymbol{y},\boldsymbol{\varphi}(\boldsymbol{x};\boldsymbol{\theta}_o))r(\boldsymbol{y}|\boldsymbol{\varphi}(\boldsymbol{x};\boldsymbol{\theta}_o))d\boldsymbol{y}$$

を考える．上記 (B) のケースでは，$d(\boldsymbol{x};X_n)$ は定数倍を除いて点 $\boldsymbol{x}$ における誤差分散の期待値 $E_{Y_n}\left[\|\boldsymbol{\varphi}(\boldsymbol{x};\widehat{\boldsymbol{\theta}}) - \boldsymbol{\varphi}(\boldsymbol{x};\boldsymbol{\theta}_o)\|^2\right]$ に一致する．**minmax 規準**とは，学習データの入力点 X_n を

$$\min_{X_n}\max_{\boldsymbol{x}} d(\boldsymbol{x};X_n) \tag{5.21}$$

という minmax 問題の解として求めるものである．すなわち，最悪の誤差をなるべく小さくしようとする学習データ設計法である．

式 (5.21) の形では右辺が X_n にどのように依存しているかわかりにくいので，漸近展開ないしは線形近似を行ってみよう．式 (5.12) を用いると，Taylor 展開により

$$d(\boldsymbol{x};X_n) \approx \frac{1}{2}\sum_{a,b=1}^{d} H(\boldsymbol{\theta}_o;\boldsymbol{x})_{ab}E_{Y_n}[(\widehat{\theta}^a - \theta_o^a)(\widehat{\theta}^b - \theta_o^b)]$$

となるが，5.3.1 項でも述べたように，仮定の 2，3 のもとでは，n が大きいとき

$$E_{Y_n}[(\widehat{\boldsymbol{\theta}} - \boldsymbol{\theta}_o)(\widehat{\boldsymbol{\theta}} - \boldsymbol{\theta}_o)^T] \approx \frac{1}{n}J_n(\boldsymbol{\theta}_o)^{-1} = \frac{1}{cn}H_n(\boldsymbol{\theta}_o;X_n)^{-1}$$

と近似できる．したがって，

$$d(\boldsymbol{x};X_n) \approx \frac{1}{2cn}\mathrm{Tr}[H(\boldsymbol{\theta}_o;\boldsymbol{x})H_n(\boldsymbol{\theta}_o;X_n)^{-1}] \tag{5.22}$$

である．そこで，線形化された minmax 規準として，

$$\widetilde{d}(\boldsymbol{x};X_n) = \mathrm{Tr}[H(\boldsymbol{\theta}_o;\boldsymbol{x})H_n(\boldsymbol{\theta}_o;X_n)^{-1}] \tag{5.23}$$

に対して

$$\min_{X_n}\max_{\boldsymbol{x}} \widetilde{d}(\boldsymbol{x};X_n) \tag{5.24}$$

を考えることができる．式 (5.24) は未知パラメータ $\boldsymbol{\theta}_o$ を含んでいるが，汎化誤差最小規準と同様，シーケンシャルな学習の規準として利用できる．また $\boldsymbol{\theta}_o$ に依存しない線形の場合には一度に X_n の最適化が可能である．

D-optimality

情報行列 J_n が大きいことが推定精度を上げると考えられるので，情報行列の行列式の大きさを能動学習の規準として採用することにして，

$$\det J_n(\boldsymbol{\theta}_o; X_n) \tag{5.25}$$

を最大にする入力点を考える．このような規準を **D-optimality** とよぶ．

A-optimality

$$\mathrm{Tr}[J_n(\boldsymbol{\theta}_o; X_n)^{-1}] \tag{5.26}$$

を最小にする規準を **A-optimality** とよぶ．これは，漸近的にはパラメータの平均二乗誤差 $\frac{1}{m}\sum_{a=1}^{m} E_{Y_n}[(\widehat{\theta}^a - \theta_o^a)^2]$ を最小にするような規準と考えることができる．

誤差分散に基づく逐次的 D-optimality

D-optimality において，114 ページのケース (B) の場合を考える．このとき，$J_n(\boldsymbol{\theta}_o; X_n) = cH_n(\boldsymbol{\theta}_o; X_n)$ であるから，$\det H_n(\boldsymbol{\theta}_o; X_n)$ を最大化すればよいが，これを逐次的に実行することを考える．

以降簡単のため，情報行列 $H_n(\boldsymbol{\theta}_o; X_n)$ を H_n と略する．すると，

$$H(\boldsymbol{\theta}_o; \boldsymbol{x}) = \frac{\partial \boldsymbol{\varphi}(\boldsymbol{x}; \boldsymbol{\theta}_o)}{\partial \boldsymbol{\theta}}^T \frac{\partial \boldsymbol{\varphi}(\boldsymbol{x}; \boldsymbol{\theta}_o)}{\partial \boldsymbol{\theta}}$$

$\left(\dfrac{\partial \boldsymbol{\varphi}(\boldsymbol{x}; \boldsymbol{\theta}_o)}{\partial \boldsymbol{\theta}}\right.$ は $M \times d$ 行列としている$\left.\right)$ であるから，H_{n+1} は H_n を用いて，

$$H_{n+1} = \frac{n}{n+1}\left(H_n + \frac{1}{n}\frac{\partial \boldsymbol{\varphi}(\boldsymbol{x}^{(n+1)}; \boldsymbol{\theta}_o)}{\partial \boldsymbol{\theta}}^T \frac{\partial \boldsymbol{\varphi}(\boldsymbol{x}^{(n+1)}; \boldsymbol{\theta}_o)}{\partial \boldsymbol{\theta}}\right)$$

と書くことができる．したがって，本章末付録2の補題1より

$$\det H_{n+1} = \left(\frac{n}{n+1}\right)^d \det H_n \det\left(I_M + \frac{1}{n}\frac{\partial \boldsymbol{\varphi}(\boldsymbol{x}^{(n+1)}; \boldsymbol{\theta}_o)}{\partial \boldsymbol{\theta}} H_n^{-1} \frac{\partial \boldsymbol{\varphi}(\boldsymbol{x}^{(n+1)}; \boldsymbol{\theta}_o)}{\partial \boldsymbol{\theta}}^T\right)$$

を得る．X_n がすでに決まっているときに $\det H_{n+1}$ を最大化するには，

$$\det\left(I_M + \frac{1}{n}\frac{\partial \boldsymbol{\varphi}(\boldsymbol{x}^{(n+1)};\boldsymbol{\theta}_o)}{\partial \boldsymbol{\theta}} H_n^{-1} \frac{\partial \boldsymbol{\varphi}(\boldsymbol{x}^{(n+1)};\boldsymbol{\theta}_o)}{\partial \boldsymbol{\theta}}^T\right) \tag{5.27}$$

を最大にする $\boldsymbol{x}^{(n+1)}$ を選択すればよい．出力次元 M が 1 の場合には，これは $\widetilde{d}(\boldsymbol{x};X_n)$ を最大にする点をデータ採取点にすることを意味している．出力が多次元でも，n が十分大きいときに任意の行列 B に対して

$$\mathrm{Tr}\left[\frac{1}{n}B\right] = \log\det\exp\left(\frac{1}{n}B\right) \approx \log\det\left[I_M + \frac{1}{n}B\right]$$

という近似が成り立つことに注意すると，式 (5.27) の log は

$$\mathrm{Tr}\left[\frac{1}{n}\frac{\partial \boldsymbol{\varphi}(\boldsymbol{x}^{(n+1)};\boldsymbol{\theta}_o)}{\partial \boldsymbol{\theta}} H_n^{-1} \frac{\partial \boldsymbol{\varphi}(\boldsymbol{x}^{(n+1)};\boldsymbol{\theta}_o)}{\partial \boldsymbol{\theta}}^T\right] = \frac{1}{n}\widetilde{d}(\boldsymbol{x}^{(n+1)};X_n)$$

により近似される．

以上により，誤差分散の期待値がもっとも大きくなる点をつぎのデータ採取点としていけば，近似的にそのつど $\det J_n(\boldsymbol{\theta}_o;X_n \cup \{\boldsymbol{x}^{(n+1)}\})$ を最大にするように $\boldsymbol{x}^{(n+1)}$ を採取していることになる．Fedorov（[3], 2.5, 4.2 節）には，$M = 1$ の場合に，この手続きによって得られるデータ点が，$n \to \infty$ のとき D-optimal であることが示されている．

誤差分散 $d(\boldsymbol{x};X_n)$ を推定するためには，ブートストラップ法 [8] を用いることが可能である．Kindermann ら [9] は，ここで述べた誤差分散をブートストラップ法で推定し，それを最大にする点を探索する能動学習法を提案している．

ここでは逐次的に誤差分散を小さくするデータ点が D-optimality と関連する場合を議論したが，実は D-optimality と $\widetilde{d}(\boldsymbol{x};X_n)$ の minmax 規準にはさらに密接な関係がある．それは，比較的弱い条件下で，D-optimality と minmax 規準により与えられるデータ点が完全に一致するという，Kiefer-Wolfovitz の同値性定理である．これについては省略するが，文献 [10] に初等的で明快な証明があるので，くわしくはそれを参照して欲しい．

5.4　能動学習とモデル選択

ここまで能動学習の規準を導く際には，学習機械として十分に能力の高い関数族を設定し，真の入出力関係が学習機械によって実現可能であると仮定した．現実にはこのような仮定が成り立つとは限らないが，実はいままで述べた能動

学習が効果を発揮するには，この仮定は非常に本質的である．本節ではこの仮定が能動学習に及ぼす影響を説明し，能動学習を効果的に働かせるためのモデル選択について述べる．

5.4.1　不適合なモデルのもとでの能動学習の悪影響

設定したモデルに真の入出力関係が含まれていない場合に，能動学習がどのような結果をもたらすかを簡単な例によって考察する．区間 $[-1,1]$ 上の関数を学習する問題を考え，1 次関数の族 $\mathcal{F}=\{ax+b \mid a,\ b\in\mathbf{R},\ x\in[0,1]\}$ を学習機械として設定する．結果を評価するための入力分布 Q は $[-1,1]$ 上の一様分布とし，損失関数は二乗誤差 $\ell(y,s)=(y-s)^2$ とする．Q に関する二乗可積分関数の空間 $L^2(Q)$ の正規直交系

$$h_1(x)=1, \qquad h_2(x)=\sqrt{3}x, \qquad h_3(x)=\frac{\sqrt{5}}{2}(3x^2-1)$$

を用いると，$\mathcal{F}=\{\theta_1h_1(x)+\theta_2h_2(x) \mid \theta_1,\theta_2\in\mathbf{R}\}$ である．真の入出力関係はこのモデルから少しずれており，

$$\varphi_o(x)=\lambda h_3(x)$$

という 2 次関数に，平均 0 分散 σ^2 のガウスノイズが加わったものと仮定する．

この設定のもとで経験損失最小（最小二乗誤差）による推定の汎化誤差を考える．この場合 $F(\boldsymbol{\theta}_o)=2I_2$ となるので，汎化誤差最小規準は

$$\min_{X_n}\mathrm{Tr}\left[\begin{pmatrix}1 & \sqrt{3}\overline{x}\\ \sqrt{3}\overline{x} & 3\overline{x^2}\end{pmatrix}^{-1}\right]=\min_{X_n}\frac{3\overline{x^2}+1}{3\overline{x^2}-3(\overline{x})^2} \tag{5.28}$$

になる．ここで $\overline{x}$，$\overline{x^2}$ はそれぞれ x，x^2 のサンプル平均である．式 (5.28) を最小にするには，$|\overline{x}|$ を小さく $\overline{x^2}$ を大きくするのがよいので，$x=1$ と $x=-1$ にデータ採取点を半分ずつおくのが最適となる．

ところが，$\lambda\neq 0$ のとき，すなわち真の入出力関係がモデルに属していないときに，このデータ採取法がよくないことは図 5.4 をみれば明らかである．実際，データ数が無限大になったとき最小二乗誤差推定量 $\widehat{\boldsymbol{\theta}}$ は $\boldsymbol{\theta}^*=(\sqrt{5}\lambda,0)$ に近づくので，汎化誤差の期待値は，真の入出力関係と関数族のずれが主要項となり，

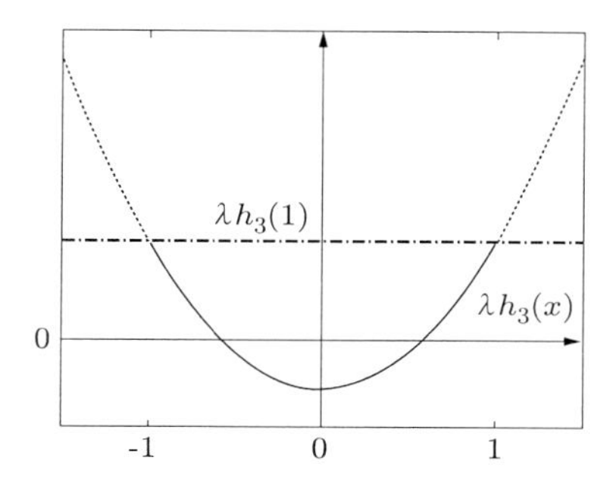

図 5.4 1 次関数系による学習：一点鎖線は $\{\pm 1\}$ でのみデータをとった場合の最適な 1 次関数

$$R(X_n) = \sigma^2 + 3\lambda^2 + O(1/n) \tag{5.29}$$

で与えられることが簡単な計算によりわかる．

一方，受動的な学習においては，最適なパラメータ $\boldsymbol{\theta}^{**}$ は

$$\int_{-1}^{1} (\theta_1 h_1(x) + \theta_2 h_2(x) - \lambda h_3(x))^2 dx$$

を最小にするものとして与えられる．$h_a(x)$ の正規直交性より $\theta_1^{**} = \theta_2^{**} = 0$ が得られ，

$$R(X_n) = \sigma^2 + \lambda^2 + O(1/n) \tag{5.30}$$

となる．式 (5.29)，(5.30) より，データ数 n がある程度大きいと受動学習のほうが汎化誤差が小さくなることがわかる．これは，真の入出力関係が設定したモデルに含まれるという前提が成り立たないために，その前提で導かれた最適学習データが，真の入出力関係とモデルとの距離を大きくしてしまった結果である．

5.4.2 モデル選択を組み合わせた能動学習

モデルの不適合によって引き起こされる能動学習の悪影響を防ぐには，(1) モデルが不適合な場合に汎化誤差を推定して，それを最小化するデータ点を探す，あるいは (2) モデルが適合するようにモデル選択を念入りに行う，の 2 種類の方針が考えられる．

(1) の方針では，モデルが一致していない場合に汎化誤差の推定が容易でな

いことが問題となる．未知である真の入出力関係とモデルとの距離を推定する必要が生じるため，5.3.1項で論じた漸近的な方法は適用できない．また，汎化誤差を推定するにはCross ValidationやBootstrap[8]などの方法も考えられるが，汎化誤差の推定値が入力データ点にどのように依存するかを知るのがむずかしくなる*1)．そこで，(2)の方針にあるように，十分大きいモデルを用意して，真の入出力関係が設定したモデルにほぼ含まれているような状況をつくりだすのがよいと考えられる．

このようなモデル選択は，汎化誤差を最小にするために行う通常のモデル選択とは目的を異にしていることに注意しておく．モデル選択には，赤池情報量規準（AIC）や最小記述長原理（MDL）をはじめ，さまざまな方法があるが，これらは経験損失にモデルの複雑度を表すペナルティ項を加えたものを最小化する方法である．小さすぎるモデルでは経験損失が大きくなり，大きすぎるモデルではペナルティが大きくなることにより，適切なモデルが選択されるようになっている．

しかしながら，能動学習に対してこの方針をそのまま用いるのは適当ではない．実際，能動学習では汎化誤差を評価するための入力分布と，学習データとして用いられるデータの分布が違ってもよいので，5.4.1項の例でみたように，小さすぎるモデルを選んでも経験損失が大きくならず，そういうモデルが選択される可能性がある．これは能動学習に大きな悪影響を及ぼす．

したがって，能動学習を行う際には十分大きいモデルを用い，汎化誤差を小さくする役割はデータ点選択に任せるのがよいと考えられる．実際，実数直線上の多項式近似の問題では，データ採取点をうまく設計すると，理論的にはモデルサイズによらず，汎化誤差の期待値が一定の値まで下げられることが示されている[12]．Paassら[13]やKindermannら[9]では，能動学習時にモデル選択を行って徐々にモデルの構造を複雑にしていく方法を提案している．また，文献[4]では，ニューラルネットモデルの能動学習において，大きいモデルから出発して必要な場合にモデルを小さくする方法を提案している．

---

*1）Box & Draper [11]では，真の関数とモデルとのずれを推定しそれを最小化するような入力点設計法を議論している．しかし，彼らの議論は，真の関数がある線形の関数族に属しており，モデルがその部分族である場合を前提としており，適用範囲は限られると思われる．

5.5 ニューラルネットの能動学習

ここでは学習機械として3層パーセプトロン [14] タイプのニューラルネットを考え，その能動学習において生じる特別な状況を論じる．3層パーセプトロンは，次式の関数系 $\boldsymbol{\varphi}(\boldsymbol{x};\boldsymbol{\theta})$ として定義される．

$$\boldsymbol{\varphi}(\boldsymbol{x};\boldsymbol{\theta}) = \sum_{j=1}^{H} \boldsymbol{v}_j\, s(\boldsymbol{w}_j^T \boldsymbol{x} + \zeta_j) + \boldsymbol{\eta}.$$

ここで，$\boldsymbol{v}_j$，$\boldsymbol{\eta} \in \mathbf{R}^M$，$\boldsymbol{w}_j \in \mathbf{R}^L$，$\zeta_j \in \mathbf{R}\,(1 \le j \le H)$ はパラメータであり，$\boldsymbol{\theta} = (\boldsymbol{v}_1^T, \zeta_1, \ldots, \boldsymbol{v}_H^T, \zeta_H, \boldsymbol{v}_1^T, \ldots, \boldsymbol{v}_H^T, \boldsymbol{\eta}^T)^T$ はパラメータ全体を表すベクトルである．また，$s(t)$ は一般に単調飽和型の1変数非線形関数であり，ロジスティック関数 $s(t) = 1/(1+e^{-t})$ や $s(t) = \tanh(t)$ などがよく使われる．このモデルは図5.5で表されるようなグラフィカルな表現をもち，H は中間素子の個数を表している．

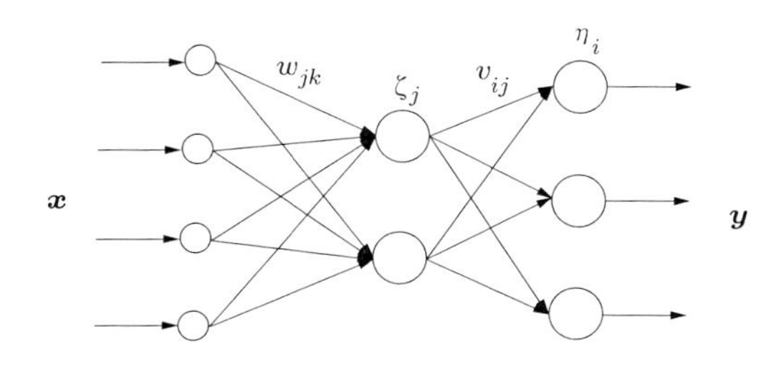

図 **5.5** 3層パーセプトロン

ニューラルネットに対しても5.2節で述べた学習の一般的枠組みが利用できるが，能動学習やモデル選択を考えるとき特別な事情が現れる．それは，ニューラルネットモデルにおけるパラメータの識別不能性とよばれる問題である．そこで，識別不能性について以下で説明しよう．簡単のため，出力が1次元で中間素子が2個のモデル

$$\varphi(\boldsymbol{x};\boldsymbol{\theta}) = v_1\, s(\boldsymbol{w}_1^T \boldsymbol{x} + \zeta_1) + v_2\, s(\boldsymbol{w}_2^T \boldsymbol{x} + \zeta_2) + \eta$$

を用いて説明する．中間素子関数 $s(t)$ は $\tanh(t)$ であるとする．真の関数 $\varphi_o(\boldsymbol{x})$ がモデルに含まれているとし，これが中間素子1個で表現可能な関数

$$\varphi_o(\boldsymbol{x}) = v_0\, s(\boldsymbol{w}_0^T \boldsymbol{x} + \zeta_0) + \eta_0$$

であったと仮定しよう．真の関数を実現するパラメータ $\boldsymbol{\theta}$ を考えると，二つの中間素子の内部パラメータを等しくおいた

$$\{\boldsymbol{\theta} \mid (\boldsymbol{w}_1^T, \zeta_1) = (\boldsymbol{w}_2^T, \zeta_2) = (\boldsymbol{w}_0^T, \zeta_0), v_1 + v_2 = v_0, \eta = \eta_0\}$$

という集合内のパラメータは，すべて φ_0 と同一の関数を定める．重要なのは，この集合が高次元集合（この場合は直線）となっている点である．また，$\{\boldsymbol{\theta} \mid (\boldsymbol{w}_1^T, \zeta_1) = (\boldsymbol{w}_0^T, \zeta_0),\ v_1 = v_0,\ \boldsymbol{w}_2 = 0,\ v_2 s(\zeta_2) + \eta = \eta_0\}$，$\{\boldsymbol{\theta} \mid (\boldsymbol{w}_1^T, \zeta_1) = (\boldsymbol{w}_0^T, \zeta_0),\ v_1 = v_0,\ \eta = \eta_0,\ v_2 = 0\}$ で定義される二つの集合も，$\varphi_0(x)$ と同一の関数を定めるが（図 5.6 参照），パラメータ空間の中で前者は 2 次元の曲面，後者は $(L+1)$ 次元のアフィン平面である．

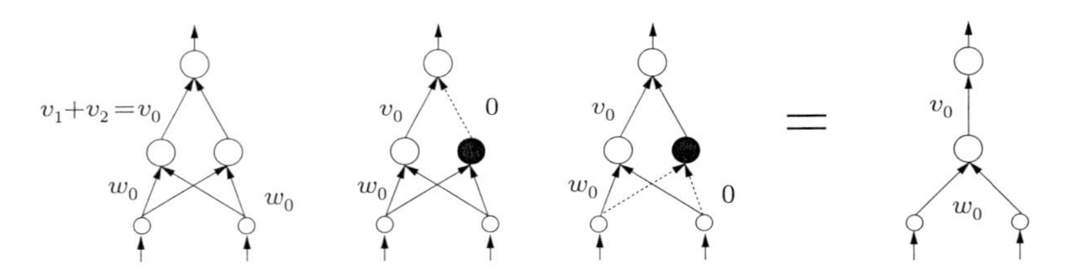

図 5.6　3 層パーセプトロンにおけるパラメータの識別不能性

以上により，2 個の中間素子をもつモデルの中で，1 個の中間素子で実現可能な関数を定めるパラメータ集合は高次元集合を成していることが確認できる．このように，同一の関数を定めるパラメータが一意的ではなく連続集合をなしているような状況を，パラメータが**識別不能**であるという．

中間素子の非線形関数が tanh やロジスティック関数である場合には，3 層パーセプトロンのパラメータが識別不能になるための条件は以下のように与えられる．詳細は文献 [15, 16] をご覧いただきたい．

定理 2　中間素子関数を tanh とする．中間素子を H 個もつ 3 層パーセプトロンモデルにおいて，パラメータが識別不能であることと，そのパラメータが定める関数が $H-1$ 個以下の中間素子をもつ 3 層パーセプトロンで実現可能であることは同値である．さらにこれは，

(1) ある j が存在して，$\boldsymbol{w}_j = 0$

(2) ある j が存在して，$\boldsymbol{v}_j = 0$

(3) ある $j_1 \neq j_2$ が存在して，$(\boldsymbol{w}_{j_1}^T, \zeta_{j_1}) = \pm(\boldsymbol{w}_{j_2}^T, \zeta_{j_2})$

のいずれかが成り立つことと同値である．

真のパラメータが識別不能な状況で関数の学習を行うと何が起こるであろうか．5.3 節では真のパラメータ $\boldsymbol{\theta}_o$ を仮定して話を進めたが，いまの状況ではそれが一意的ではないので $\widehat{\boldsymbol{\theta}}$ が $\boldsymbol{\theta}_o$ の近傍にあるという考えは適用できない．したがって，Taylor 展開や，$E_{Y_n}[(\widehat{\boldsymbol{\theta}} - \boldsymbol{\theta}_o)(\widehat{\boldsymbol{\theta}} - \boldsymbol{\theta}_o)^T]$ の漸近展開などを使うことができず，それに基づいて導かれた規準式 (5.16) はそのまま適用することができない．このような識別不能性は，ニューラルネットに限らず，複雑な構造をもつさまざまなモデルがもつ問題である．この話題については文献 [18] がくわしく論じている．

このような特異な現象は情報行列の退化としてもとらえることができる．真のパラメータ集合の中の一点 $\boldsymbol{\theta}_o$ を固定して，そこでの情報行列 $G(\boldsymbol{\theta}_o)$ あるいは $H(\boldsymbol{\theta}_o)$ を考える．このとき，例でみたように $\boldsymbol{\theta}_o$ を含んだある方向に関して関数 $\varphi(\boldsymbol{x}; \boldsymbol{\theta})$ は一定になる．この方向ベクトルを $\boldsymbol{u}$ とおくと，方向微分 $\boldsymbol{u}^T \dfrac{\partial \ell(y, \varphi(\boldsymbol{x}; \boldsymbol{\theta}))}{\partial \boldsymbol{\theta}}$ は 0 になり，

$$\boldsymbol{u}^T \frac{\partial \ell(y, \varphi(\boldsymbol{x}; \boldsymbol{\theta}))}{\partial \boldsymbol{\theta}} \frac{\partial \ell(y, \varphi(\boldsymbol{x}; \boldsymbol{\theta}))}{\partial \boldsymbol{\theta}} \boldsymbol{u} = \boldsymbol{u}^T \frac{\partial^2 \ell(y, \varphi(\boldsymbol{x}; \boldsymbol{\theta}))}{\partial \boldsymbol{\theta} \partial \boldsymbol{\theta}} \boldsymbol{u} = 0$$

が成り立つので，$G(\boldsymbol{\theta}_o)$ や $H(\boldsymbol{\theta}_o)$ は退化している．このことからも，真のパラメータが識別不能な状況では，情報行列の逆行列や行列式を用いた能動学習の規準は用いることができないことが確認できる．逆に，情報行列が逆行列をもたないのは，定理 2 の 3 条件のいずれかを満たす場合に限られることが証明されている [17]．

したがって，問題になるのは真の関数が少ない中間素子で表される場合である．現実の問題では，真の関数がモデルに属しており，しかもより小さい中間素子数で完全に実現されることはあり得ないかもしれないが，真の関数を実現するのに冗長に近い中間素子が存在すると，情報行列は 0 に近い固有値を有し，能動学習は安定しないことが予想される．

5.4 節で，能動学習を用いる際には，真の入出力関係がモデルによって実現可能なぐらいにモデルを大きく設定する必要があることを述べた．しかし，本節の考察によれば，ニューラルネットではモデルが大きすぎると能動学習がう

まく適用できない．したがって，ニューラルネットの能動学習では必要かつ十分なモデルサイズを選択する必要がある．そのためのひとつの手法として，文献 [4] は最初に十分大きいモデルから出発して，つぎのような中間素子削除つきの学習を行うことを提案している．ここでは，中間素子の関数を tanh とし，第 j 中間素子の出力値を $\widehat{s}_j = s(\widehat{\boldsymbol{w}}_j^T \boldsymbol{x} + \widehat{\zeta}_j)$ により省略している．また，T は適当な自然数，A は適当な正数である．

中間素子削除つきの学習則

1. $t := 1$.

2. $(\boldsymbol{x}^{(t \bmod n)}, \boldsymbol{y}^{(t \bmod n)})$ に対して $\widehat{\boldsymbol{\theta}}$ を更新する．

3. もし $t \bmod T = 0$ ならば，つぎの手続きを行う．

(a) もし $\|\widehat{\boldsymbol{v}}_j\|^2 \int (\widehat{s}_j - s(\widehat{\zeta}_j))^2 q(\boldsymbol{x}) d\boldsymbol{x} < \dfrac{A}{n}$ ならば，第 j 中間素子を削除し $\boldsymbol{\eta} \mapsto \boldsymbol{\eta} + \boldsymbol{v}_j s(\zeta_j)$ と変更する．

(b) もし $\|\widehat{\boldsymbol{v}}_j\|^2 \int (\widehat{s}_j)^2 q(\boldsymbol{x}) d\boldsymbol{x} < \dfrac{A}{n}$ ならば，第 j 中間素子を削除する．

(c) もし $j_1 \neq j_2$ に対し $\|\widehat{\boldsymbol{v}}_{j_2}\|^2 \int (\widehat{s}_{j_2} \mp \widehat{s}_{j_1})^2 q(\boldsymbol{x}) d\boldsymbol{x} < \dfrac{A}{n}$ ならば，第 j_2 中間素子を削除し $\boldsymbol{v}_{j_1} \mapsto \boldsymbol{v}_{j_1} \pm \boldsymbol{v}_{j_2}$ と変更する．

4. $t := t + 1$.

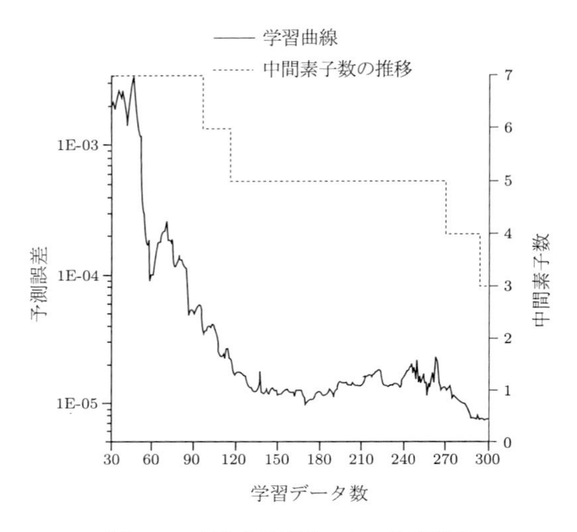

図 **5.7**　中間素子削除つきの能動学習

5. もし $t > t_{\mathrm{MAX}}$ ならば終了する．そうでなければ **2** へ行く．

(a)〜(c) の三つの判定式は，定理 2 の (1)〜(3) に対応するものである．能動学習でパラメータを最適化する際に，上のような手法により冗長な中間素子を削除していき，情報行列が退化しないようにすることが重要となる．図 5.7 は，多点探索を用いた確率的な能動学習に中間素子の削減を組み合わせた場合の，汎化誤差と中間素子数の推移の一例を示している．

5.6　能動学習の応用例

最適実験計画という観点では 1950 年代から活発に理論的研究が行われているものの，入出力関係を表す回帰関数を学習する現実の問題に対して，汎化誤差を小さくするための，最適データ点を実験を行いながら選んだ応用例は少ない．これは，実際の実験にかかるコストから，試行錯誤的なテストがむずしいことが一因であろうと考えられる．

また，従来の実験により知られている関数関係から人工的にデータを発生させ，ニューラルネットによる能動学習の実験を行った例として，Bayes 的な立場から導いた規準に従って焼夷弾の効果の分類問題を学習させた Belue ら [19] などがある．また文献 [4] は色の表現を RGB から YMC に変換する関数を確率的な能動学習によって学習させた例を示している．以下では，後者の例についてややくわしく述べる．

カラープリンタなどのカラー印刷を行う機械では，CMY（シアン，マゼンタ，イエロー）表色形でインクの色を指定することが多い．一方，つくられた印刷の物理的な色は RGB（レッド，グリーン，ブルー）によって表現される．CMY と RGB の変換関数は理論的には得られているが，所望の RGB を得るために機械に与える CMY の設定値は，印刷機械の個々の特性などにより完全に理論値と一致するわけではない．

そこで，特定の印刷機械に対し，ある RGB の値をもつ色を発生させるための CMY の設定値を求める問題は，カラー印刷において重要となる．この RGB から CMY への関数関係を 3 層パーセプトロンで学習する問題に能動学習の手法を用いる実験を行った．実験に際しては，実際の印刷機械からの測定を行わず，CMY から RGB への変換関数として知られている Neugebauer 方程式 [20]

を数値的に逆に解き，それに観測ノイズとして小さい分散をもつガウスノイズを加えたものを真の入出力関係として用いた．Neugebauer 方程式は特にオフセット印刷では現実の色変換を非常によい精度で近似しているので，この入出力関係がよく学習できれば，実機においてもよい学習精度が期待できる．

実験に用いた学習機械は，ロジスティック関数を中間素子関数としてもつ 3 層パーセプトロンで，中間素子は 7 個から初め，5.5 節で述べた方法により冗長な中間素子があれば削除していった．能動学習は 5.3.4 項で述べた，多点探索による確率的な能動学習を用いた．図 5.8 のグラフは，学習データの個数を徐々に増加させていったときの，30 回の試行に対する汎化誤差の平均値を表している．汎化誤差を測るための入力分布 Q には $[0,1]^3$ 上の一様分布を用いている．このグラフからわかるように，受動的な学習と比較して能動学習法による汎化誤差の減少がみられ，能動学習が有効に機能していることが確認できる．

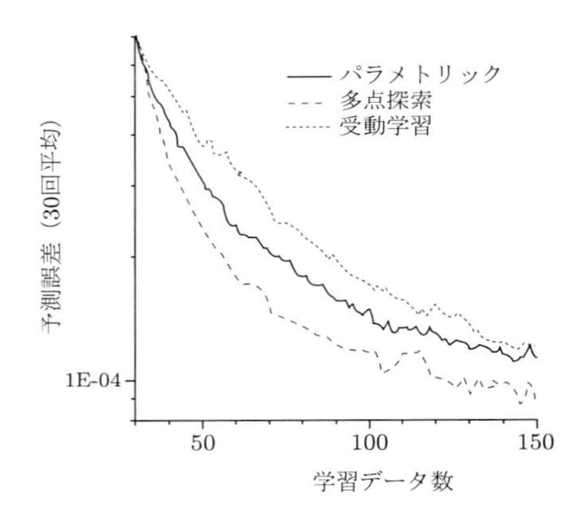

図 5.8　色空間変換問題における 3 層パーセプトロンの能動学習．破線（一番下）が多点探索による能動学習．実線は文献 [4] で提案されている別の能動学習法，点線は受動的学習

5.7　おわりに

本章を締めくくるにあたって，ここで取り上げられなかった話題について簡単に触れる．また，能動学習に関するさまざまな話題を扱った特集が文献 [21] にあるので，そちらも合わせてみていただくとよい．

最適データ点設計の問題においては，本章で述べたような経験損失最小化による学習のほかに Bayes 推定に基づいた方法も展開されている．5.3.5 項で述べた D-optimality，A-optimality などに対して，それぞれ Bayes 推定の枠組みにおける対応物が考察されている．Bayes 的な最適実験計画に関しては文献 [22] にくわしい解説がある．

本章で述べてきた能動学習の枠組みでは，学習のターゲットは時間的に不変な静的システムであり，かつ目的は学習の結果得られた推定量の精度であった．こういう簡単な場合を考えることによって理論的な展開が可能となり，それに基づくさまざまな手法が導きだされた．しかしながら「能動的な学習」という言葉に対して，いままで述べた枠組みは限定的すぎると感じられた方も多いであろう．実際，学習者が戦略を最適化する方法論には，本章で述べたものと異なる枠組みも存在する．そのような例として Bandit 問題とマルコフ決定プロセスの学習についてごく簡単に紹介しておく．

Two-armed bandit とは，アームが二つついたスロットマシンのことである．二つのアームを引くとそれぞれ確率 p_1，p_2 で 1 ドル賞金がもらえる機械を想定する．このとき，p_1，p_2 が未知として，n 回アームを引いた際の賞金の期待値を最大化する戦略を考えるのが Two-armed bandit 問題である．もちろん確率 p_1，p_2 が十分な精度で推定されていれば，確率の大きいアームを引いたほうがよいのは明らかであるが，精度よく推定するためには多くの試行錯誤を必要とする．

この問題では，単に推定精度を高めるのではなく，賞金の総和を多くすることが目的である点が，これまで述べた設定と本質的に異なっている．しかしながら，目的関数を最大にするために戦略を立てながら試行を行っていく点では，能動学習の一種と考えられる．全体の試行を 2 ステージに分けて，初期には確率の推定を行い，後に確率の高いアームによって賞金を稼ぐ戦略など，さまざまな研究が数多くなされている．くわしくは文献 [23] およびその中の文献リストをみてほしい．

Bandit 問題では，システムは時間的に不変で，時間的に独立に確率 p_j に従う値を返すと考える場合が多いが，これを動的なシステムに拡張するとどうなるであろうか．その一つの定式化が強化学習あるいはマルコフ決定プロセスの学習とよばれているものである．時刻 t において状態 $S_t \in \mathcal{S}$ をもつシステムがあるとしよう．学習者はこの系に対して動作 $A_t \in \mathcal{A}$ を施すことができ，現

在の状態 S_t と動作 A_t に基づく報酬 $r_t \in \mathbf{R}$ が得られる．また，システムの状態も S_t，A_t に基づいてつぎの状態 S_{t+1} に遷移する．

一般にこの遷移は確率的であるが，現在の状態および動作のみによってつぎの状態が確率的に決まるので，マルコフ的であるといわれる．状態遷移の確率や報酬を決定するルールは未知であると仮定する．このような問題設定のもと，現在の状態 S_t から動作 A_t を決める戦略 $\pi : \mathcal{S} \to \mathcal{A}$ の中で，期待される報酬の和をもっとも大きくするものを学習するのが強化学習である．

このような問題に対して，TD-learning，Q-learning とよばれる有効な学習方法が提案されている．これらの学習では，現在得られている情報から報酬を大きくするような行動を決める一方，確率的なルールを推定するためにいろいろな状態を探索的に現出させることが必要となる．強化学習に関しては，Barto, Sutton, Watkins による解説 [24] や Sutton, Barto による教科書 [25] をみてほしい．

さて，本章では主として理論的な基礎がきちんとした学習の話題を取り扱ったが,「能動学習」という言葉は，本来もっと広い枠組みでとらえることが可能だと思われる．たとえば，ロボットの行動学習をする際に，情報をよりくわしくとりたい場所を細かく調べる戦略などは，まさに能動的な学習そのものである．

また，よりくわしくみたい場所に視点を制御するアクティブヴィジョンの技術 [26] は，視覚系の情報を用いた学習システムにおける能動的学習の基盤といえるであろう．本章で述べたような能動学習の理論がさらにその枠組みを広げ，ロボットの学習などのより実世界的な学習問題の基礎づけへと発展していくことを期待している．

付録1　Carathéodory の定理

定理3　Δ を $\mathbf{R}^d$ 内の集合とする．$\boldsymbol{z}$ が Δ の点の凸結合であるとき，$\boldsymbol{z}$ は高々 $d+1$ 個の Δ の点の凸結合として表される．すなわち，$\sum_{i=1}^{d+1} p_i = 1$ を満たす $p_i \geq 0$ と $\boldsymbol{z}_i \in \Delta (1 \leq i \leq d+1)$ が存在して，$\boldsymbol{z} = \sum_{i=1}^{d+1} p_i \boldsymbol{z}_i$ と書ける．

証明はたとえば文献 [27] をみよ．

付録2　行列式に関する関係式

補題1　方行列 A,D が正則であるとき，正方行列 $H = \begin{pmatrix} A & B \\ C & D \end{pmatrix}$ に対して，

$$|H| = |A||D - CA^{-1}B| = |D||A - BD^{-1}C|$$

が成り立つ.

証明

$$H = \begin{pmatrix} I & 0 \\ CA^{-1} & I \end{pmatrix} \begin{pmatrix} A & 0 \\ 0 & D - CA^{-1}B \end{pmatrix} \begin{pmatrix} I & A^{-1}B \\ 0 & I \end{pmatrix}$$
$$= \begin{pmatrix} I & BD^{-1} \\ 0 & I \end{pmatrix} \begin{pmatrix} A - BD^{-1}C & 0 \\ 0 & D \end{pmatrix} \begin{pmatrix} I & 0 \\ D^{-1}C & I \end{pmatrix}$$

より明らか. ■

参考文献

[1] M. Stone. Cross-validatory choice and assessment of statistical predictions. *J. Royal Stat. Soc.*, 36:111–133, 1974.

[2] E. L. Lehmann, *Theory of point estimation*. John Wiley& Sons, 1983.

[3] V. V. Fedorov. *Theory of Optimal Experiments*. Academic Press, New York, 1972.

[4] K. Fukumizu. Statistical active learning in multilayer perceptrons. *IEEE Trans. Neural Networks*, 11(1) : 17–26, 2000.

[5] D. A. Cohn. Neural network exploration using optimal experiment design. In Jack D. Cowan, G. Tesauro, and J. Alspector, editors,*Advances in Neural Information Processing Systems*, volume 6, pages 679–686. Morgan Kaufmann, 1994.

[6] W. J. Hill and W. G. Hunter. A review of response surface methodology: A literature survey. *Technometrics*, 8(4) : 571–590, 1966.

[7] A. I. Khuri, R. H. Myers, and Jr. W. H. Carter. Response surface methodology : 1966-1988. *Technometrics*, 31(2) : 137–157, 1989.

[8] B. Efron and R. Tibshirani. *An Introduction to the Bootstrap*. Chapman and Hall, New York, 1993.

[9] J. Kindermann, G. Paass, and F. Weber. Query construction for neural networks using the bootstrap. In *Proc. Intern. Conf. Artificial Neural Networks 95*, pages 135–140, 1995.

[10] J. Kiefer and J. Wolfowitz. The equivalence of two extremum problems. *Canadian J. Math.*, 12 : 363–366, 1960.

[11] G. E. P. Box and N. R. Draper. A basis for the selection of a response surface desing. *J. American Stat. Assoc.*, 54 : 622–654, 1959.

[12] 福水健次，渡邊澄夫．多項式近似における学習データの最適設計と予測誤差．電子情報通信学会論文誌 *A*，J79-A(5)：1100–1108，1996.

[13] G. Paass and J. Kindermann. Bayesian query construction for neural network models. In G. Tesauro, D. Touretzky, and T. Leen, editors, *Advances in Neural Information Processing Systems*, volume 7, pages 443–450. The MIT Press, 1995.

[14] D. E. Rumelhart, G. E. Hinton, and R. J. Williams. Learning internal representations by error propagation. In D. E. Rumelhart, J. L. McClelland, and the PDP Research Group, editors,*Parallel Distributed Processing*, volume 1, pages 318–362. MIT Press, Cambridge, 1986.

[15] H. J. Sussmann. Uniqueness of the weights for minimal feedforward nets with a given input-output map. *Neural Networks*, 5 : 589–593, 1992.

[16] K. Fukumizu and S. Amari. Local minima and plateaus in hierarchical structures of multilayer perceptrons. *Neural Networks*, 13(3) : 317–327, 2000.

[17] K. Fukumizu. A regularity condition of the information matrix of a multilayer perceptron network. *Neural Networks*, 9(5) : 871–879, 1996.

[18] 福水健次，栗木哲，竹内啓，赤平昌文，“特異モデルの統計学”，岩波書店，2004.

[19] L. M. Belue, Jr. K. W. Bauer, and D. W. Ruck. Selecting optimal experiments for multiple output multilayer perceptrons. *Neural Computation*, 9:161–183, 1997.

[20] 日本色彩学会（編），“新編色彩科学ハンドブック（第2版）”，東京大学出版会，1998.

[21] 中村篤祥（編）特集 能動学習，“情報処理”，38(7)：557–588，1997.

[22] K. Chaloner and I. Verdinelli. Bayesian experimental design : A review. *Statistical Science*, 10(3) : 273–304, 1995.

[23] D. A. Berry and B. Fristedt. *Bandit Problems : Sequential Allocation of*

Experiments. Chapman and Hall, 1985.

[24] A. G. Barto, R. S. Sutton, and C. J. C. H. Watkins. Learning and sequential decision making. In M. Gabriel and J. W. Moore, editors, *Learning and Computational Neuroscience: Foundations of Adaptive Networks*, pages 539–602. 1990.

[25] R. S. Sutton and A. G. Barto. *Reinforcement Learning : An Introduction*. MIT Press, 1998.

[26] A. Blake and A. Yuille, editors. *Active Vision.* MIT Press, 1992.

[27] 福島雅夫，“非線形最適化の基礎”，朝倉書店，2001.

第6章

アンサンブル学習の統計力学

6.1 はじめに

本書では，各章の著者がさまざまな立場で学習を解説している．議論したい問題の本質を失わないところまで，モデルのサイズを小さくして，できるだけ直観的に問題を理解しようとする立場がある．また，できるだけ数学的に厳密性を失わない形で議論を展開し，普遍的に学習を理解しようとする立場もある．本章では，統計力学的立場で学習を議論する [1,2]．学習に関して統計力学と聞いて少し違和感をもつかもしれないが，後々での議論でも明らかになるように，統計力学的視点は学習を理解するうえでの重要な切口の一つである．

ここで，統計力学と情報処理システムのかかわりあいの歴史を述べよう．統計力学的視点や手法が情報処理システムに適用された最初の例は，Hopfield による Hopfield モデルである [3]．Hopfield モデルは神経回路モデルの連想記憶モデルの一種である．Amit らはレプリカ法とよばれる統計力学的手法を用いて，モデルに何個までの記憶パターンを憶えることができるかを理論的に示した [4]．

統計力学的手法の学習システムへの適用は，Gardner による単純パーセプトロンの記憶容量の計算である [5]．この場合の記憶容量とは，結合荷重を変更することで，ランダムに生成された入出力関係の写像を何組まで実現できるかの限界である．さらに説明しよう．

まず非常にたくさんのパーセプトロンを考える．学習すべき入出力関係が 0 個であるときは，すべてのパーセプトロンがこの 0 個の入出力関係を満たしていると考える．学習サンプルが 1 個追加されるにしたがって，その入出力関係を満たさない結合荷重をもつパーセプトロンが生き残りゲームから脱落すると考える．この手続きを続けて最後のパーセプトロンが脱落した際の，学習サンプルの個数が記憶容量である．

Gardner は結合荷重の体積をレプリカ法を用いて計算することで，この問題を解いた．たいへん残念なことであるが，Gardner はこの論文を含めて多くの素晴らしい論文を残して 31 歳で他界した．彼女の業績を讃えて追悼論文集が Journal of Physics A 誌から出版されていることからも，彼女の業績がいかに偉大であったがわかる [6].

彼女の提案を契機に，学習の問題が統計力学で議論されるようになった．まず学習サンプルが固定されていて，そのサンプルをすべて学習し終わった学習機械が，新たに与えられた入力に対して正しい答えをだせるかを問うバッチ学習が議論された．記憶容量の議論ではランダムに生成された入出力の組を満たす結合荷重の体積を計算していたのを，教師の学習機械から得られる学習サンプルにおきかえて，結合荷重の体積を計算することにより汎化特性を求めることができる [7]．本章で解説するオンライン学習は，バッチ学習とは異なり，学習サンプルを入手するごとに結合荷重を更新し，あとの更新にはこの学習サンプルを用いない．

オンライン学習には二つの特長をもつ．一つ目は工学的な特長である．オンライン学習ではバッチ学習とは異なり，学習サンプルを蓄えておく必要がなく，必要なメモリはバッチ学習に比べていちじるしく少なくてすむ．二つ目の特長は，オンライン学習ではバッチ学習に比べて学習のダイナミクスを理論的に取り扱いやすいことである．

先ほど述べた汎化特性は学習終了後の静的な性質である．汎化特性が重要であることはいうまでもないが，学習がどのように進むかを議論する学習のダイナミクスも重要である．先ほど述べたようにバッチ学習では，同じ学習サンプルを繰り返し学習に用いるので，結合荷重と学習サンプルの間に統計的な相関が生じるため，理論的な取り扱いがいちじるしくむずかしくなる．

一方，オンライン学習では学習サンプルは 1 回しか使われないので，バッチ学習の際に問題になった結合荷重と，学習サンプルの間の統計的相関は存在しない．そのため，オンライン学習の理論的取り扱いは比較的容易である．このため，バッチ学習に比べて，オンライン学習の枠組で取り扱える学習機械の範囲は広くなる．たとえば，バッチ学習の統計力学では議論できなかった多層パーセプトロンに関しても，オンライン学習の統計力学を構築することは可能である [8].

この枠組を使うと，本書の他の章で取り扱われている，特異性をもつモデルの学習のダイナミクスを議論することが可能になる [9]．さらにオンライン学習の枠組では，動径基底関数（radial basis function, RBF）[10]，独立成分分析（independent componet analysys, ICA）[11]，主成分分析（principal componet analysys, PCA）[12]，さらには Kalman フィルタ [13] の統計力学が議論されている．

オンライン学習にはもう一つの特長がある．オンライン学習の統計力学は，情報処理の統計力学を学ぶ際のよい例になっている．その理由の一つは，先ほど述べた結合荷重と学習サンプルとの間に統計的相関は存在しないため，レプリカ法を使う必要がないことである．レプリカ法は繁雑な計算手続きを必要とするために，レプリカ法が必要な対象を例として統計力学的手法を学ぼうとすると，計算手続きの中で重要な概念がみえなくなり，たいていの場合，独学はむずかしい．

一方，オンライン学習では中心極限定理を運用するだけの知識があれば，独学で計算を追うことはそれほどむずかしくない．計算手続きを習得することが容易でも，オンライン学習の統計力学には，情報処理の統計力学の習得に必要な概念はすべて入っている．これがオンライン学習のもう一つの特長，啓蒙・教育面での特長である．

本章ではオンライン学習の統計力学を解説する．統計力学の重要な概念の一つは，オーダーパラメータとよばれるマクロなパラメータである．統計力学では，系の構成要素をミクロとして，そのミクロな構成要素にある種の統計操作を加えて，オーダーパラメータを導出する．オーダーパラメータと単なる統計量の違いは，オーダーパラメータを記述する方程式がオーダーパラメータだけで閉じており，ミクロな量にあらわに依存しないことである．ミクロとマクロが切り離されているのである．

わかりやすいたとえは，中学生のときに学んだボイル・シャルルの法則である．気体の体積 (V) と圧力 (P) と温度 (T) を結ぶ方程式 $(PV = nRT)$ である．気体分子そのものには体積や圧力という概念はない．単にどの方向にどの速さで動いているかということだけである．ここに，気体分子の速度の分布則を導入して，温度により速度分布が変わるルールとしてボルツマン分布を導入することにより，ボイル・シャルルの法則は導出される．

ボイル・シャルルの法則には，分子そのものの概念や，さらには分子の速度という概念は存在しない．ミクロとマクロが切り離されているのである．これと同じことを学習に関しても行うことができる．学習の統計力学でのミクロは入力ベクトルや結合荷重ベクトルの各要素であり，教師と生徒の学習機械の結合荷重の方向余弦であるオーバラップがオーダーパラメータの一例である．ボイル・シャルルの法則と同じように，学習に関してもオーダーパラメータの閉じた方程式を導出することができる．これを体験してもらうことが，本章の目的の一つである．

本章には，もう一つの目的がある．個別の対象を徹底的に調べることが，学習の統計力学の醍醐味の一つである．これは前に書いた，できるだけ数学的に厳密性を失わない形で議論を展開し，できるだけ普遍的に学習を理解しようとする立場とは相対するものである．学習の統計力学といえども学問であるので，普遍性の追求をあきらめるわけではない．しかし，個別の対象に埋め込まれた豊かな各論は，普遍性の追求の前に消えてしまうかもしれない．豊かな各論をつなぐことで，全体像を理解するという戦略もあるべきである．学習の統計力学はそのようなパラダイムの実現例の一つである．

6.2 パーセプトロンのオンライン学習の理論

6.2.1 パーセプトロン

神経回路モデルのパーセプトロンを説明する．パーセプトロンは Rosenblatt によって提案されたパターン識別機械であり，学習能力のある素子を構成要素とするフィードフォワード型の神経回路モデルである [14]．Rosenblatt の提案したパーセプトロンは図 6.1 に示すように，S 層，A 層，R 層の 3 層からなる．現代的な用語でいえば，S 層は入力層，A 層は中間層，R 層は出力層に対応する．入力層に相当する S 層の素子数を N とし，入力ベクトルを $\boldsymbol{x} = (x_1, x_2, \ldots, x_N)$ とする．中間層に相当する A 層の素子数を K とし，A 層の状態を $\boldsymbol{y} = (y_1, y_2, \ldots, y_K)$

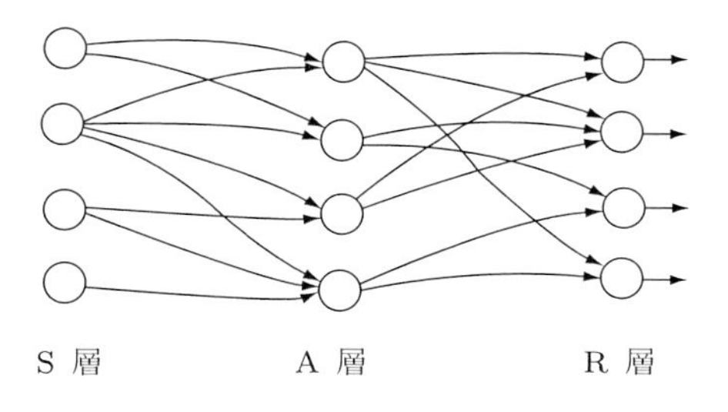

図 6.1 Rosenblatt のパーセプトロン

で表す．S 層の j 番目の素子から A 層の i 番目の素子への結合荷重を w_{ij} とし，A 層の i 番目の素子の出力は，

$$y_i = \Theta\left(\sum_{j=1}^{N} w_{ij} x_j\right), \tag{6.1}$$

で与えられるとする．$\Theta(\cdot)$ は $\Theta(u) = 1\ (u > 0)$,　$\Theta(u) = 0\ (u \leq 0)$ であるステップ関数である．簡単のために R 層は 1 個の素子から構成されているとする．R 層の素子の出力 z は，A 層の i 番目の素子からの結合荷重 J_i を用いて，

$$z = \Theta\left(\sum_{i=1}^{K} J_i y_i\right), \tag{6.2}$$

で与えられる．まず R 層の特性を考えよう．式 (6.2) の符号関数の中は A 層の出力 y_i の 1 次関数になっているので，R 層の素子は A 層の $\boldsymbol{y}$ が属するベクトル空間を平面で分離して識別を行う．これを素子の線形分離性という．また，識別する入出力対が線形分離性をもつ素子で分離できる場合，その入出力対は線形分離可能であるという．

パーセトロンは線形分離性をもつ素子から構成されているので，そのままではパターン識別装置としての能力は低い．その弱点を補うために導入されたのが R 層である．Rosenblatt のパーセプトロンでは S 層から R 層の結合荷重 w_{ij} をランダムに決める．Rosenblatt のパーセプトロンでは，入力層である S 層の次元 N より中間層である R 層の次元 K のほうが大きい．これは低次元空間から高次元空間に入力を変換することで，入力空間では線形分離可能ではない場合でも，高次元空間である R 層では線形分離可能になること期待しているためである．

この考えは現在のサポートベクタマシン [15] の基本的な考えと同一であり，Rosenblatt の見識の高さを示すものである．このような考えのほかに，中間層への結合荷重も学習サンプルに応じて学習するという拡張が存在する．その一つが誤差逆伝搬法であり [16,17]，中間層の学習が次元の呪いの解消や学習機械の特異点 [18,19] の存在へと学習理論を導いた．

統計力学を用いて誤差逆伝搬法の解析を行うことも可能であるが [8,9]，ここでは Rosenblatt のパーセプトロンの A 層から R 層への変換だけを取りだした，単純パーセプトロンのオンライン学習の理論を解説する．

6.2.2 教師－生徒の定式化

学習とは本未知の入出力関係を推定することである．しかし，学習対象である入出力関係がわからなければ，学習機械や学習アルゴリズムの汎化特性を議論することはできない．このように学習機械や学習アルゴリズム自体の性質を調べる場合に使われるのが，教師－生徒の定式化である．教師－生徒の定式化では，研究者が神様になって学習機械が獲得すべき真の答えを知っている．研究者は答えをあらかじめ知っているので，学習機械がどの程度正解に近いかを定量的に評価することができる．

単純パーセプトロンを用いて，教師－生徒の定式化を説明しよう．図 6.2 に議論する教師と生徒を示す．教師と生徒はそれぞれ単純パーセプトンである．これらの教師パーセプトロンと生徒パーセプトロンは，図に示すように N 次元の入力 $\boldsymbol{x} = (x_1, \ldots, x_N)$ を受けとるとする．後に統計力学的議論をする場合は，入力次元 $N \to \infty$ の極限を考える．これを統計力学の分野では熱力学的極限とよぶ．あとの議論からわかるように，この極限をとることにより，オーダーパラメータとよばれる巨視的変数（統計量）だけの閉じた方程式を導出することができる．入力の各成分は平均 0 で分散が $1/N$ のガウス分布から i に関して独立に生成されるものとする，

$$\langle x_i \rangle = 0, \quad \langle x_i^2 \rangle = \frac{1}{N}, \tag{6.3}$$

ここで $\langle \cdot \rangle$ は期待値を表す．入力ベクトル $\boldsymbol{x}$ の各要素は独立なので，$N \to \infty$ の極限で入力ベクトル $\boldsymbol{x}$ の大きさは 1 に収束する，

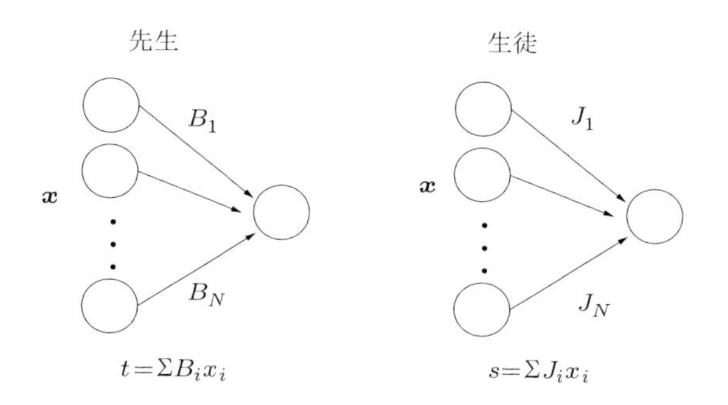

図 6.2 教師－生徒の定式化

$$|\boldsymbol{x}|^2 = \sum_{i}^{N} x_i^2 \to \sum_{i}^{N} \langle x_i^2 \rangle = N \times \frac{1}{N} = 1. \tag{6.4}$$

ここでは x_i がガウス分布に従うとしたが，大数の法則より入力の各成分 x_i が従う確率分布は平均 0 で分散が $1/N$ であれば何でもかまわない．

教師パーセプトロンの結合荷重を $\boldsymbol{B}$ とし，$\boldsymbol{B}$ の各成分 B_i を平均 0，分散 1 の確率分布から生成する．結合荷重の各成分 B_i についても，入力の各成分 x_i と同様に確率分布は何でもかまわない．$N \to \infty$ の極限で，教師パーセプトロンの結合荷重の大きさは $\sqrt{N}$ になる，

$$\langle B_i \rangle = 0, \quad \langle B_i^2 \rangle = 1, \quad |\boldsymbol{B}|^2 = \sum_{i}^{N} B_i^2 \to \sum_{i}^{N} \langle B_i^2 \rangle = N \times 1 = N. \tag{6.5}$$

前項の式 (6.2) に示すように，パーセプトロンの出力 z の出力関数はステップ関数であったが，ここでは一般化して $F(\cdot)$ とする．式 (6.2) に従い，出力 z は以下の式で与えられる，

$$z = F(v), \quad v = \sum_{i=1}^{N} B_i x_i = \boldsymbol{B} \cdot \boldsymbol{x}. \tag{6.6}$$

ここで，v は教師パーセプトロンへの入力である．本解説ではおもに，$F(\cdot)$ が線形関数と符号関数 $\mathrm{sgn}(\cdot)$ の場合を議論する．

式 (6.3) と (6.5) のように，入力 $\boldsymbol{x}$ や結合荷重 $\boldsymbol{B}$ に関して確率密度を導入し，統計的に議論できるようにすることが，統計力学を使って学習を取り扱う際の第一歩となる．次元 N が無限大の極限をとっているので，入力 $\boldsymbol{x}$ も結合荷重 $\boldsymbol{B}$ も非常に大自由度になる．これらの各要素をミクロとみなして，そこに統計性を導入して，マクロな統計量だけの関係を議論しようとするわけである．学習に関して，この試みが成功するためには，学習に関して重要な量が，統計量で記述されることが必要である．

以下このことを示していこう．式 (6.6) に示すように，教師パーセプトロンの出力 z は入力 v で決まる．v は確率変数である入力 $\boldsymbol{x}$ と結合荷重 $\boldsymbol{B}$ で決まるので，v も確率変数である．中心極限定理から v はガウス分布に従い，その平均と分散は，

$$\langle v\rangle = 0, \quad \langle v^2\rangle = \sum_{i}^{N}\langle x_i^2\rangle\langle B_i^2\rangle = 1, \tag{6.7}$$

となる．v はミクロな変数の和になっているのでマクロな変数である．教師パーセプトロンの出力 z はマクロな確率変数である入力和 v だけで記述できることがわかる．

生徒パーセプトロンの結合荷重を $\boldsymbol{J}$ とする．結合荷重の学習則はあとで述べるが，$\boldsymbol{J}$ の各成分 J_i は入力次元 N に対して $O(1)$ であると仮定する．この仮定から，

$$|\boldsymbol{J}|^2 = \sum_{i=1}^{N} J_i^2 \sim O(N), \tag{6.8}$$

となり，結合荷重の大きさを $|\boldsymbol{J}| = l\sqrt{N}$ とおくことができる．ここで l の大きさは N に対して $O(1)$ となる．生徒パーセプトロンへの入力を結合荷重の大きさを表す l を用いて lu と表し，出力 y を，

$$y = F(lu), \quad lu = \sum_{i=1}^{N} J_i x_i = \boldsymbol{J}\cdot\boldsymbol{x}, \tag{6.9}$$

とする．教師パーセプトロンの入力 v と同様に，式 (6.9) の u はミクロな変数の和になっているのでマクロな変数である．中心極限定理から u はガウス分布に従い，その平均と分散は，

$$\langle u\rangle = 0, \quad \langle u^2\rangle = \frac{1}{l^2}\sum_{i}^{N}\langle x_i^2\rangle J_i^2 = \frac{\langle x_i^2\rangle}{l^2}\sum_{i}^{N} J_i^2 = \frac{1}{Nl^2}\times Nl^2 = 1, \tag{6.10}$$

となり，生徒パーセプトロンの出力 y はマクロな確率変数である入力 u を用いて記述できることがわかる．

6.2.3 オーバーラップと汎化誤差

学習の進行具合の指標として，教師パーセプトロンの結合荷重 $\boldsymbol{B}$ と生徒パーセプトロンの結合荷重 $\boldsymbol{J}$ の間のオーバラップ（方向余弦），

$$R = \frac{1}{Nl}\sum_{i}^{N} B_i J_i, \tag{6.11}$$

を考えるのは，以下のように直観的に納得できるであろう．生徒パーセプトロンの結合荷重 $\boldsymbol{J}$ が教師パーセプトロンの結合荷重 $\boldsymbol{B}$ に完全に一致していれば $R = 1$ である．一方，生徒パーセプトロンの結合荷重 $\boldsymbol{J}$ が教師パーセプトロンの結合荷重 $\boldsymbol{B}$ とは独立にランダムに選ばれていれば，入力次元数 N 無限大の極限でオーバラップは，

$$R \to \frac{1}{l}\langle B_i\rangle\langle J_i\rangle = 0, \tag{6.12}$$

となり，$\boldsymbol{B}$ と $\boldsymbol{J}$ は直交する．ではオーバーラップ R を知るだけで，学習機械の性能をすべて知ったことになるのであろうか．それは何を知りたいかに依存している．当然のことであるが，オーバーラップは一変数であり，N 自由度の情報をもっているはずはない．何を知るかによって，必要なパラメータは変わるのが当然である．

統計的学習理論の目的の一つは，汎化誤差を理論的に求めることである．汎化誤差の定義は誤差を入力の確率分布 $p(\boldsymbol{x})$ で平均したものである．出力関数 $F(\cdot)$ が線形である線形パーセプトロンに関しては，誤差 ϵ として教師パーセプトロンの出力 $z = \boldsymbol{B}\cdot\boldsymbol{x} = v$ と生徒パーセプトロンの出力 $y = \boldsymbol{J}\cdot\boldsymbol{x} = ul$ の二乗誤差を用いる，

$$\epsilon = \frac{1}{2}(\boldsymbol{B}\cdot\boldsymbol{x} - \boldsymbol{J}\cdot\boldsymbol{x})^2 = \frac{1}{2}(v - ul)^2. \tag{6.13}$$

非線形パーセプトロンに関しては，

$$\epsilon = \Theta(-\mathrm{sgn}(\boldsymbol{B}\cdot\boldsymbol{x})\mathrm{sgn}(\boldsymbol{J}\cdot\boldsymbol{x})) = \Theta(-\mathrm{sgn}(v)\mathrm{sgn}(ul)) = \Theta(-uv), \tag{6.14}$$

を用いる．教師パーセプトロンと生徒パーセプトロンの出力が同じであれば，式 (6.14) の誤差は $\epsilon = 0$ となり，そうでなければ $\epsilon = 1$ となる．汎化誤差 ϵ_g は，式 (6.13) または (6.14) の誤差 ϵ を入力 $\boldsymbol{x}$ の確率分布 $p(\boldsymbol{x})$ で平均した次式で定義する，

$$\epsilon_g \equiv \int d\boldsymbol{x} p(\boldsymbol{x})\epsilon. \tag{6.15}$$

この式では汎化誤差はミクロな変数 $\boldsymbol{x}$ で記述されているので，式 (6.15) は汎化誤差のミクロな表現である．

この定式化では汎化誤差をマクロに表現することができる．誤差 ϵ は，教師パーセプトロンと生徒パーセプトロンの入力 v および lu を用いて，$\epsilon = \epsilon(v, u, l)$ と書くことができる．$N \to \infty$ の極限をとっているので，誤差 $\epsilon = \epsilon(v, u, l)$ はミクロな $\boldsymbol{x}$ などのミクロ変数に陽には依存せず，汎化誤差も入力和の確率分布 $p(v, u)$ を用いて以下のように書きなおすことができる，

$$\epsilon_g = \int dudvp(u, v)\epsilon(v, u, l). \tag{6.16}$$

前節で述べたように，v と u は平均 0，分散 1 のガウス分布に従うことがわかっているので，$p(u, v)$ は 2 次元ガウス分布である．よって式 (6.16) を求めるには，u と v の共分散がわかればよい．u と v の共分散はオーバーラップ R になる，

$$\langle uv \rangle = \frac{1}{l}\sum_i^N \sum_j^N \langle B_i x_i J_j x_j \rangle = \frac{1}{l}\sum_i^N \langle B_i J_i \rangle \langle x_i^2 \rangle = R. \tag{6.17}$$

この結果と式 (6.13) から，線形パーセプトロンの汎化誤差 ϵ_g は，

$$\epsilon_g = \frac{1}{2}\int dudvp(u, v)(v - ul)^2 = \frac{1 + l^2 - 2lR}{2}, \tag{6.18}$$

となり，教師パーセプトロンと生徒パーセプトロンの結合荷重が完全に等しいとき ($\boldsymbol{B} = \boldsymbol{J}$) に $R = 1$，$l = 1$ となり，汎化誤差は $\epsilon_g = 0$ となる．一方，非線形パーセプトロンの場合は，

$$\epsilon_g = \int dudvp(u, v)\Theta(-uv) = \frac{1}{\pi}\tan^{-1}\left(\frac{\sqrt{1 - R^2}}{R}\right), \tag{6.19}$$

となり，教師パーセプトロンと生徒パーセプトロンの結合荷重が $\boldsymbol{B} = k\boldsymbol{J}$，$k > 0$ であるときに，$R = 1$ となり汎化誤差は $\epsilon_g = 0$ となる．これらの結果から汎化誤差 ϵ_g は生徒パーセプトロンの結合荷重ベクトルの大きさ l と，教師パーセプトロンと生徒パーセプトロンのオーバーラップ R を用いて，$\epsilon_g = \epsilon_g(l, R)$ と書くことができることがわかる．これが汎化誤差のマクロな表現である．

ここまでの議論で，統計的学習理論にとって重要な汎化誤差が系のミクロな性質によらず，マクロな変数であるオーバーラップ R と生徒パーセプトロンの

結合荷重ベクトルの大きさ l だけで書けることがわかった．しかしこれだけでは，学習の統計力学は完成しない．R と l が閉じた方程式で記述される必要がある．どのような場合に閉じて，どのような場合に閉じないかは，学習アルゴリズムを具体的に決めないと決まらない．次節以降では学習アルゴリズム具体例をあげ，それらに関して R と l の閉じた方程式を導出する．

6.2.4 学習アルゴリズム

教師パーセプトロンと生徒パーセプトロンには，共通の入力 $\boldsymbol{x}$ が同時に与えられる．生徒パーセプトロンは，入力 $\boldsymbol{x}$ に対する教師パーセプトロンの出力 $z(v)$ と自分自身の出力 $y(ul)$ を比べ，教師パーセプトロンと同じ出力をだすように，自分の結合荷重 $\boldsymbol{J}$ を修正していく．この手続きを学習とよぶ．線形パーセプトロンの学習則である勾配法や符号関数を出力関数とする（非線形）パーセプトロンの代表的な学習則であるヘブ学習，パーセプトロン学習，アダトロン学習などのほとんどの学習則は，以下の式で表すことができる [1]，

$$\boldsymbol{J}(m+1) = \boldsymbol{J}(m) + f(m)\boldsymbol{x}(m) \tag{6.20}$$

$$f(m) = f(v(m), u(m), l(m)) \tag{6.21}$$

ここで m は学習のステップを表し，それぞれの変数についた (m) は，学習ステップ m でのそれぞれの変数がとる値を意味する．学習方法はオンライン学習を用いる．オンライン学習では入力 $\boldsymbol{x}$ が与えられると，式 (6.20) と (6.21) を用いて結合荷重 $\boldsymbol{J}$ を更新し，このとき用いた入力 $\boldsymbol{x}$ は以降の学習では使わない．したがって，オンライン学習では，それ以降に与えられる入力 $\boldsymbol{x}$ と生徒の結合荷重 $\boldsymbol{J}$ は統計的に独立になる．f の具体的な形は以下の式で与えられる，

$$f(v,u,l) = (v - lu), \qquad \text{勾配法} \tag{6.22}$$

$$f(v,u,l) = \mathrm{sgn}(v), \qquad \text{ヘブ学習} \tag{6.23}$$

$$f(v,u,l) = \Theta(-uv)\mathrm{sgn}(v), \qquad \text{パーセプトロン学習} \tag{6.24}$$

$$f(v,u,l) = -u\Theta(-uv), \qquad \text{アダトロン学習} \tag{6.25}$$

R と l の方程式を導出する前に，式 (6.22) から (6.25) までの学習法がなぜうまく働くかを定性的に説明する．式 (6.22) の勾配法は出力関数 $F(\cdot)$ が線形の場

合に用いられる．式 (6.13) の線形パーセプトロンの誤差を結合荷重 J_i で偏微分すると，

$$\frac{\partial \epsilon}{\partial J_i} = -(v - lu)x_i, \tag{6.26}$$

となる．これから式 (6.22) の勾配法は，誤差の勾配を求めて，誤差が小さくなるように結合荷重を動かす学習アルゴリズムであることがわかる．非線形パーセプトロン場合は出力関数が符号関数であり，微分不可能であるため勾配法は使えない．式 (6.23) から (6.25) までのヘブ学習，パーセプトロン学習，アダトロン学習は非線形パーセプトロンの学習に用いられる．

パーセプトロン学習は，Rosenblatt により提案されたパターン判別機械パーセプトロンの学習法である．学習機械の名前と学習法の名前が同一であり，少々まぎらわしい．式 (6.24) に示すように，パーセプトロン学習では，教師パーセプトロンと生徒パーセプトロンの出力が同じ場合，$\Theta(-uv) = 0$ となるので，生徒パーセプトロンの結合荷重 $\boldsymbol{J}$ は更新されない．逆に生徒パーセプトロンが誤った出力をだすと，結合荷重は，

$$\boldsymbol{J} + \mathrm{sgn}(v)\boldsymbol{x}, \tag{6.27}$$

となり，つぎに同じ $\boldsymbol{x}$ が入力された場合，生徒パーセプトロンの入力は $\mathrm{sgn}(v)\boldsymbol{x}\cdot\boldsymbol{x} = \mathrm{sgn}(v)/N$ だけ変化し，教師パーセプトロンと同じ出力 $\mathrm{sgn}(v)$ をだす傾向が強くなる．与えられた入出力関係を満たす結合荷重 $\boldsymbol{J}$ が存在するとき，パーセプトロン学習を用いれば，必ずその結合荷重をみつけられることが証明されている．この定理をパーセプトロンの収束定理とよぶ．

アダトロン学習は式 (6.25) を以下のように変形すると，パーセプトロン学習の素直な拡張としてとらえることできる，

$$f(v, u, l) = -u\Theta(-uv) = |u|\Theta(-uv)\mathrm{sgn}(v). \tag{6.28}$$

式 (6.24) と (6.28) を比較してみよう．アダトロン学習では，パーセプトロン学習と同様に，教師パーセプトロンと生徒パーセプトロンの出力が同じ場合，$\Theta(-uv) = 0$ となるので，生徒パーセプトロンの結合荷重 $\boldsymbol{J}$ は更新されない．生徒パーセプトロンが誤った出力をだした場合を考えよう．

式 (6.24) および (6.27) からわかるように，パーセプトロン学習では単に生徒パーセプトロンが誤った出力をだしたという情報しか使っていない．生徒パー

セプトロンが答えを誤ったとしても，その誤り方にもいろいろある．入力の絶対値 $|u|$ が小さければ傷が浅いが，$|u|$ が大きければ，できるだけ速やかに結合荷重を変更する必要がある．そこで状況の悪さ，つまり $|u|$ の大きさに対応して，生徒パーセプトロンの結合荷重 $\boldsymbol{J}$ の更新幅を変更するアルゴリズムが考えられる．これが式 (6.25) および (6.28) のアダトロン学習にほかならない．

他の二つの学習とは異なり，ヘブ学習では生徒パーセプトロンが正しい答えをだすか否かにかかわらず，つねに $\boldsymbol{J}$ を更新する．したがって，つぎに同じ $\boldsymbol{x}$ が入力された場合，生徒パーセプトロンの入力はつねに $\mathrm{sgn}(v)\boldsymbol{x}\cdot\boldsymbol{x} = \mathrm{sgn}(v)/N$ だけ変化し，教師パーセプトロンと同じ出力 $\mathrm{sgn}(v)$ を出す傾向が強くなる．

6.2.5　オーダーパラメータのダイナミクス

ここでは，式 (6.20) と (6.21) から l と R が満たす方程式を導出する．その前にオンライン学習の統計力学的切口の醍醐味を説明しよう．図 6.3 にオンライン学習の進行状況の概略図を示す．学習の各ステップごとに入力 $\boldsymbol{x}$ は確率分布 $p(\boldsymbol{x})$ に従ってランダムに選ばれ，教師パーセプトロンと生徒パーセプトロンに入力される．式 (6.20) から決まる結合荷重の変化量を $\Delta\boldsymbol{J}$ とする．

入力がランダムに選ばれるので，結合荷重の変化量 $\Delta\boldsymbol{J}$ もランダムになる．その結果，結合荷重もランダムに変化し，その軌跡は図 6.3 のようにギザギザになる．結合荷重 $\boldsymbol{J}$ の初期値が同じであっても，入力がランダムに選ばれるので，そのあとの $\boldsymbol{J}$ はまったく異なったものになる．

生徒パーセプトロンの結合荷重 $\boldsymbol{J}$ がどのように更新されるかを微に入り細に入りすべて記述するのは，不可能であるのが理解できるであろう．これは自然のミクロな記述に対応し，気体分子の軌跡をすべて追跡することに対応する．この場合，ミクロな立場では物事がいえないのである．

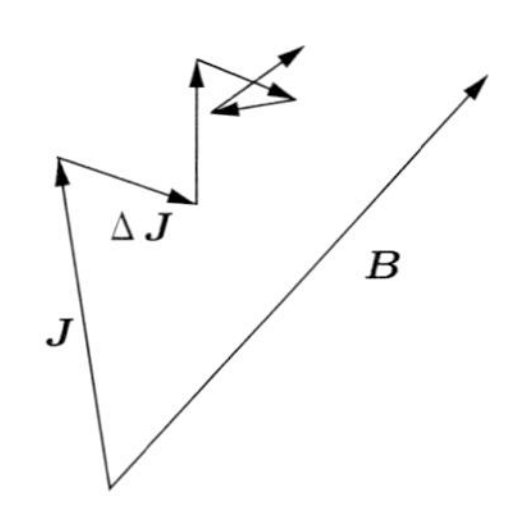

図 6.3　オンライン学習の過程．入力 $\boldsymbol{x}$ がランダムに選ばれるため，結合荷重の変化量 $\Delta\boldsymbol{J}$ もランダムになる

統計力学ではこのような不可能なことをあきらめて，気体分子の運動からみれば，マクロな対象である圧力や体積の性質を平均操作を使って導出する．学習の統計力学でも同じことができないのであろうか．条件をうまく設定すればできる．アイデアとしては，図 6.3 の $\Delta\boldsymbol{J}$ の大きさを小さくして，そのギザギザをみえなくするようにする．ここで式 (6.3) に示したように，入力 $\boldsymbol{x}$ の大きさを 1 にしたことが効いてくる．結合荷重の変化量 $\Delta\boldsymbol{J}$ の大きさは N に対して $O(1)$ になる．

一方，前に書いたように $\boldsymbol{J}$ の大きさは $O(\sqrt{N})$ である．学習の統計力学では入力や結合荷重の次元数 N が無限大の極限を考える．この場合，$\Delta\boldsymbol{J}$ が $\boldsymbol{J}$ に比べてどんどん小さくなっていくのである．つまり，熱力学的極限を考えることにより，図 6.3 のギザギザが消えて，$\boldsymbol{J}$ がスムーズに動くようなになる．

このメカニズムを具体的に式の上でみていこう．式 (6.20) の両辺を 2 乗すると，

$$Nl(m+1)^2 = Nl(m)^2 + 2l(m)f(m)u(m) + (f(m))^2, \quad (6.29)$$

となる．ここで $l(m)\sqrt{N}$ は $\boldsymbol{J}(m)$ の絶対値を表す．式 (6.29) の N 依存性に注目されたい．$l(m+1)$ と $l(m)$ の差は $O(1/\sqrt{N})$ であり十分小さい．これが図 6.3 の $\Delta\boldsymbol{J}$ のギザギザの無限に小さくなったことに対応する．

$l(m)^2$ が $O(1)$ の大きさで変化するためには，式 (6.29) で表されるオンライン学習が $O(N)$ 回ほどこされる必要がある．そこでオンライン学習のステップ m を $m = tN$ とおき，学習過程を連続変数である時間 t で表すことにする．学習ステップが m から $m + Ndt$ になった場合を考えよう．このとき，時間は t から $t + dt$ になっている．ここで dt は微小量であるが N に対しては $O(1)$ である．t から $t + dt$ までの時間変化をまとめると，式 (6.29) が Ndt 個，縦にならんだ式に対応する，

$$Nl(m+1)^2 = Nl(m)^2 + 2l(m)f(m)u(m) + (f(m))^2 \quad (6.30)$$

$$Nl(m+2)^2 = Nl(m+1)^2 + 2l(m+1)f(m+1)u(m+1) + (f(m+1))^2 \quad (6.31)$$

$$Nl(m+3)^2 = Nl(m+2)^2$$

$$+ 2l(m+2)f(m+2)u(m+2) + (f(m+2))^2 \tag{6.32}$$

$$\vdots$$

$$\begin{aligned} Nl(m+Ndt)^2 = Nl(m+Ndt-1)^2 \\ + 2l(m+2)f(m+Ndt-1)u(m+Ndt-1) \\ + (f(m+Ndt-1))^2. \end{aligned} \tag{6.33}$$

これらの式を順に代入して適当に変形していくと，

$$\begin{aligned} l(m+Ndt)^2 = l(m)^2 + 2dt\frac{1}{Ndt}\sum_{i=1}^{Ndt-1} l(m+i)f(m+i)u(m+i) \\ + dt\frac{1}{Ndt}\sum_{i=1}^{Ndt-1}(f(m+i))^2, \end{aligned} \tag{6.34}$$

が得られる．t から $t+dt$ までの間に l が dl だけ変化したとしよう．式 (6.34) の第二項と第三項は，l が $l+dl$ に徐々に変化していくことを考慮に入れなければならないが，それは微小時間 dt の間に起こることなので，その変化の影響は微小項の二次のオーダーになる．

そこで式 (6.34) の第二項と第三項を計算するときは，すべての時刻ステップで l は一定値をとるとする．微小時間 dt の間にも，入力 $\boldsymbol{x}$ は Ndt 個入力されるので，第二項と第三項は入力 $\boldsymbol{x}$ の確率分布 $p(\boldsymbol{x})$ に関する平均に置き換えることができる．さらに，本章で用いた定式化では，汎化誤差と同様に $p(\boldsymbol{x})$ に関する平均は，教師パーセプトロンと生徒パーセプトロンの入力 u と v の確率分布 $p(u,v)$ に関する平均 $\langle\cdot\rangle$ で置き換えることができる，

$$\begin{aligned} (l+dl)^2 &= l^2 + 2l\langle f(u,v,l)u\rangle dt + \langle (f(u,v,l))^2\rangle dt \\ 2ldl &= 2l\langle f(u,v,l)u\rangle dt + \langle (f(u,v,l))^2\rangle dt \\ \frac{dl}{dt} &= \langle f(u,v,l)u\rangle + \frac{\langle (f(u,v,l))^2\rangle}{2l} \end{aligned} \tag{6.35}$$

R に関する微分方程式も同様に求めることができる，式 (6.20) の両辺と教師の結合荷重 $\boldsymbol{B}$ の内積をとると，

$$Nl(m+1)R(m+1) = Nl(m)R(m) + f(m)v(m),$$

となり，先ほどと同様に連続時間 t を導入すると，

$$(l+dl)(R+dR) = lR + \langle f(u,v,l)v \rangle dt,$$

を得る．これと式 (6.35) を組み合わせると，

$$\frac{dR}{dt} = \frac{\langle f(u,v,l)v \rangle - \langle f(u,v,l)u \rangle R}{l} - \frac{R}{2l^2}\langle (f(u,v,l))^2 \rangle, \quad (6.36)$$

を得る．式 (6.35) をもっとも簡単な線形パーセプトロンの場合に解いておこう．非線形パーセプトロンについては文献 [1] を参考にされたい．これらの式に，式 (6.22) の線形パーセプトロンの勾配法を代入すると，

$$\frac{dl}{dt} = \frac{1}{2l} - \frac{l}{2} \quad (6.37)$$

$$\frac{dR}{dt} = \frac{1}{l} - \frac{R}{2}\left(1 + \frac{1}{l^2}\right), \quad (6.38)$$

を得る．生徒パーセプトロンの結合荷重 $\boldsymbol{J}$ の初期値の各要素 J_i を，教師パーセプトロンの結合荷重 $\boldsymbol{B}$ と同様に，平均 0 で分散が 1 の確率分布から独立に生成するとする．この場合，生徒パーセプトロンの結合荷重 $\boldsymbol{J}$ の初期値の絶対値は $\sqrt{N}$ となり，l の初期値は $l=1$ である．式 (6.12) より，先生パーセプトロンの結合荷重 $\boldsymbol{B}$ と生徒パーセプトロンの結合荷重 $\boldsymbol{J}$ の初期値のオーバーラップは熱力学的極限では $R=0$ である．$l=1$ を式 (6.37) に代入すると右辺は 0 になるため，すべての時間 t について $l=1$ である．$l=1$ を式 (6.38) に代入し，R の初期値が 0 であることを考慮して，R の時間変化を求めると，

$$\frac{dR}{dt} = 1 - R, \quad R = 1 - \exp(-t), \quad (6.39)$$

となる．これが図 6.3 に示される，生徒の結合荷重 $\boldsymbol{J}$ が先生の結合荷重 $\boldsymbol{B}$ に近づく過程を統計力学的に取り扱った結果である．この結果を用いると式 (6.18) の汎化誤差 ϵ_g も以下のように求まる．

$$\epsilon_g = 1 - R = \exp(-t). \quad (6.40)$$

線形パーセプトロンの汎化誤差は，時間 t に対して指数的に 0 に収束していくことがわかる．図 6.4 の $K=1$ に理論と入力次元数 $N=1\,000$ での計算機

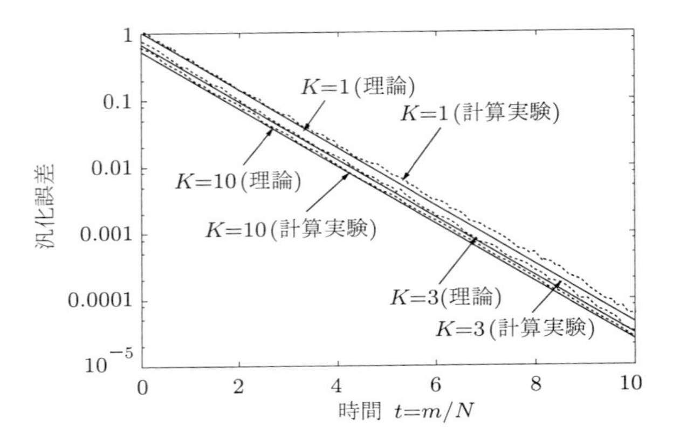

図 6.4　汎化誤差の生徒数 K 依存性

シミュレーションの結果を示す．図の横軸は時間 $t = m/N$ であり，縦軸は汎化誤差を log スケールでプロットしたものである．式 (6.40) に示すように，汎化誤差は log スケールで時間に関して線形に減少しているのがわかる．また，理論と計算機シミュレーションの結果の結果はよく一致している．

6.3　アンサンブル学習のオンライン学習の理論

6.3.1　アンサンブル学習

近年，バギング [20] やブースティング [21] などのように，多数の性能の劣る学習機械（ウィークラーナー）を用いることによって，これらを個々に用いた場合に比べて性能を改善しようとする研究が多く行われ，単一の学習機械を用いた場合よりすぐれた結果が得られている．この枠組はアンサンブル学習ともよばれ，注目されている．ここでは，アンサンブル学習の一種であるバギングとパラレルブースティング [22] を，先ほど説明した統計力学的なオンライン学習の枠組で取り扱う [23,24,25,26,27].

図 6.5 にアンサンブル学習で用いる教師–生徒の定式化を示す．教師は一つの単純パーセプトンであり，生徒は K 個の単純パーセプトンで構成されている．これまでと同様に，教師パーセプトロンと K 個の生徒パーセプトロンは式 (6.3) に従う N 次元の入力 $\boldsymbol{x}$ を受け取り，入力次元 $N \to \infty$ の熱力学的極限を考える．教師パーセプトロンの結合荷重を $\boldsymbol{B}$ とし，前節と同様に式 (6.5) の性質をもつものとする．k 番目の生徒パーセプトロンの結合荷重を $\boldsymbol{J}^k$ とし，前

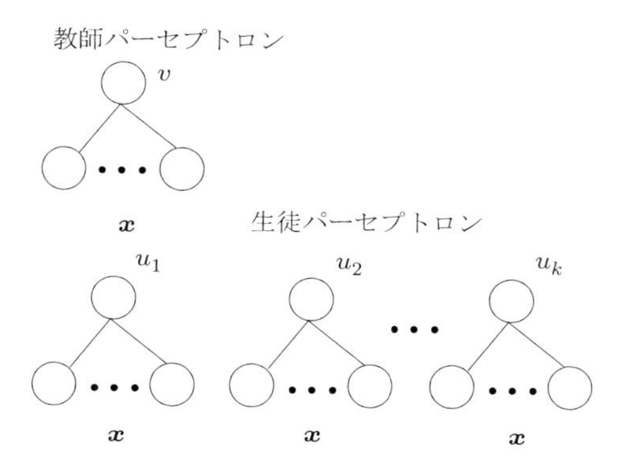

図 6.5 アンサンブル学習での教師−生徒の定式化

節と同様に $\boldsymbol{J}^k$ の各成分は，入力次元 N に対して $O(1)$ であるとし，結合荷重の大きさを，

$$|\boldsymbol{J}|^{\boldsymbol{k}} = l_k\sqrt{N}, \tag{6.41}$$

とする．この場合 l_k は $O(1)$ となる．k 番目の生徒パーセプトロンへの入力を結合荷重の大きさ l_k を用いて $l_k u_k$ と表し，出力 y_k を

$$y_k = F(l_k u_k), \quad l_k u_k = \sum_{i=1}^{N} J_i^k x_i = \boldsymbol{J}^k \cdot \boldsymbol{x}, \tag{6.42}$$

とする．中心極限定理より u_k は平均 0 分散 1 のガウス分布に従う．生徒パーセプトロンの出力関数は教師パーセプトロンの出力関数と同じ $F(\cdot)$ を用いる．

K 個の生徒パーセプトロンの出力関数を用いたアンサンブル学習機械の出力 y を，

$$y = F\left(\sum c_k y_k\right) = F\left(\sum c_k F(\boldsymbol{J}^k \cdot \boldsymbol{x})\right), \tag{6.43}$$

とする．ただし c_k は k 番目の生徒パーセプトロンの加重平均の重みで，

$$\sum_{k=1}^{K} c_k = 1, \tag{6.44}$$

を満たすものとする．通常の平均を用いる場合，すなわち $c_k = 1/K$ の場合をバギングとよび，荷重平均を用いることをパラレルブースティングとよぶ．

ここでもっとも簡単な例である，出力関数が線形の場合にバギングを用い

たアンサンブル学習の効果を定性的に説明する．式 (6.43) に $F(x) = x$ と $C_k = 1/K$ を代入すると，アンサンブル学習機械の出力 y は式 (6.46) の平均結合荷重 $\overline{\boldsymbol{J}}$ を用いて書くことができる，

$$y = \overline{\boldsymbol{J}} \cdot \boldsymbol{x} \tag{6.45}$$

$$\overline{\boldsymbol{J}} = \frac{1}{K} \sum_{k=1}^{K} \boldsymbol{J}^k, \tag{6.46}$$

図 6.6 (a) に示すように，この平均結合荷重 $\overline{\boldsymbol{J}}$ は教師パーセプトロンの結合荷重 $\boldsymbol{B}$ に近いことが予想されるので，アンサンブル学習機械は個別の生徒パーセプトロンより，教師パーセプトロンをよく近似できることがわかる．図 6.6 (b) のように，生徒の結合荷重が一様に分布していない場合は，$\boldsymbol{J}^1$ と $\boldsymbol{J}^2$ の重み c_1 と c_2 を小さくして，$\boldsymbol{J}^3$ の重み c_3 を大きくするのが望ましいというのが理解できるであろう．これがパラレルブースティングの基本的な考え方である．

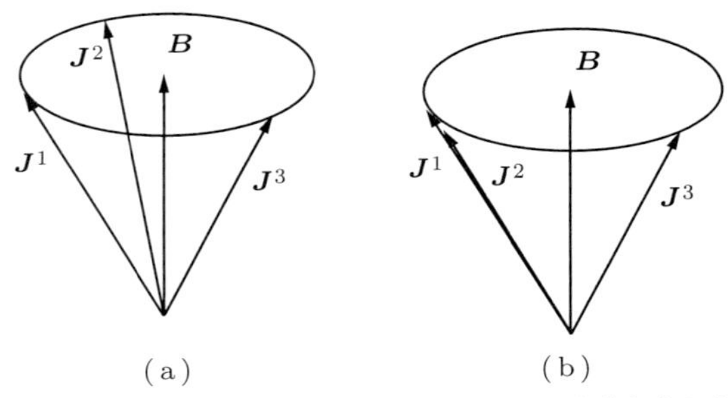

図 6.6　アンサンブル学習の効果 ($K = 3$)．図 (a) は生徒どうしが似ていない（相関 q が小さい）場合を表し，図 (b) は生徒どうしが似ている（相関 q が大きい）場合を表す

6.3.2　学習アルゴリズム

学習則も前に用いた式 (6.20) と (6.21) を使い，

$$\boldsymbol{J}^k(m+1) = \boldsymbol{J}^k(m) + f_k(m)\boldsymbol{x}(m) \tag{6.47}$$

$$f_k(m) = f(v(m), u_k(m), l_k(m)), \tag{6.48}$$

学習方法はオンライン学習を用いる．式 (6.47) と (6.48) の学習則を用いて，各

生徒の結合荷重 $\boldsymbol{J}^k$ を学習したときに，$\boldsymbol{J}^k$ がどのように変化するかを考えよう．たとえば，生徒の結合荷重の初期状態が教師や他の生徒のそれと無相関な状態から出発したとしよう．ある程度学習が進むと，K 個の生徒の結合荷重 $\boldsymbol{J}^k$ は図 6.6 (a) のように教師の結合荷重 $\boldsymbol{B}$ の近くに等距離に分布しているはずである．この場合，式 (6.46) の生徒の結合荷重の平均 $\overline{\boldsymbol{J}}$ は先生の結合荷重 $\boldsymbol{B}$ をよく近似している．つまり，何らかの形で生徒の出力を平均すれば，個々の生徒よりも先生をよく近似できるはずである．これがアンサンブル学習の直観的な説明である．

6.3.3 汎化誤差

線形パーセプトロンに関しては，誤差 ϵ として式 (6.13) と同様に二乗誤差を用い，

$$\epsilon = \frac{1}{2}(z-y)^2, \tag{6.49}$$

非線形パーセプトロンに関しては式 (6.14) を参考に，

$$\epsilon = \Theta(-zy), \tag{6.50}$$

を用いる．汎化誤差 ϵ_g は，式 (6.49) または (6.50) の誤差 ϵ を入力 $\boldsymbol{x}$ の確率分布 $p(\boldsymbol{x})$ で平均したもので定義する．誤差 ϵ は，教師と生徒の入力 v と $l_k u_k$ および加重平均の重み c_k を用いて，$\epsilon = \epsilon(v, \{u_k\}, \{l_k\}, \{c_k\})$ と書くことができるので，汎化誤差も入力の確率分布 $p(v, \{u_k\})$ を用いて，

$$\begin{aligned}
\epsilon_g &\equiv \int d\boldsymbol{x} p(\boldsymbol{x})\epsilon \\
&= \int dv \prod_k du_k p(v, \{u_k\})\epsilon(v, \{u_k\}, \{l_k\}, \{c_k\}).
\end{aligned} \tag{6.51}$$

となる．入力は $\boldsymbol{x}$ とそれとは独立な変数 $\boldsymbol{B}$ と $\boldsymbol{J}^k$ で書けるので，$p(v, \{u_k\})$ は平均 0 の多重ガウス分布に従う．前節で述べたように，v と u_k は平均 0 分散 1 のガウス分布に従うので，$p(v, \{u_k\})$ の共分散行列の対角要素は 1 である．共分散行列の非対角要素を求める前の準備として，結合荷重間の方向余弦を議論する．式 (6.11) に従い，先生パーセプトロンと k 番目の生徒パーセプトロンの結合荷重のオーバラップを，

$$R_k \equiv \frac{1}{Nl_k}\sum_{i=1}^{N} B_i J_i^k, \tag{6.52}$$

とする．共分散行列の $\langle vu_k \rangle$ 成分は $\langle vu_k \rangle = R_k$ となる．k 番目と k' 番目の生徒間の結合荷重のオーバラップを，

$$q_{kk'} \equiv \frac{1}{Nl_k l_{k'}}\sum_{i=1}^{N} J_i^k J_i^{k'}, \tag{6.53}$$

とする．共分散行列の $\langle u_k u'_k \rangle$ 成分は $\langle u_k u'_k \rangle = q_{kk'}$ となる．よって式 (6.51) の汎化誤差 ϵ は，生徒の結合荷重ベクトルの大きさ l_k と，教師と生徒のオーバーラップ R_k と，生徒間の相関 $q_{kk'}$ および加重平均の重み c_k を用いて，$\epsilon_g = \epsilon_g(\{l_k\},\{R_k\},\{q_{kk'}\},\{c_k\})$ と書くことができる．アンサンブル学習の加重平均の重み c_k は設計者が事前に決めるので，この系の汎化誤差はを求めるには，l_k，R_k，$q_{kk'}$ の3種類の巨視的変数（オーダーパラメータ）の学習の進行に従ってどのように変化するかを求めればよい．

6.3.4　オーダーパラメータのダイナミクス

ここではオーダーパラメータ l_k，R_k，$q_{kk'}$ が学習により，どのように変化するかを議論する．前節の式 (6.35) と (6.36) と同じ方法で，一つの生徒に関するオーダーパラメータである l_k と R_k の巨視的な微分方程式は，

$$\frac{dl_k}{dt} = \langle f_k u_k \rangle + \frac{\langle f_k^2 \rangle}{2l}, \tag{6.54}$$

$$\frac{dR_k}{dt} = \frac{\langle f_k v_k \rangle - \langle f_k u_k \rangle R_k}{l_k} - \frac{R_k}{2l_k^2}\langle f_k^2 \rangle. \tag{6.55}$$

となる．つぎにアンサンブル学習を議論する際に必要になる $q_{kk'}$ の巨視的微分方程式の導出を説明する．$\boldsymbol{J}_k$ と $\boldsymbol{J}_{k'}$ に関する式 (6.20) の両辺を掛け合わせると，

$$\begin{aligned} &Nl_k(m+1)l_{k'}(m+1)q_{kk'}(m+1) \\ &\quad = Nl_k(m)l_{k'}(m)q_{kk'}(m) + f_{k'}(m)l_k(m)u_k(m) \\ &\qquad + f_k(m)l_{k'}(m)u_{k'}(m) + f_k(m)f_{k'}(m), \end{aligned} \tag{6.56}$$

を得る．l や R の導出と同様に，オンライン学習のステップ m を $m = Nt$ と

おき，学習過程を連続変数である時刻 t で表す．時刻が t から $t+dt$ になった場合を考え，微小時間 dt の間に l_k は dl_k だけ変化し，$q_{kk'}$ は $dq_{kk'}$ だけ変化したとすると，式 (6.56) は，

$$\begin{aligned}
&N(l_k+dl_k)(l_{k'}+dl_{k'})(q_{kk'}+dq_{kk'}) \\
&\quad = Nl_kl_{k'}q_{kk'}+l_kNdt\langle f_{k'}u_k\rangle+l_{k'}Ndt\langle f_ku_{k'}\rangle \\
&\qquad +Ndt\langle f_kf_{k'}\rangle,
\end{aligned} \tag{6.57}$$

となり，$q_{kk'}$ の微分方程式は，

$$\frac{dq_{kk'}}{dt}=\frac{\langle f_{k'}u_k\rangle}{l_{k'}}+\frac{\langle f_ku_{k'}\rangle}{l_k}+\frac{\langle f_kf_{k'}\rangle}{l_kl_{k'}}-\frac{q_{kk'}}{l_k}\frac{dl_k}{dt}-\frac{q_{kk'}}{l_{k'}}\frac{dl_{k'}}{dt}, \tag{6.58}$$

となる．

6.4　線形パーセプトロンのアンサンブル学習

6.4.1　汎化誤差とオーダーパラメータダイナミクス

出力関数が $F(x)=x$ である線形パーセプトロンを議論しよう．この場合は，関数の線形性のため，式 (6.51) の汎化誤差 ϵ_g を解析的に求めることができる，

$$\begin{aligned}
&\epsilon_g(\{l_k\},\{R_k\},\{q_{kk'}\},\{c_k\}) \\
&\quad =\frac{1}{2}(1-2\sum_{k=1}^{K}c_kR_kl_k+\sum_{k=1}^{K}\sum_{k'=1}^{K}c_kc_{k'}q_{kk'}l_kl_{k'}).
\end{aligned} \tag{6.59}$$

また，オーダーパラメータの微分方程式は，

$$\frac{dl_k}{dt}=\frac{1-l_k^2}{2l_k}, \tag{6.60}$$

$$\frac{dR_k}{dt}=\frac{1}{l_k}-\frac{R_k}{2}\left(1+\frac{1}{l_k^2}\right), \tag{6.61}$$

$$\frac{dq_{kk'}}{dt}=\frac{1}{l_kl'_k}-\frac{q_{kk'}}{2l_k^2}-\frac{q_{kk'}}{2l_{k'}^2}, \tag{6.62}$$

となる．

6.4.2　生徒の結合荷重が統計的に一様である場合

もっとも単純である，図 6.6 (a) のように生徒の結合荷重が統計的に一様である場合を議論する．この場合一様性の仮定より，$R_k = R$，$l_k = l$，$q_{kk'} = q$ となる．また加重平均の重みも $c_k = 1/K$ とする．あとの議論からもわかるように，このとき，式 (6.51) および式 (6.59) の汎化誤差は R, l, q, K の関数となる，

$$\epsilon_g(l, R, q, K) \\ = \frac{1}{2}\left(\frac{l^2(1-q)}{K} + (q - R^2)l^2 + (Rl - 1)^2\right). \tag{6.63}$$

式 (6.63) の右辺の第一項は生徒の個数 K に依存し，$K \to \infty$ の極限では 0 に収束するので，K が十分大きいときは第一項を無視できる．式 (6.63) の右辺の第三項は，個々の生徒の特性を表す l と R だけで書かれているので，第三項はアンサンブル学習の効果を表さない．

第二項は教師と生徒のオーバーラップ R と生徒どうしの相関 q からなる．q が R^2 になるべく近いほうが汎化誤差が小さくなることがわかる．つまりアンサンブル学習を成功させるためには，教師とのオーバーラップを大きくするとともに，生徒どうしの相関を小さくする必要があることがわかる．

より具体的に，ここでは教師の結合荷重 $\boldsymbol{B}$ と同様に，生徒パーセプトロンの結合荷重 $\boldsymbol{J}^k$ の各成分 J_i^k を，平均 0 分散 1 の確率分布から生成した場合を議論する．この場合，各生徒パーセプトロンの結合荷重をの大きさは $\sqrt{N}$ になり，l_k の初期値は k に依存せず $l_k(0) = 1$ となる．この初期条件を式 (6.60) に代入して解を求めると，

$$\frac{dl_k}{dt} = 0, \quad l_k(t) = 1, \tag{6.64}$$

となり，l_k は k によらないので $l_k = l$ とおく．線形安定性解析より $l(t) = 1$ は安定である．教師の結合荷重 $\boldsymbol{B}$ も平均 0 分散 1 の確率分布から独立に生成したので，各生徒のパーセプトロンの結合荷重 $\boldsymbol{J}^k$ と教師の結合荷重 $\boldsymbol{B}$ のオーバーラップ R_k の初期値も k に依存せず $R_k(0) = 0$ となる．$l(t) = 1$ を式 (6.61) に代入すると，

$$\frac{dR_k}{dt} = 1 - R_k, \quad R_k(t) = 1 - \exp(-t), \tag{6.65}$$

となり，R_k は k によらなくなり以下では R と書く．$\boldsymbol{J}^k$ と $\boldsymbol{J}_{k'}$ は，初期状態では独立になるため $q_{kk'}(0)=0$ となり，

$$\frac{dq_{kk'}}{dt}=1-q_{kk'},\quad q_{kk'}=1-\exp(-t), \tag{6.66}$$

となり，同様の理由により $q_{kk'}$ も k と k' によらなくなるので q と書く．ここで式 (6.65) と (6.66) に示すように，R と q が同じ時間発展方程式に従うので $q=R$ である．式 (6.64) から式 (6.66) および $c_k=1/K$ を式 (6.63) に代入し整理すると，

$$\epsilon_g=\frac{1}{2}\left\{\frac{1-R}{K}+(1-R)\right\} \tag{6.67}$$

$$=\frac{1}{2}\left\{\frac{e^{-t}}{K}+e^{-t}\right\} \tag{6.68}$$

となる．これらの式で，右辺括弧内の第 1 項は生徒のパーセプトロンの数 K に依存した量であり，パーセプトロンの数が無限大の極限では 0 に収束する．一方，第 2 項は生徒のパーセプトロンの数 K に依存しない量であり，アンサンブル学習の残留誤差と考えることができる．

式 (6.67) で $K=1$ とおくと，汎化誤差は $\epsilon_g=1-R$ となり，単一のパーセプトロンの汎化誤差に一致する．また，K を無限大とした場合，アンサンブル学習の汎化誤差は $(1-R)/2$ に漸近する．つまり，K 無限大の極限では，アンサンブル学習は単一の学習機械の汎化誤差の 1/2 に収束することがわかった．

式 (6.68) を用いて求めた汎化誤差の K 依存性を図 6.4 に示した．図中で上から $K=1,3,10$ の結果を示す．横軸は時刻であり，単位時間は入力パターンを N 回提示し学習したことに対応する．図のように K が大きくなるにしたがって，汎化誤差が $K=1$ の 1/2 の値に $1/K$ で収束することがわかる．図 6.4 中の数値シミュレーションは $N=1\,000$ で行った．図からわかるように理論解析と数値シミュレーションの結果はよく一致する．理論と数値シミュレーションが一致したことから，以下の解析では理論解析のみを用いることとする．

6.4.3　生徒の結合荷重が統計的に一様でない場合

つぎに，生徒の結合荷重が統計的に一様でない場合について考える．簡単のために，学習の初期状態において $l(0)=1$ であると仮定する．R_k と $q_{kk'}$ の初

期値は任意の値 $R_k(0)$ と $q_{kk'}(0)$ をとるものとする．この場合，式 (6.60) から式 (6.62) の微分方程式は解析的に解くことができて，

$$l_k(t) = 1 \tag{6.69}$$

$$R_k(t) = 1 - (1 - R_k(0)) \exp(-t) \tag{6.70}$$

$$q_{kk'}(t) = 1 - (1 - q_{kk'}(0)) \exp(-t) \tag{6.71}$$

となる．これらの式を汎化誤差の式 (6.59) に代入すると，

$$\begin{aligned}
&\epsilon_g(\{l_k\}, \{R_k\}, \{q_{kk'}\}, \{c_k\}) \\
&\quad = \exp(-t) \left\{ 1 - R_K(0) - \sum_{k=1}^{K-1} c_k(t)(R_k(0) - R_K(0)) \right. \\
&\qquad + \sum_{k=1}^{K-1} c_k^2(t)(1 - q_{kK}(0)) - \sum_{k=1}^{K-1} c_k(t)(1 - q_{kK}(0)) \\
&\qquad \left. + \sum_{k=1}^{K-1} \sum_{k=2}^{K-1} c_k(t)(1 + q_{kk'}(0) - q_{kK}(0) - q_{k'K}(0)) \right\}
\end{aligned} \tag{6.72}$$

ただし，$c_K = 1 - \sum_{k=1}^{K-1} c_k$ を用いた．

ここまで加重平均の重み c_k は設計者が与えるものとしたが，与えられたオーダーパラメータに対して，汎化誤差が最小になるように c_k を決めることができる．このように何らかの基準を用いて，一様な平均ではなく，荷重 c_k を用いて加重平均を行うアンサンブル学習法をパラレルブースティングとよぶ [22]．たとえば，生徒のうち結合荷重の初期値が $\boldsymbol{J}^1(0) = \boldsymbol{J}^2(0)$ であり，$\boldsymbol{J}^3(0)$ が他の 2 個と独立であった場合を考えよう．この場合は図 6.6 (b) に対応する．単純な平均をとると，同じ結合荷重をもつ生徒パーセプトロンに重みをつけることになるので，$c_1 = c_2 = 0.25$，$c_3 = 0.5$ とするほうが汎化誤差が小さくなることは容易に想像つくだろう．

今回紹介した枠組の中で，汎化誤差を最小にする重み c_k を求める一つの方法は，

$$\frac{\partial \epsilon_g}{\partial c_k} = 0, \quad k = 1, 2, \ldots, K-1, \tag{6.73}$$

を満たす c_k を求めることである．一般にはオーダーパラメータ l_k，R_k，$q_{kk'}$ は時間変化するので，式 (6.73) を満たす荷重も時間の関数 $c_k(t)$ となることが予想される．しかしながら，汎化誤差を最小にする重み c_k は式 (6.72) を c_k で偏微分して 0 と等しいとおくので，c_k は初期値 $R_k(0)$，$q_{kk'}(0)$ にしか依存しないことがわかる．

図 6.7 に $K=3$ の場合のバギングとパラレルブースティングの汎化誤差の差を示す．図中のラベル $\epsilon_g^B - \epsilon_g^{PB}$ は，バギングとパラレルブースティングの汎化誤差の差を表す．図より，学習の初期ではパラレルブースティングにより汎化誤差が大きく改善され，学習が進むにしたがって，その効果が小さくなることがわかる．

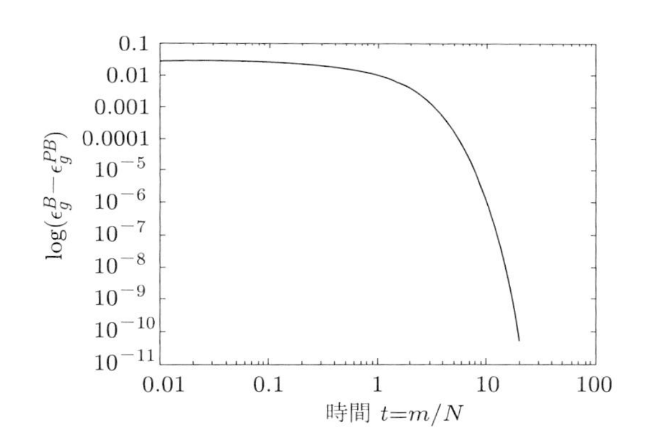

図 6.7 パラレルブースティングとバギングの比較

6.5 非線形パーセプトロンのアンサンブル学習

非線形パーセプトロン $F(x) = \mathrm{sgn}(x)$ について簡単に述べる．詳細は [26] を参考にされたい．前節の線形パーセプトロンの議論から，アンサンブル学習においては q と R の関係が本質的であることが予想された．そこで，式 (6.23) から式 (6.25) の三つの学習則について，q と R の関係を明確にするため，R と q を軸にとったベクトル軌跡を図 6.8 に示す．

この図を見ると，三つの学習則のうち，R と比較して q がもっとも小さい学習則はアダトロン学習であることがわかる．言い換えるならば，q の立ち上が

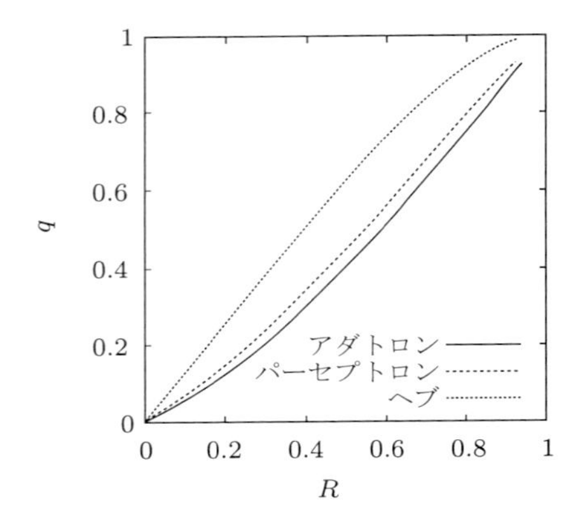

図 6.8　R と q の関係（理論）

りがもっとも遅く，生徒の多様性が長時間維持される学習則はアダトロン学習である．よって学習の初期で，アンサンブル学習を行うメリットがもっとも大きい学習則は，アダトロン学習であることが期待され，予想どおりの結果が得られた [26].

6.6　ま　と　め

オンライン学習の枠組で，パーセプトロンの学習とアンサンブル学習について解説した．まず単純パーセプトロンのオンライン学習に関して，熱力学的極限をとることにより，オーダーパラメータの閉じた方程式を導出した．つぎに，アンサンブル学習の一種である，バギングやパラレルブースティングを統計力学的なオンライン学習の理論で議論した．

アンサンブル学習機械の出力は各パーセプトロンの重みつき平均で与えた．まず，このアンサンブル学習機械の汎化誤差を導出し，汎化誤差がオーダーパラメータである結合荷重の大きさ l_k，教師と生徒のオーバーラップ R_k および生徒どうしの相関 $q_{kk'}$ だけで書けることを示した．

さらに，これらのオーダーパラメータが従う連立微分方程式を導出した．この理論を線形パーセプトロンに適用した．教師と生徒の各パーセプトロンを平均 0，分散 1 のガウス乱数で初期化した場合，オーダーパラメータである結合荷重の長さ l，教師と生徒の結合荷重のオーバーラップ R，生徒の結合係数の

相関 q の初期値は一様になる．この場合の重みを均一にし，平均を出力とするバギングが有効である．

われわれはオーダーパラメータのダイナミクス，およびオーダーパラメータで記述される汎化誤差のダイナミクスを求めた．その結果，生徒のパーセプトロンの数 K によって減少し，アンサンブル学習が有効に働く項と，K に依存しない項があることが明らかにした．そして $K \to \infty$ の極限では，単一の線形パーセプトロンの汎化誤差の 1/2 に収束することがわかった．また，有限の K に対しては，$K \to \infty$ の値に対し，$1/K$ で収束することがわかった．

一方，初期の生徒の結合荷重の相関が一様でない場合についても解析を行った．この場合には，重みを最適化するパラレルブースティングが有効である．パラレルブースティングでは，汎化誤差を最小にするように平均を求める重みを決定する．最適な重みはオーバーラップ，結合荷重の相関の初期値にしか依存しないことがわかった．最後に，理論を非線形パーセプロンに適用し，学習アルゴリズムによってアンサンブル学習の効果が異なることを示した．

この章を通して，統計力学的視点がオンライン学習の問題に迫る切口の一端を理解していただけただろうか．オンライン学習だけでなく，バッチ学習に関しても，統計力学的アプローチは存在する．これに関する解説としては [1,2,7,28] などがある．統計力学的手法は，学習のほかにも神経回路モデル，CDMA などの移動体通信技術，誤り訂正符号の理論的研究に応用されている [29]．それぞれの熱力学的極限を議論することで新たな知見が得られている．この解説を読んで，一人でも多くの読者が，統計力学を情報科学に適用する新たなアプローチに興味をもっていただけるようになれば幸いである．

参考文献

[1] 西森 秀稔，“スピングラス理論と情報統計力学”，岩波書店，1999.

[2] 樺島 祥介，“学習と情報の平均場理論”，岩波書店，2002.

[3] Hopfield, J. J., “Neural networks and physical systems with emergent collective computational abilities”, *Proceeding National Academy of Sciences*, **79**, 2554, 1982.

[4] Amit, D. J., Gutfreund, H.,& Sompolinsky, H.,“Storing infinite numbers of patternsin a spin-glass model of neural networks”, *Physical Review Letters*, **55**, 1530, 1985.

[5] Gardner, E.,"The space of interactions in neural network model", *Journal of Physics A : Mathematical and General*, **21**, 257, 1988.

[6] *Journal of Physics A : Mathematical and General*, **22**, No. 12, 1989.

[7] Watkin, T. L. H., Rau, A., and Biehl, M., "The statistical-mechanics of learning rule", *Reviews of Modern Physics*, *65*, 499, 1993.

[8] Riegler, P., and Biehl, M., "Online backpropagation in 2-layered neural networks",*Journal of Physics A : Mathematical and General*, **28**, L507, 1995.

[9] Park, H., Inoue, M., and Okada, M., "On-line learning dynamics of multi-layer perceptrons with unidentifiable parameters", *Journal of Physics A : Mathematical and General*, **36**, 11753, 2003.

[10] Freeman, J. A. S., and Saad, D., "Online learning in radial basis fucntion networks. analysis", *Neural Computation*, **9**, 1601, 1997.

[11] Rattray, M.,"Stochastic trapping in a solvable model of on-line independent componentanalysis", *Neural Computation*, **14**, 421, 2001.

[12] Biehl, M., and Schlosser, E.,"The dynamics of on-line principal component analysis", *Journal of Physics A : Mathematical and General*, **31**, L97, 1998.

[13] Schottky, B., and Saad, D.,"Statistical mechanics of EKF learning in neural networks", *Journal of Physics A : Mathematical and General*, **32**, 1695, 1999.

[14] Rosenblatt, F., "*Principles of neurodynamics*", Spartran, 1961.

[15] 赤穂昭太郎，津田宏治，"サポートベクトルマシン 基本的しくみと最近の発展"，別冊・数理科学「脳情報数理科学の発展」サイエンス社，78，2002.

[16] Amari, S.,"A theory of adaptive pattern classifiers", *IEEE Trans. EC*, **16**, 279, 1967

[17] Rumelhart, D. E., Hinton, G. E., and Williams, R. J., "Learning representations by back-propagating errors", *Nature*, **323**, 533, 1986.

[18] 甘利俊一，尾関智子，朴慧暎，"ニューロ多様体における学習と推論"，別冊・数理科学「脳情報数理科学の発展」サイエンス社，110，2002.

[19] 渡辺澄夫，"学習モデルの代数幾何"，別冊・数理科学「脳情報数理科学の発展」，サイエンス社，86，2002.

[20] Breiman L., Machine Learning, **24**, 123, 1996.

[21] Freund Y., Shapire R. E.,"Journal of Comp. and Sys. Sci"., 55, 119, 1997.

[22] 山名美智子，中原裕之，Massimiliano PONTIL，甘利俊一，"パラレルブースティングによるカーネルマシンを用いたアンサンブル学習"，信学技法 NC2002-52,

47，2002.

[23] Urbanczik R.，“Online learning with ensembles,” Phys. Rev. E, **62**, 1448, 2000.

[24] 原一之，岡田真人，“線形ウィークラーナーによるアンサンブル学習の汎化誤差の解析”，システム制御情報学会，Vol.17，No.12，pp.28-36．2004.

[25] 原一之，岡田真人，“パラレルブースティングのオンラインラーニングの理論”，信学技法，NC2003-14，pp.13-18，2003.

[26] Miyoshi, S., Hara, K. and Okada, M.,“Analysis of ensemble learning using simple perceptrons based on online learning theory”, Physical Review E, 71, 036116. March, 2005.

[27] 岡田真人， 原一之，“学習の問題を統計力学で取り扱う：線形パーセプトロンのアンサンブル学習を一例として”，Computer Today 3 月号 情報論的学習理論－機械学習のさまざまな形－，pp.23-28，2003.

[28] 上江洌達也，“学習の統計力学”，別冊・数理科学「脳情報数理科学の発展」サイエンス社，94，2002.

[29] 岡田真人，“統計力学による信号処理システムの解析– CDMA マルチユーザ復調器の場合–”，第 48 回システム制御情報学会研究発表講演会講演論文集，Proceedings of the 48th Annual Conference on the Institute of Systems, Control and Information Engineers（ISCIE）pp.15-22，2004.

第7章

特異点解消と学習システムへの応用

この章では，代数幾何学で証明された特異点解消写像の存在が，どのように学習システムへ応用されるかについての簡単な説明と，特異点解消を求めるための方法である，ブローアップ操作およびニュートン図形を用いたトーリック改変について解説する．

学習システムへの応用について一言でいえば，学習モデルのゼータ関数の極を，ブローアップ操作を使って求めることができるということである．ここで学習モデルのゼータ関数は，カルバック距離と事前分布より定まる1変数複素関数である．いままで解析困難であった非正則学習モデルの場合でも，この極がベイズ推測に関する学習曲線の漸近展開の情報を与えることが示されている[5,6,7,8]．

この章では，まず，7.1節で特異点解消定理を述べる．7.2節で，ブローアップ操作の解説を行う．この節は，理解を容易にするために，例を中心に行う．さらに，7.3節で，ニュートン図形を用いた特異点解消法を紹介する．一般に特異点解消を具体的に求めることは困難とされているが，ある条件を満たした解析関数に関しては，ニュートン図形を用いて得ることができるので，その方法について解説する．7.4節ではブローアップ操作の応用として，多層神経回路網の汎化誤差の漸近展開が得られることを紹介する．

7.1 定義および特異点解消定理

まず，この章のテーマである広中の特異点解消定理 [1] について述べる．この定理は特異点論には欠かせないものであり，一般的な特異点に関して成り立つものであるが，ここでは，よく使用され応用範囲も広い，1個の解析関数の特異点解消を紹介する．

以下，k は実数体または複素数体であるとする．また，n 個の k の元の組全

体の集合を $k^n = \{x = (x_1, \ldots, x_n) \mid x_i \in k, i = 1, \ldots, n\}$ で表す.

定義 7.1.1（正則点，臨界点，特異点） f を $x = (x_1, \ldots, x_n) \in k^n$ の近傍で定義された解析関数とする．関数 f が $\mathrm{d}f(x) = \left(\dfrac{\partial f}{\partial x_1}(x), \dfrac{\partial f}{\partial x_2}(x), \ldots, \dfrac{\partial f}{\partial x_n}(x)\right) = 0$ を満たすとき，点 x を臨界点または特異点[*1]という.

k^n の部分集合 X の点 x に対し，点 x が X の正則点であるとは，点 x の k^n での近傍 U と k^n の原点 0 の近傍 V，解析同型写像 $h : U \to V$ が存在して，$h(x) = 0$ かつ $h(U \cap X) = \{y = (y_1, \ldots, y_n) \in V \mid y_1 = \cdots = y_m = 0\}$ となるときをいう．点 x が X の正則点でないとき点 x は X の特異点であるという.

定義 7.1.2（特異点解消） $f(x)$ を k^n における原点 0 の近傍で定義された解析関数とし，$Z = f^{-1}(0)$ とする．原点 0 の近傍 U と，特異点をもたないある多様体 Y と，Y から U への[*2]固有な解析関数 π が，つぎの (1)，(2)，(3) を満たすとき，特異点解消という.

(1) $E = \pi^{-1}(Z)$ に対して $\pi : Y \setminus E \to U \setminus Z$ は同型を与える.

(2) 任意の $y \in Y$ について十分小さな近傍 V と適当な局所座標 $(y_1, \ldots, y_n)$ が存在して，

$$f(\pi(y)) = y_1^{s_1} y_2^{s_2} \cdots y_n^{s_n} f_1(y)$$

が成り立つ．ここで $s_1, \ldots, s_n$ は非負の整数．$f_1(y)$ はある $\epsilon > 0$ が存在して V 上 $|f_1(y)| > \epsilon$.

(3) 写像 π のヤコビアン J_π は非負の整数 $m_1, \ldots, m_n$ が存在して，

$$J_\pi(y_1, \ldots, y_n) = y_1^{m_1} \cdots y_n^{m_n} \widetilde{J}_\pi(y_1, \ldots, y_n)$$

と書ける．ここに，$\widetilde{J}_\pi(0, \ldots, 0) \neq 0$ である.

また，(1) の代わりに，つぎの $(1')$ と (2)，(3) が成り立つとき，π を広義の特異点解消であるという.

---

*1) もっと一般的な C^r 関数 $f = (f_1, \ldots, f_m) : U \to k^m$ に対する定義はつぎのようになる．(1) $x \in U$ が f の正則点 $\Leftrightarrow$ ヤコビアン $J_f(x)$ のランクが $\min\{n, m\}$ に等しい．(2) $x \in U$ が f の臨界点 $\Leftrightarrow$ ヤコビアン $J_f(x)$ のランクが m より小さい．(3) $x \in U$ が f の特異点 $\Leftrightarrow$ ヤコビアン $J_f(x)$ のランクが $\min\{n, m\}$ より小さい.

*2) 写像 f が，任意のコンパクト集合 K の逆像 $f^{-1}(K)$ もコンパクトであるという性質をもつとき，固有であるという.

(1′) U の解析的真部分集合 N が存在し，$\pi : Y \setminus \pi^{-1}(N) \to U \setminus N$ は同型．

広中の定理はつぎのように述べられる．

定理 7.1.3（広中 [1]）　すべての解析関数 f について特異点解消が存在する．

つぎに射影空間の定義を行う．射影空間はコンパクトな空間であり，代数幾何や複素解析などにおいて重要な役割をはたす．

定理 7.1.4（射影空間）　$W = k^{n+1} \setminus \{(0, \ldots, 0)\}$ の元に対し，同値関係 $\sim$ を

$$
\begin{aligned}
&(a_0, a_1, \ldots, a_n) \sim (b_0, b_1, \ldots, b_n) \\
&\iff \quad (a_0, a_1, \ldots, a_n) = c(b_0, b_1, \ldots, b_n) \\
&\qquad\qquad \text{を満足する元 } c \in k \setminus \{0\} \text{ が存在する}
\end{aligned}
$$

で定義する．このとき，$\mathbf{P}_k^n = W/\sim$ を射影空間とよぶ．

また，$\mathbf{P}_k^n$ の元を代表元を用いて $(a_0 : a_1 : \cdots : a_n)$ で表すとき，これを斉次座標という．

$\mathbf{P}_{\mathbf{R}}^1$ の場合は，図 7.1 (a) にあるように，原点を通る直線上のすべての点が同一視されるので，$\mathbf{P}_{\mathbf{R}}^1$ は円周（図では半円周の部分に相当するが，その両端をくっつければ円周になる）と同型になる．

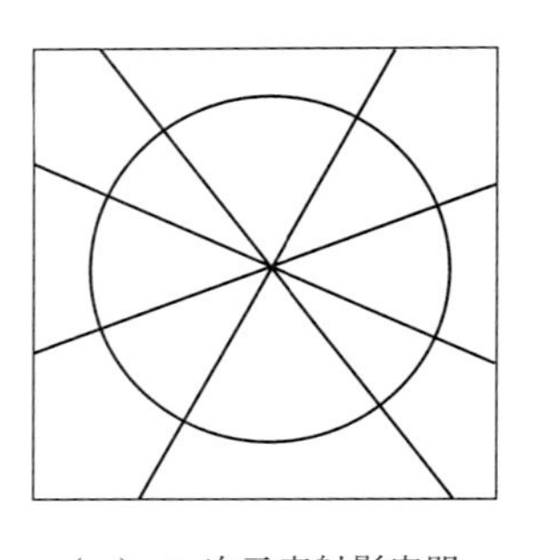

（a）　1 次元実射影空間

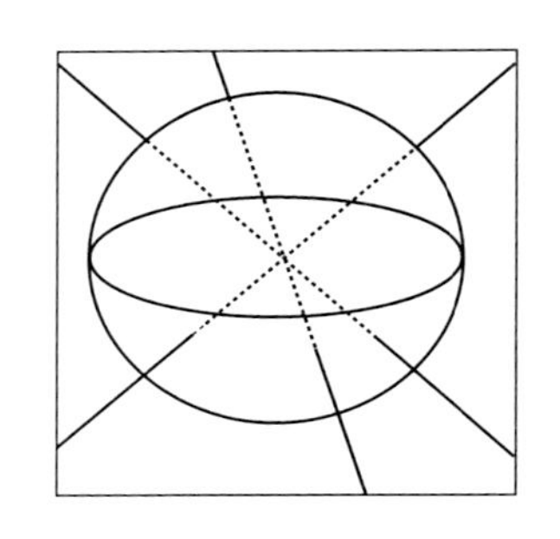

（b）　2 次元実射影空間

図 **7.1**

同様に $\mathbf{P}_{\mathbf{R}}^2$ の場合も，図 7.1 (b) にあるように，原点を通る直線上のすべての点が同一視して得られる．これは，メビウスの帯を含んでおり，向きつけ不可能である．

明らかに,

$$p : S_n = \{(x_0, \dots, x_n) \in k^{n+1} \mid x_0^2 + \cdots + x_n^2 = 1\} \to \mathbf{P}_k^n,$$
$$p(x_0, \dots, x_n) = (x_0 : \cdots : x_n)$$

で定義される写像は全射である．したがって，コンパクト集合 S_n の連続写像 p の像である $\mathbf{P}_k^n$ もコンパクトである．

つぎに射影空間を $U_i \cong k^n$，$(i = 1, \dots, n)$ の貼り合わせで表示する．

写像

$$\nu_i : U_i \to \mathbf{P}_k^n,$$
$$(a_{0i}, \dots, a_{i-1i}, a_{i+1i}, \dots, a_{ni}) \mapsto (a_{0i}, \dots, a_{i-1i}, 1, a_{i+1i}, \dots, a_{ni})$$

は，U_i から $\{(a_0 : a_1 : \cdots : a_n) \in \mathbf{P}_k^n \mid a_i \neq 0\}$ への同型を与える．

一方，各 $U_i = \{(a_{0i}, \dots, a_{i-1i}, a_{i+1i}, \dots, a_{ni}) \in k^n\}$ 上で $a_{ji} \neq 0$ を満たす開集合を U_{ji} と表せば,

$$\nu_j^{-1} \circ \nu_i : U_{ji} \to U_{ij}, (a_{0i}, \dots, a_{i-1i}, a_{i+1i}, \dots, a_{ni})$$
$$\mapsto \begin{cases} \left(\frac{a_{0i}}{a_{ji}}, \dots, \frac{a_{i-1i}}{a_{ji}}, \frac{1}{a_{ji}}, \frac{a_{i+1i}}{a_{ji}}, \dots, \frac{a_{j-1i}}{a_{ji}}, \frac{a_{j+1i}}{a_{ji}}, \dots, \frac{a_{ni}}{a_{ji}}\right) (i < j) \\ \left(\frac{a_{0i}}{a_{ji}}, \dots, \frac{a_{j-1i}}{a_{ji}}, \frac{a_{j+1i}}{a_{ji}}, \dots, \frac{a_{i-1i}}{a_{ji}}, \frac{1}{a_{ji}}, \frac{a_{i+1i}}{a_{ji}}, \dots, \frac{a_{ni}}{a_{ji}}\right) (i > j) \end{cases}$$

は同型を与える．この同型により $\{U_i, \nu_i\}$ を貼り合わせると，$\mathbf{P}_k^n$ と同型になる．よって射影空間は多様体であることがわかる．

7.2　ブローアップ

この節では，実際与えられた解析関数に関して，具体的に特異点解消を得る方法であるブローアップ操作について紹介する．

ブローアップ操作には，点でのブローアップ，部分多様体に沿ったブローアップ，イデアルを中心としたブローアップがある．点でのブローアップの定義は部分多様体に沿ったブローアップの定義に含まれ，部分多様体に沿ったブローアップの定義は，イデアルを中心としたブローアップの定義に含まれる．

広中の定理によると部分多様体に沿ったブローアップ列の合成により特異点解消が得られる．よってここでは，点でのブローアップ操作と部分多様体に沿っ

たブローアップ操作について説明する．

定義 7.2.1（点でのブローアップ）　Y を $k^n \times \mathbf{P}_k^{n-1}$ の部分集合で

$$Y = \{(0,\dots,0)\} \times \mathbf{P}_k^{n-1} \cup \big\{(x_1,\dots,x_n)\times(x_1:\cdots:x_n) \mid (x_1,\dots,x_n)\in k^n \setminus \{(0,\dots,0)\}\big\}$$

とおく．$k^n \times \mathbf{P}_k^{n-1}$ から k^n への自然な射影を Y に制限した写像 π を原点 0 でのブローアップとよぶ．

明らかに，π は $Y \setminus \{(0,\dots,0)\} \times \mathbf{P}_k^{n-1}$ と $k^n \setminus \{(0,\dots,0)\}$ の間の同型を与え，Y は k^n の原点を大きく $\{(0,\dots,0)\} \times \mathbf{P}_k^{n-1}$ に引き伸ばしたものである．

$k^n \times \mathbf{P}_k^{n-1}$ の座標を $(x_1,\dots,x_n)\times(t_1:\cdots:t_n)$ で表すと，

$$Y = \{(x_1,\dots,x_n)\times(t_1:\cdots:t_n) \in k^n \times \mathbf{P}_k^{n-1} \mid x_it_j - x_jt_i = 0, 1 \le i,j \le n\}$$

となる．

$\mathbf{P}_k^{n-1}$ はコンパクトなので，射影 $p_1 : k^n \times \mathbf{P}_k^{n-1} \to k^n$ は固有写像である．したがって，閉部分集合 Y に制限した π も固有写像である．

Y の開集合 $U_i = Y \cap \{t_i \neq 0\}$ に対して，写像

$$\mu_i : Y_i(\cong k^n) \to U_i,$$

$$(\xi_{1i},\dots,\xi_{ni}) \mapsto (\xi_{ii}\xi_{1i},\dots,\xi_{ii}\xi_{i-1i},\xi_{ii},\xi_{ii}\xi_{i+1i},\dots,\xi_{ii}\xi_{ni}) \times (\xi_{1i}:\cdots:\xi_{i-1i}:1:\xi_{i+1i}:\cdots:\xi_{ni})$$

は Y_i から U_i への同型を与える．

一方，各 Y_i 上で $\xi_{ji} \neq 0$ を満たす開集合を Y_{ji} と表せば，

$$\mu_j^{-1}\circ\mu_i : Y_{ji} \to Y_{ij}, (\xi_{1i},\dots,\xi_{ni})$$

$$\mapsto \begin{cases} (\frac{\xi_{1i}}{\xi_{ji}},\dots,\frac{\xi_{i-1i}}{\xi_{ji}},\frac{1}{\xi_{ji}},\frac{\xi_{i+1i}}{\xi_{ji}},\dots,\frac{\xi_{j-1i}}{\xi_{ji}},\xi_{ii}\xi_{ji},\frac{\xi_{j+1i}}{\xi_{ji}},\dots,\frac{\xi_{ni}}{\xi_{ji}})(i<j) \\ (\frac{\xi_{1i}}{\xi_{ji}},\dots,\frac{\xi_{j-1i}}{\xi_{ji}},\xi_{ii}\xi_{ji},\frac{\xi_{j+1i}}{\xi_{ji}},\dots,\frac{\xi_{i-1i}}{\xi_{ji}},\frac{1}{\xi_{ji}},\frac{\xi_{i+1i}}{\xi_{ji}},\dots,\frac{\xi_{ni}}{\xi_{ji}})(i>j) \end{cases}$$

は同型を与える．Y はこの同型により Y_i を貼り合せたもので構成される．

Y と Y_i 上の点を同一視すれば，Y_i 上で π は，

$$\pi(\xi_{1i},\ldots,\xi_{ni}) = (\xi_{ii}\xi_{1i},\ldots,\xi_{ii}\xi_{i-1i},\xi_{ii},\xi_{ii}\xi_{i+1i},\ldots,\xi_{ii}\xi_{ni})$$

で与えられる．

定義 7.2.2（部分多様体に沿ってのブローアップ 1） $m \leq n$ として，

$$C = \{(x_1,\ldots,x_n) \in k^n \mid x_1 = \cdots = x_m = 0\}$$

とおく．

Y を $k^n \times \mathbf{P}_k^{m-1}$ の部分集合で

$$\begin{aligned} Y = {} & C \times \mathbf{P}_k^{m-1} \\ & \cup \{(x_1,\ldots,x_n) \times (x_1 : \cdots : x_m) \mid (x_1,\ldots,x_n) \in k^n \setminus C\} \end{aligned}$$

とおく．$k^n \times \mathbf{P}_k^{m-1}$ から k^n への自然な射影を Y に制限した写像 π を部分多様体 C に沿ったブローアップとよぶ．

$m = n$ のときのこの定義は，原点でのブローアップにほかならない．

$k^n \times \mathbf{P}_k^{m-1}$ の座標を $(x_1,\ldots,x_n) \times (t_1 : \cdots : t_m)$ で表すと，

$$Y = \{(x_1,\ldots,x_n)\times(t_1 : \cdots : t_m) \in k^n \times \mathbf{P}_k^{m-1} | x_i t_j - x_j t_i = 0, 1 \leq i,j \leq m\}$$

となる．

原点でのブローアップのときと同様，π は $Y \setminus C \times \mathbf{P}_k^{m-1}$ と $k^n \setminus C$ の間の同型を与えることや，π が固有写像であること，多様体 Y は m 個の開集合 $Y_i \cong k^n$ の貼り合わせで定義されることもいえる．

π は Y_i 上において

$$\begin{aligned} & \pi(\xi_{1i},\ldots,\xi_{ni}) \\ & \quad = (\xi_{ii}\xi_{1i},\cdots,\xi_{ii}\xi_{i-1i},\xi_{ii},\xi_{ii}\xi_{i+1i},\ldots,\xi_{ii}\xi_{mi},\xi_{m+1i},\ldots,\xi_{ni}) \end{aligned}$$

で与えられる．

最後にもっと一般化して，多様体 M の部分多様体 C に沿ったブローアップを定義する．

定義 7.2.3（部分多様体に沿ってのブローアップ 2） M を n 次元多様体，C を M の余次元 m の部分多様体とする．C は部分多様体であるから，C の各点

x に対して x の M における近傍 V_x と解析写像 $\varphi_x : V_x \to k^n$ が存在して，φ_x は V_x から $\varphi_x(V_x)$ への同型写像かつ

$$\varphi_x(V_x \cap C) = \{(x_1, \ldots, x_n) \in V_x \mid x_1 = \cdots = x_m = 0\}$$

とできる．このとき，定義 7.2.2 に従って，部分多様体 $\varphi_x(V_x \cap C)$ に沿ってのブローアップ

$$\pi_x : Y_x \to \varphi_x(V_x)$$

が定義できる．Y_x はそれぞれ m 個の $Y_{ix} \cong k^n$ の貼り合わせで表され，$Y_{ix}, (i = 1, \ldots, m, x \in C)$ と $M \setminus C$ を適当に貼り合わせて多様体 Y を構成することができる．この Y から M への写像を部分多様体 C に沿ったブローアップという．

実際に，簡単な例を用いて特異点解消を説明する．k は実数体，複素数体のどちらでもよい．

例 7.2.4　$f(x,y) = c_1x + c_2y$，$(c_1, c_2) \in k^2 \setminus \{(0,0)\}$ で定義される二変数多項式を考える．f に特異点はないがブローアップ π によって $f \circ \pi$ がどのように変化するかを調べる．k^2 を原点 0 でブローアップすれば，定義の記号をそのまま用いれば，Y は Y_1，Y_2 を $\xi_{21} \neq 0$，$\xi_{12} \neq 0$ において，$\xi_{21} = 1/\xi_{12}$，$\xi_{11} = \xi_{22}\xi_{12}$ で貼り合わせたものである．図では抽象的にしばしば図 7.2 のようなものが用いられる．$\xi_{21} = 0$ は Y_2 の座標からみれば無限遠点で，逆に $\xi_{12} = 0$ は Y_1 の座標からみれば無限遠点である．横の直線に相当する $\xi_{11} = 0, \xi_{22} = 0$ は実は $\mathbf{P}^1_k$ と同型でコンパクトな円周である．この直線は $\{(0,0)\} \times \mathbf{P}^1_k \subset Y$ の部分に相当し，ブローアップ写像はこれを 1 点につぶすものといえる．

Y_1 上では，$f \circ \pi(\xi_{11}, \xi_{21}) = f(\xi_{11}, \xi_{11}\xi_{21}) = \xi_{11}(c_1 + c_2\xi_{21})$ となり，$f = 0$ は

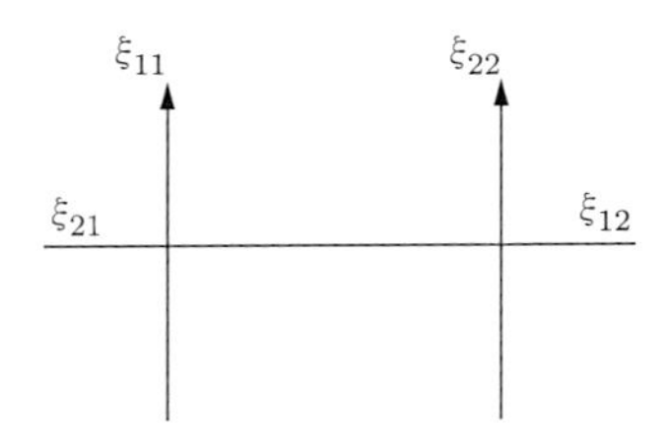

図 7.2　2 次元における原点でのブローアップ

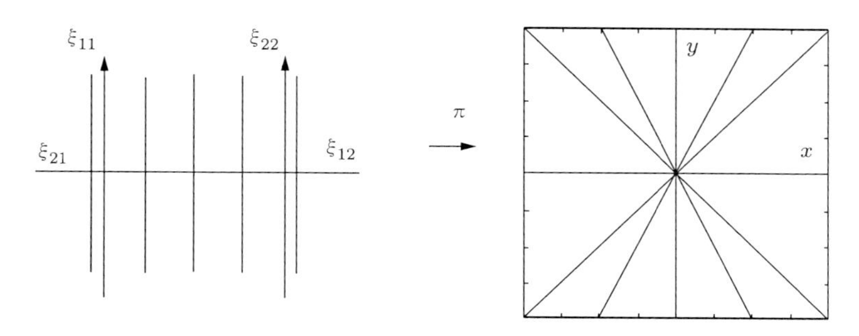

図 **7.3** ブローアップ写像による原点をとおる直線集合の変化

$c_1+c_2\xi_{21}=0$ と $\xi_{11}=0$ で表される．Y_2 上では $f(\xi_{12}\xi_{22},\xi_{22})=\xi_{22}(c_1\xi_{12}+c_2)$ となり，$f=0$ は $c_1\xi_{12}+c_2=0$ と $\xi_{22}=0$ で表される．

図 7.3 は，ブローアップ写像によって集合 $\{(x,y)\in k^2 \mid f=0\}$ がどのように変化するかを示している．横の直線に相当する $\xi_{11}=0$，$\xi_{22}=0$ を一点につぶすと右図になる．

例 7.2.5 $f(x,y)=x^n-y^2, n\geq 3$ で定義される関数を考える．f の特異点は原点 0 である．k^2 を原点 0 でブローアップすれば，Y_1 上では $f(\xi_{11},\xi_{11}\xi_{21})=\xi_{11}^2(\xi_{11}^{n-2}-\xi_{21}^2)$ となり，Y_2 上では $f(\xi_{12}\xi_{22},\xi_{22})=\xi_{22}^2(\xi_{22}^{n-2}\xi_{12}^n-1)$ となる．$\xi_{12}\neq 0$ かつ $\xi_{22}\neq 0$ なる点の近傍においては，座標変換 $\widetilde{\xi}_{12}=\xi_{22}^{n-2}\xi_{12}^n-1$，$\widetilde{\xi}_{22}=\xi_{22}$ により，$f=\widetilde{\xi}_{12}f_1$，$f_1\neq 0$ となる．$\xi_{12}=0$ または $\xi_{22}=0$ なる点の近傍においては，$\xi_{22}^{n-2}\xi_{12}^n-1\neq 0$ より，$f=\xi_{22}^2 f_1$，$f_1\neq 0$ と表せる．よって，Y_2 上では，定義 7.1.2(2) の形になるので特異点解消が得られている．

つぎに $g_1=\xi_{11}^{n-2}-\xi_{21}^2$ について特異点解消を考察すればよいが，g_1 は同様に原点に特異点をもち，次数が n から $n-2$ に変化しているので，帰納的に定義されるブローアップの列により特異点解消が得られることがわかる．

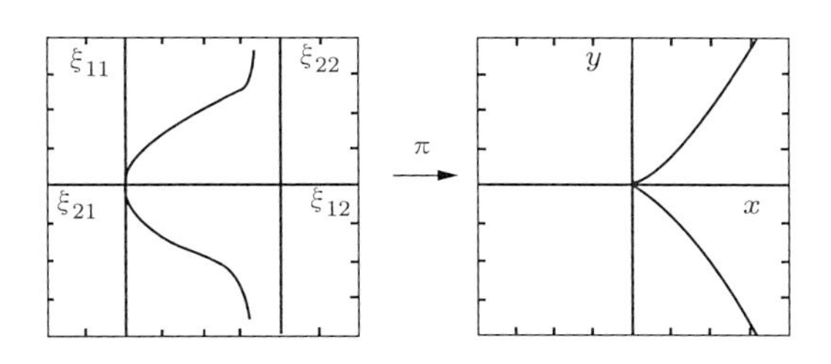

図 **7.4** $x^3-y^2=0$ のブローアップ写像による変化

$n=3$ のときは図7.4のようになる．Y_1 上では $f(\xi_{11},\xi_{11}\xi_{21})=\xi_{11}^2(\xi_{11}-\xi_{21}^2)$ となる．ここで $\xi_{11}-\xi_{21}^2$ には特異点は存在しないが，まだ定義7.1.2(2)の形にはかけない．そこでもう一度ブローアップが必要になる．

k^2 を $\{(\xi_{11},\xi_{21})\in k^2 \mid \xi_{11}=\xi_{21}=0\}$ でブローアップする．$Y_1'\cong k^2$ の座標を (ξ_{11}',ξ_{21}')，$Y_2'\cong k^2$ の座標を (ξ_{12}',ξ_{22}') とおく．Y_1' 上では $f=\xi_{11}'^3(1-\xi_{11}'\xi_{21}'^2)$ となる．$\xi_{11}'=0$ または $\xi_{21}'=0$ なる点の近傍においては，$1-\xi_{11}'\xi_{21}'^2\neq 0$ より，$f=\xi_{11}'^3 f_1$，$f_1\neq 0$ と表せる．$\xi_{11}'\neq 0$ かつ $\xi_{21}'\neq 0$ なる点の近傍においては，座標変換 $\widetilde{\xi}_{11}'=1-\xi_{11}'\xi_{21}'^2$，$\widetilde{\xi}_{21}'=\xi_{21}'$ により，$f=\widetilde{\xi}_{11}' f_1$，$f_1\neq 0$ となる．したがって，Y_1' 上では特異点解消が得られている．

Y_2' 上では $f=\xi_{12}'^2\xi_{22}'^3(\xi_{12}'-\xi_{22}')$ となる．これも $\xi_{12}'-\xi_{22}'$ には特異点は存在しないが，まだ定義7.1.2(2)の形にはかけない．上記と同様にしてブローアップすれば $f={\xi''}_{11}^6{\xi''}_{21}^3(1-\xi_{21}'')$ と $f={\xi''}_{12}^2{\xi''}_{22}^6(\xi_{12}''-1)$ なる式を得る．これは適当な座標変換によって定義7.1.2(2)の形になる．したがって，これらのブローアップの列で特異点解消が得られていることがわかる．

2次元の一つの多項式で定義される $f(x,y)$ は，適当な座標変換と点でのブローアップを繰り返し用いることによって特異点解消が得られることが知られている．3次元以上では部分多様体に沿ったブローアップが必要になってくる．

例 7.2.6　$f(x,y)=x^4+y^4+z^2$ で定義される関数を考える．f の特異点は原点0である．k^3 を原点0でブローアップすれば，Y は，Y_1，Y_2，Y_3 をつぎのように貼り合わせたものである．Y_1，Y_2 を $\xi_{21}\neq 0$，$\xi_{12}\neq 0$ において，$\xi_{11}=\xi_{22}\xi_{12}$，$\xi_{21}=1/\xi_{12}$，$\xi_{31}=\xi_{32}/\xi_{12}$ で貼り合わせ，Y_2，Y_3 を $\xi_{32}\neq 0$，$\xi_{23}\neq 0$ において，$\xi_{12}=\xi_{13}/\xi_{23}$，$\xi_{22}=\xi_{33}\xi_{23}$，$\xi_{32}=1/\xi_{23}$ で貼り合わせ，Y_1，Y_3 を $\xi_{31}\neq 0$，$\xi_{13}\neq 0$ において，$\xi_{13}=1/\xi_{31}$，$\xi_{23}=\xi_{21}/\xi_{31}$，$\xi_{33}=\xi_{31}\xi_{11}$ で貼り合わせる．

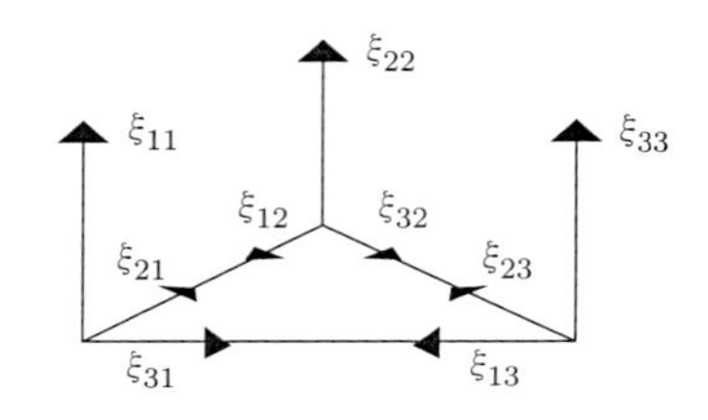

図 7.5　3次元における原点によるブローアップ

抽象的にしばしば図 7.5 のようなものが用いられる．2 次元のときと同様，三組の座標で Y が成り立っていることを示すものである．$\xi_{21}=0$ は Y_2 の座標からみれば無限遠点で，以下同様である．三角形に相当する $\xi_{11}=0, \xi_{22}=0$, $\xi_{33}=0$ は $\mathbf{P}_k^2$ と同型でコンパクトである．この三角形は $\{(0,0,0)\}\times\mathbf{P}_k^2\subset Y$ の部分に相当し，ブローアップ写像はこれを 1 点につぶすものといえる．

k^3 を原点 0 でブローアップすれば，Y_1 上では $f(\xi_{11},\xi_{11}\xi_{21},\xi_{11}\xi_{31})=\xi_{11}^2(\xi_{11}^2+\xi_{11}^2\xi_{21}^4+\xi_{31}^2)$，$Y_2$ 上では $f(\xi_{22}\xi_{12},\xi_{22},\xi_{22}\xi_{32})=\xi_{22}^2(\xi_{12}^4\xi_{22}^2+\xi_{22}^2+\xi_{32}^2)$，$Y_3$ 上では $f(\xi_{33}\xi_{13},\xi_{33}\xi_{23},\xi_{33})=\xi_{33}^2(\xi_{33}^2\xi_{13}^4+\xi_{33}^2\xi_{23}^4+1)$ で表される．

$\xi_{33}=0$ または $\xi_{13}=\xi_{23}=0$ なる点の近傍においては，$\xi_{33}^2\xi_{13}^4+\xi_{33}^2\xi_{23}^4+1\neq 0$ より，$f=\xi_{33}^2 f_1$，$f_1\neq 0$ と表せる．$\xi_{33}\neq 0$ かつ $\xi_{13}\neq 0$ なる点の近傍においては，座標変換 $\widetilde{\xi}_{13}=\xi_{33}^2\xi_{13}^4+\xi_{33}^2\xi_{23}^4+1$，$\widetilde{\xi}_{23}=\xi_{23}$，$\widetilde{\xi}_{33}=\xi_{33}$ により，$f=\widetilde{\xi}_{13}f_1$，$f_1\neq 0$ となる．$\xi_{33}\neq 0$ かつ $\xi_{23}\neq 0$ なる点の近傍においては，座標変換 $\widetilde{\xi}_{13}=\xi_{13}$，$\widetilde{\xi}_{23}=\xi_{33}^2\xi_{13}^4+\xi_{33}^2\xi_{23}^4+1$，$\widetilde{\xi}_{33}=\xi_{33}$ により，$f=\widetilde{\xi}_{23}f_1$，$f_1\neq 0$ となる．したがって Y_3 上では特異点解消が得られている．

$\xi_{11}^2+\xi_{11}^2\xi_{21}^4+\xi_{31}^2$ は $\xi_{11}=\xi_{31}=0$ で，$\xi_{12}^4\xi_{22}^2+\xi_{22}^2+\xi_{32}^2$ は $\xi_{22}=\xi_{32}=0$ で特異点をもつ．これらの特異点は，有限回の点でのブローアップによっては決して特異点解消は得られない．特異点解消は部分多様体でのブローアップによって得られる．

k^3 を $\{(\xi_{11},\xi_{21},\xi_{31})\in k^3 \mid \xi_{11}=\xi_{31}=0\}$ でブローアップする．$Y_1'\cong k^3$ の座標を $(\xi_{11}',\xi_{21}',\xi_{31}')$，$Y_2'\cong k^3$ の座標を $(\xi_{12}',\xi_{22}',\xi_{32}')$ とおくと，ブローアップした集合 Y' は Y_1', Y_2' を $\xi_{31}'\neq 0$, $\xi_{12}'\neq 0$, において，$\xi_{11}'=\xi_{32}'\xi_{12}'$，$\xi_{21}'=\xi_{22}'$，$\xi_{31}'=1/\xi_{12}'$ で貼り合わせたものと同型になる．

Y_1' 上では $f=\xi_{11}'^4(1+\xi_{21}'^4+\xi_{31}'^2)$ となる．k が実数体ならば，$1+\xi_{21}'^4+\xi_{31}'^2\neq 0$ より，$f=\xi_{11}'^4 f_1$，$f_1\neq 0$ と表せる．k が複素数体ならばもう少し複雑になるが，同様にしてそれぞれの点の近傍における座標変換によって特異点解消を得られたことがわかる．

Y_2' 上では $f=\xi_{12}'^2\xi_{32}'^4(\xi_{12}'^2+\xi_{12}'^2\xi_{22}'^4+1)$ で表され，これも同様にそれぞれの点の近傍における座標変換によって特異点解消を得られたことがわかる．

一方 Y_2 に関しても $\{(\xi_{12},\xi_{22},\xi_{32})\in k^3 \mid \xi_{22}=\xi_{32}=0\}$ でブローアップすることにより特異点解消が得られる．

したがって，f はこれらのブローアップの列で特異点解消が得られることがわかる．

7.3　ニュートン図形を用いた特異点解消

この節ではニュートン図形を用いた特異点解消法を紹介する．この方法で特異点解消が得られる解析関数には，ニュートン図形非退化という条件があるが，その条件さえ満たしていれば，一般にむずかしいとされている特異点解消を確実に得られるという利点がある．

以下，つぎの例を参照しながら，ニュートン図形からどのように特異点解消が得られるかの手順をみていく．

例 7.3.1　$f(x_1, x_2) = x_1^7 + x_1^2 x_2^2 + x_2^5$ の原点での特異点解消．

定義 7.3.2（ニュートン図形）　k^n の原点の近傍で定義されている解析関数 f に対して，

$$f(x) = \sum_{u_1=0}^{\infty} \sum_{u_2=0}^{\infty} \cdots \sum_{u_n=0}^{\infty} c_{u_1 u_2 \cdots u_n} x_1^{u_1} x_2^{u_2} \cdots x_n^{u_n}$$

を原点でのテイラー展開とする．

ここで，$S = \{(u_1, u_2, \ldots, u_n) + (v_1, v_2, \ldots, v_n) : c_{u_1 u_2 \cdots u_n} \neq 0,$
$v_1 \geq 0, \ldots, v_n \geq 0\}$ とおく．

このとき，S の凸包，すなわち，

$$凸\,(S) = \{\lambda_1 \mathbf{u}_1 + \cdots + \lambda_r \mathbf{u}_r : \lambda_1 + \cdots + \lambda_r = 1,\ \lambda_i \geq 0,$$
$$\mathbf{u}_i \in S,\ i = 1, \ldots, r\}$$

を f のニュートン図形といい，$\Gamma_+(f)$ で表す．

例 7.3.3　例 7.3.1 のニュートン図形は，

$$\{(u_1, u_2) \mid c_{u_1 u_2} \neq 0\} = \{(7,0), (2,2), (0,5)\}$$

より，図 7.6 のようになる．

ここで $\Gamma_+(f)$ に対して，支持関数を定義しておく．

定義 7.3.4（支持関数）　$v \in \mathbf{R}^n$ に対して，

$$\phi(v) := \min_{u \in \Gamma_+(f)} \langle u, v \rangle.$$

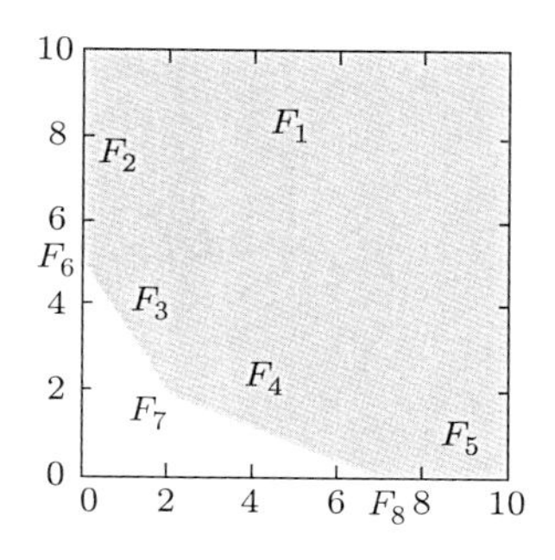

図 7.6 例 7.3.1 のニュートン図形

$\langle u, v\rangle$ はユークリッド内積.

一般には，支持関数は，ニュートン図形だけでなく，さまざまな集合に対して定義される.

定義 7.3.5（ニュートン図形の面） $v \in \mathbf{R}^n$ に対して，

$$F(v) := \{u \in \Gamma_+(f) \mid \langle u, v\rangle = \phi(v)\}$$

と書き表されるものを $\Gamma_+(f)$ の面という．ここで，$\phi(v)$ は支持関数である．

また，面がユークリッド位相においてコンパクトのときコンパクト面という.

$\Gamma_+(f)$ の面とは，$\Gamma_+(f)$ の部分集合として含まれる多面体のすべてである. $\Gamma_+(f)$ 自身と，一般に点，辺とよばれるものもすべて面である.

例 7.3.6 例 7.3.1 のニュートン図形の面は，灰色の部分 F_1 と，$(0,5)$ から上に伸びる半直線 F_2，$(0,5)$ と $(2,2)$ を結ぶ辺 F_3，$(2,2)$ と $(7,0)$ を結ぶ辺 F_4，$(7,0)$ から左に伸びる半直線 F_5，$(0,5)$ の一点 F_6，$(2,2)$ の一点 F_7，$(7,0)$ の一点 F_8 の合計 8 個からなる.

それぞれの面 $F(v)$ を決定する v は，F_1 から F_8 まで順に，$r>0$，$s>0$ なる定数を用いて，$v=\begin{pmatrix}0\\0\end{pmatrix}$，$v=r\begin{pmatrix}1\\0\end{pmatrix}$，$v=r\begin{pmatrix}3\\2\end{pmatrix}$，$v=r\begin{pmatrix}2\\5\end{pmatrix}$，$v=r\begin{pmatrix}0\\1\end{pmatrix}$，$v=r\begin{pmatrix}1\\0\end{pmatrix}+s\begin{pmatrix}3\\2\end{pmatrix}$，$v=r\begin{pmatrix}3\\2\end{pmatrix}+s\begin{pmatrix}2\\5\end{pmatrix}$，$v=r\begin{pmatrix}2\\5\end{pmatrix}+s\begin{pmatrix}0\\1\end{pmatrix}$ と書ける.

つぎに，これに対応する扇を作成する.

定義 7.3.7（扇）　$\Gamma_+(f)$ の面 F に対して，$\sigma_F = \{v \in \mathbf{R}^n \mid F(v) \supset F\}$ とおく．集合 $\Sigma = \{\sigma_F \mid F$ は $\Gamma_+(f)$ の面$\}$ をニュートン図形 $\Gamma_+(f)$ から決まる扇という．

σ_F は

$$\begin{aligned}\sigma_F &= \{v \in \mathbf{R}^n \mid \forall u' \in F, \langle u', v\rangle = \phi(v)\}\\ &= \{v \in \mathbf{R}^n \mid \forall u \in \Gamma_+(f), \forall u' \in F, \langle u - u', v\rangle \geq 0\}\end{aligned}$$

とも表される．

定義 7.3.8（凸多面錐および凸多面錐の面）　$\mathbf{R}^n$ の元 $v^1, \ldots, v^m$ が存在して

$$\sigma = \mathbf{R}_{\geq 0}v^1 + \cdots + \mathbf{R}_{\geq 0}v^m = \{r_1v^1 + \cdots + r_mv^m \in \mathbf{R}^n \mid r_1 \geq 0, \ldots, r_m \geq 0\}$$

と書ける集合を凸多面錐という．

また，σ_u が凸多面錐 σ の面とは，ある $u \in \mathbf{R}^n$ が存在して，任意の $v \in \sigma$ に対して $\langle u, v\rangle \geq 0$ かつ $\sigma_u = \sigma \cap \{u\}^\perp = \{v \in \sigma \mid \langle u, v\rangle = 0\}$ となるものである．

すなわち $\sigma = \sum_{i=1}^m \mathbf{R}_{\geq 0}v^i$ の面は，$\langle u, v^i\rangle = 0$ となる v^i を用いて，$\sigma_u = \sum_{\substack{1\leq i\leq m\\ \langle u, v^i\rangle = 0}} \mathbf{R}_{\geq 0}v^i$ と書ける．

例 7.3.9　例 7.3.1 のニュートン図形の扇は

$$\sigma_{F_1} = \begin{pmatrix}0\\0\end{pmatrix}, \sigma_{F_2} = \mathbf{R}_{\geq 0}\begin{pmatrix}1\\0\end{pmatrix}, \sigma_{F_3} = \mathbf{R}_{\geq 0}\begin{pmatrix}3\\2\end{pmatrix},\ \sigma_{F_4} = \mathbf{R}_{\geq 0}\begin{pmatrix}2\\5\end{pmatrix},$$

$$\sigma_{F_5} = \mathbf{R}_{\geq 0}\begin{pmatrix}0\\1\end{pmatrix},\ \sigma_{F_6} = \mathbf{R}_{\geq 0}\begin{pmatrix}1\\0\end{pmatrix} + \mathbf{R}_{\geq 0}\begin{pmatrix}3\\2\end{pmatrix},$$

$$\sigma_{F_7} = \mathbf{R}_{\geq 0}\begin{pmatrix}3\\2\end{pmatrix} + \mathbf{R}_{\geq 0}\begin{pmatrix}2\\5\end{pmatrix},\ \sigma_{F_8} = \mathbf{R}_{\geq 0}\begin{pmatrix}2\\5\end{pmatrix} + \mathbf{R}_{\geq 0}\begin{pmatrix}0\\1\end{pmatrix}$$

からなる集合である（図 7.7）．

図からわかるように，$\{\sigma_{F_i}\}_{i=1}^8$ は座標軸を含む第一象限の分割を与えている．証明はここでは与えないが，ニュートン図形から決まる扇は，座標軸を含む第一象限の分割を与え，また，複体になる．すなわち，つぎを満たす．

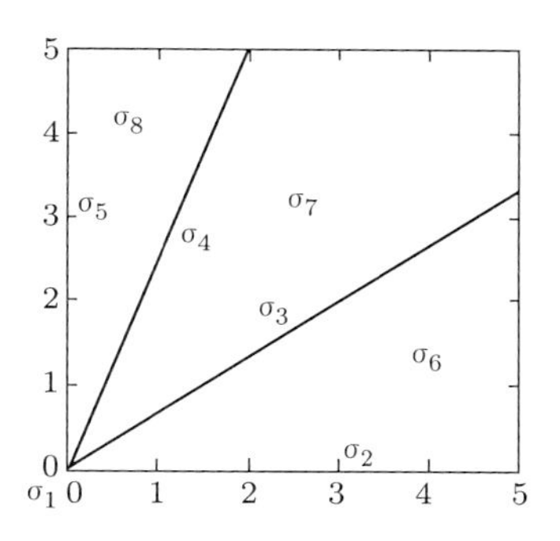

図 7.7　例 7.3.1 のニュートン図形から決まる扇．σ_i は σ_{F_i} に対応する

(i) $\sigma \in \Sigma$ かつ τ が σ の面ならば，$\tau \in \Sigma$.

(ii) σ，$\tau \in \Sigma$ ならば，$\sigma \cap \tau$ は，σ および τ の面である．

つぎに定義する非退化性は，ニュートン図形を用いて特異点解消が得られるための条件である．

定義 7.3.10（非退化性）　解析関数 f が非退化とは，$\Gamma_+(f)$ の各コンパクト面 F に対して，$f_F = \sum_{u=(u_1,\ldots,u_n)\in F} c_{u_1\cdots u_n} x_1^{u_1}\cdots x_n^{u_n}$ とおいたとき，

$$\left\{ x \in k^n \,\middle|\, \frac{\partial f_F}{\partial x_1}(x) = \cdots = \frac{\partial f_F}{\partial x_n}(x) = 0 \right\} \subset \{x_1\cdots x_n = 0\} \tag{7.1}$$

が成立するときをいう．

例 7.3.11　例 7.3.1 の関数 $f(x_1, x_2) = x_1^7 + x_1^2 x_2^2 + x_2^5$ は下に示すように非退化である．

コンパクト面は F_3，F_4，F_6，F_7，F_8 であり，それぞれ $f_{F_3} = x_1^2 x_2^2 + x_2^5$，$f_{F_4} = x_1^7 + x_1^2 x_2^2$，$f_{F_6} = x_2^5$，$f_{F_7} = x_1^2 x_2^2$，$f_{F_8} = x_1^7$ となる．たとえば，

$$\begin{aligned}&\left\{ x \in k^2 \,\middle|\, \frac{\partial f_{F_3}}{\partial x_1}(x) = \frac{\partial f_{F_3}}{\partial x_2}(x) = 0 \right\}\\ &\quad = \{x \in k^2 \mid x_2 = 0\} \subset \{x_1 x_2 = 0\}\end{aligned}$$

となる．f_{F_4}，f_{F_6}，f_{F_7}，f_{F_8} についても同様に式 (7.1) が成り立つ．

非退化性は座標のとり方によって変わるので注意が必要である．たとえば，$(x_1+x_2)^2+x_2^4$ は退化しているが，$y_1=x_1+x_2$，$y_2=x_2$ と座標変換すると $y_1^2+y_2^4$ は非退化である．また，どんなに座標変換しても退化しているものもある．たとえば，$(x_1x_2+x_3x_4)^2+(x_1x_2^3+x_3x_4^3)^2$ はつねに退化している．

つぎに，扇の細分の定義を行う．

定義 7.3.12（扇の非特異細分）　Σ' がニュートン図形から決まる扇 Σ の非特異な細分であるとは，つぎを満たすときをいう．

(1) 任意の $\sigma' \in \Sigma'$ は，成分がすべて整数のベクトル $\mathbf{a}_1,\ldots,\mathbf{a}_m$ を用いて，

$$\sigma' = \sum_{i=1}^{m} \mathbf{R}_{\geq 0}\mathbf{a}_i$$

と表せる．

(2) Σ' は複体をなす．

(3) $\cup_{\sigma' \in \Sigma'}\sigma' = \cup_{\sigma \in \Sigma}\sigma =$ 座標軸を含む第一象限．

(4) 任意の $\sigma' \in \Sigma'$ に対して，ある $\sigma \in \Sigma$ が存在して，$\sigma' \subset \sigma$.

(5) $\sigma' = \sum_{i=1}^{n} \mathbf{R}_{\geq 0}\mathbf{a}_i \in \Sigma'$ を n 次元凸多面錐とし，$\mathbf{a}_i \in \mathbf{Z}^n$ を任意の $0<t<1$ について $t\mathbf{a}_i \notin \mathbf{Z}^n$ となるようにとる．このとき

$$\det(\mathbf{a}_1,\ldots,\mathbf{a}_n) = \pm 1$$

が成立する．

定義の (1)，(2) は，一般的な扇の定義である．(3)，(4) は，扇の細分の定義であり，最後の (5) が，その細分された扇の非特異性までを要求している．$\det(\mathbf{a}_1,\ldots,\mathbf{a}_n)=\pm 1$ であることは，$\mathbf{a}_1,\ldots,\mathbf{a}_n$ が $\mathbf{Z}^n$ の $\mathbf{Z}$ 基底，すなわち，任意の $\mathbf{a} \in \mathbf{Z}^n$ に対してある $m_1,\ldots,m_n \in \mathbf{Z}$ が存在して $\mathbf{a} = \sum_{i=1}^{n} m_i\mathbf{a}_i$ となることと同値である．

以下，扇の元を $\sigma = \sum_{i=1}^{m} \mathbf{R}_{\geq 0}\mathbf{a}_i$ と表したとき，$\mathbf{a}_i \in \mathbf{Z}^n$ で $0<t<1$ に対して $t\mathbf{a}_i \notin \mathbf{Z}^n$ であるとする．

例 7.3.13　図 7.7 で表される扇 Σ は，自分自身を細分 Σ' としてみると定義 7.3.12 の条件，(1)，(2)，(3)，(4) までは満たしているが，(5) は満たしていない．たとえば，2 次元凸多面錐 $\sigma_{F_6} = \mathbf{R}_{\geq 0}\begin{pmatrix}1\\0\end{pmatrix} + \mathbf{R}_{\geq 0}\begin{pmatrix}3\\2\end{pmatrix}$ の生成元から決

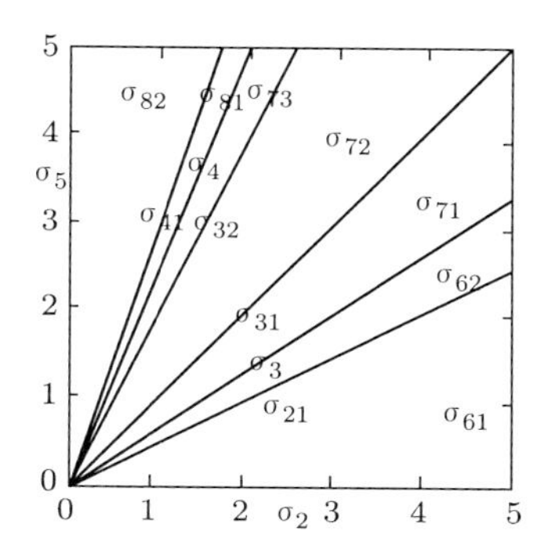

図 7.8 図 7.7 の非特異な細分扇.
σ_i は σ_{F_i} に対応する

まる行列式は $\det\begin{pmatrix}1 & 3\\0 & 2\end{pmatrix} = 2$ となり, ± 1 でない. したがって, 非特異な細分ではない.

例 7.3.14 図 7.7 で表される扇 Σ の非特異な細分は, つぎのようにして得られる.

$$\sigma_{F_6} \text{ を } \sigma_{F_{61}} = \mathbf{R}_{\geq 0}\begin{pmatrix}1\\0\end{pmatrix} + \mathbf{R}_{\geq 0}\begin{pmatrix}2\\1\end{pmatrix} \text{ と } \sigma_{F_{62}} = \mathbf{R}_{\geq 0}\begin{pmatrix}2\\1\end{pmatrix} + \mathbf{R}_{\geq 0}\begin{pmatrix}3\\2\end{pmatrix} \text{ に,}$$

$$\sigma_{F_7} \text{ を } \sigma_{F_{71}} = \mathbf{R}_{\geq 0}\begin{pmatrix}3\\2\end{pmatrix} + \mathbf{R}_{\geq 0}\begin{pmatrix}1\\1\end{pmatrix} \text{ と } \sigma_{F_{72}} = \mathbf{R}_{\geq 0}\begin{pmatrix}1\\1\end{pmatrix} + \mathbf{R}_{\geq 0}\begin{pmatrix}1\\2\end{pmatrix},$$

$$\sigma_{F_{73}} = \mathbf{R}_{\geq 0}\begin{pmatrix}1\\2\end{pmatrix} + \mathbf{R}_{\geq 0}\begin{pmatrix}2\\5\end{pmatrix} \text{ に,}$$

$$\sigma_{F_8} \text{ を } \sigma_{F_{81}} = \mathbf{R}_{\geq 0}\begin{pmatrix}2\\5\end{pmatrix} + \mathbf{R}_{\geq 0}\begin{pmatrix}1\\3\end{pmatrix} \text{ と } \sigma_{F_{82}} = \mathbf{R}_{\geq 0}\begin{pmatrix}1\\3\end{pmatrix} + \mathbf{R}_{\geq 0}\begin{pmatrix}0\\1\end{pmatrix}$$

に分割する. さらにそれぞれの面 $\sigma_{F_{21}} = \mathbf{R}_{\geq 0}\begin{pmatrix}2\\1\end{pmatrix}$, $\sigma_{F_{31}} = \mathbf{R}_{\geq 0}\begin{pmatrix}1\\1\end{pmatrix}$, $\sigma_{F_{32}} = \mathbf{R}_{\geq 0}\begin{pmatrix}1\\2\end{pmatrix}$, $\sigma_{F_{41}} = \mathbf{R}_{\geq 0}\begin{pmatrix}1\\3\end{pmatrix}$ を加えて, $\Sigma' = \{\sigma_{F_1}, \ldots, \sigma_{F_5}, \sigma_{F_{21}}, \sigma_{F_{31}}, \sigma_{F_{32}}, \sigma_{F_{41}}, \sigma_{F_{61}}, \sigma_{F_{62}}, \sigma_{F_{71}}, \sigma_{F_{72}}, \sigma_{F_{73}}, \sigma_{F_{81}}, \sigma_{F_{82}}\}$ とおけば, Σ' は非特異な細分となる.

定義 7.3.15（単体）　ベクトル $\mathbf{a}_1, \ldots, \mathbf{a}_m$ に対して，$\sigma = \sum_{i=1}^m \mathbf{R}_{\geq 0}\mathbf{a}_i$ が単体とは m が $\dim \sigma$ と同じ，すなわち一次独立な生成元をもつときをいう．

たとえば，$\sigma = \mathbf{R}_{\geq 0}\begin{pmatrix}1\\0\\0\end{pmatrix} + \mathbf{R}_{\geq 0}\begin{pmatrix}0\\1\\0\end{pmatrix} + \mathbf{R}_{\geq 0}\begin{pmatrix}0\\1\\1\end{pmatrix} + \mathbf{R}_{\geq 0}\begin{pmatrix}1\\0\\1\end{pmatrix}$ は，生成元が4個の四角錐なので，単体ではない．σ の次元が1，2のときは，つねに単体である．

定理 7.3.16　任意の扇について，必ず非特異な細分扇は，存在する．

（証明）　この証明は存在するだけでなく構成法も与える．

（STEP 1）　最初に単体の元からなる細分が存在することを示す．はじめに，Σ の元で，単体でないもののうち，1番次元の小さい元を一つ選ぶ．その $\sigma = \sum_{i=1}^m \mathbf{R}_{\geq 0}\mathbf{a}_i$ に対して，$\mathbf{R}_{\geq 0}\mathbf{a}_1$ を含まない σ の任意の面 τ に対し，$\mathbf{R}_{\geq 0}\mathbf{a}_1 + \tau$ は単体である．σ を除いて，このような $\mathbf{R}_{\geq 0}\mathbf{a}_1 + \tau$ すべてを付け加えたものを Σ' とおく．この操作を Σ' に対して繰り返せば，いつかはすべて単体の元からなる扇 Σ' ができる．

（STEP 2）　つぎに非特異な細分が存在することを証明する．$\sigma = \sum_{i=1}^n \mathbf{R}_{\geq 0}\mathbf{a}_i$ を Σ' の元である n 次元の単体とする．$\mathbf{a}_i \in \mathbf{Z}^n$ で $0 < t < 1$ のとき，$t\mathbf{a}_i \notin \mathbf{Z}^n$ としておく．ここで，$P_\sigma = \{\sum_{i=1}^n r_i\mathbf{a}_i \mid 0 \leq r_i < 1, i = 1, \ldots, n\}$ とおく．

P_σ の n 次元体積を mult_σ とおくと，これは $P_\sigma \cap \mathbf{Z}^n$ の個数に等しい．

もし，$\mathrm{mult}_\sigma > 1$ なら，$\mathbf{b} \neq 0 \in P_\sigma \cap \mathbf{Z}^n$ が存在する．このとき，

$$\sigma_i = \mathbf{R}_{\geq 0}\mathbf{a}_1 + \cdots + \mathbf{R}_{\geq 0}\mathbf{a}_{i-1} + \mathbf{R}_{\geq 0}\mathbf{b} + \mathbf{R}_{\geq 0}\mathbf{a}_{i+1} + \cdots + \mathbf{R}_{\geq 0}\mathbf{a}_n$$

とおくと，$\mathrm{mult}_{\sigma_i} < \mathrm{mult}_\sigma$ である．よって，σ を $\sigma_i (i = 1, \ldots, n)$ に細分し，σ の面やその面をもつほかの $\tau \in \Sigma'$ も適当に細分していけば，この操作により，いつかは，n 次元のすべての $\sigma \in \Sigma'$ に対して $\mathrm{mult}_\sigma = 1$ となり，$\det(\mathbf{a}_1, \ldots, \mathbf{a}_n) = \pm 1$ となる．■

つぎに，非特異な細分扇を用いて，非特異な多様体を構成する．

扇 Σ' をニュートン図形から決まる扇 Σ の非特異な細分とする．n 次元の $\sigma = \sum_{i=1}^n \mathbf{R}_{\geq 0}\mathbf{a}_i \in \Sigma'$ に対して，行列 A_σ を

$$A_\sigma = (\mathbf{a}_1, \ldots, \mathbf{a}_n) = \begin{pmatrix} a_{11} & a_{12} & \cdots & a_{1n} \\ a_{21} & a_{22} & \cdots & a_{2n} \\ \vdots & \vdots & \cdots & \vdots \\ a_{n1} & a_{n2} & \cdots & a_{nn} \end{pmatrix}$$

とする．非特異なので $\det A_\sigma = \pm 1$ である．

$y = (y_1, \ldots, y_n)$ に対して，記号 ${}^{A_\sigma}y$ を

$${}^{A_\sigma}y = (y_1^{a_{11}} y_2^{a_{12}} \cdots y_n^{a_{1n}}, y_1^{a_{21}} y_2^{a_{22}} \cdots y_n^{a_{2n}}, \ldots, y_1^{a_{n1}} y_2^{a_{n2}} \cdots y_n^{a_{nn}})$$

と定める．

定義 7.3.17（非特異トーリック多様体）　扇 Σ' をニュートン図形から決まる扇 Σ の非特異な細分とし，n 次元の $\sigma \in \Sigma'$ は ℓ 個あるとする．多様体 M を ℓ 個の $k^n(\sigma) \cong k^n$ のつぎのような同値関係で貼り合わせることによって構成する．

n 次元の σ，$\tau \in \Sigma'$ に対応する k^n の座標を y^σ，y^τ とする．

$\sigma = \sum_{i=1}^n \mathbf{R}_{\geq 0} \mathbf{a}_i$，$\tau = \sum_{i=1}^n \mathbf{R}_{\geq 0} \mathbf{b}_i$ に対して，$\mathbf{a}_{s_i}$，$\mathbf{b}_{t_i} \notin \sigma \cap \tau$，$i = 1, \ldots, m_0$ であるとする．このとき，同値関係を

$$y^\sigma \sim y^\tau \iff {}^{A_\tau^{-1} A_\sigma} y^\sigma = y^\tau,\ y_{s_i}^\sigma \neq 0,\ y_{t_i}^\tau \neq 0,\ i = 1, \ldots, m_0,$$

とする．このような同値関係で割った集合 $M = \coprod_{\dim \sigma = n} k^n(\sigma)/\sim$ を非特異トーリック多様体という．

同値関係を定めるときの条件 $y_{s_i}^\sigma \neq 0$，$y_{t_i}^\tau \neq 0, i = 1, \ldots, m_0$ は，${}^{A_\tau^{-1} A_\sigma} y^\sigma = y^\tau$ が矛盾なく定義されている範囲である．たとえば，$A_\tau^{-1} A_\sigma$ の i 列にマイナスの項があれば $y_i^\sigma = 0$ のマイナス乗は定義できない．証明は省くが，実は $A_\tau^{-1} A_\sigma$ の写像は

$$\{y^\sigma \in k^n : y_{s_i}^\sigma \neq 0, i = 1, \ldots, m_0\}$$

$$\text{から}\quad \{y^\tau \in k^n : y_{t_i}^\tau \neq 0, i = 1, \ldots, m_0\}$$

への解析同型写像を与えている．証明は線形代数の知識だけでできる（文献 [2] 第 1 部第 5 章参照）．${}^{(AB)}y = {}^{A}({}^{B}y)$ が成立するので，同値関係の条件である，$y^\sigma \sim y^\tau$ ならば $y^\tau \sim y^\sigma$．また，$y^\sigma \sim y^\tau$ かつ $y^\tau \sim y^{\tau'}$ ならば $y^\sigma \sim y^{\tau'}$ が成

り立つことも容易にわかる．

一般には，トーリック多様体は，非特異でない扇からでも構成できるが，その場合は滑らかでなく特異点をもつこともある．特異点解消を考える限りは必要ないので，ここでは割愛した．

定義 7.3.18（トーリック改変）　上記で定めた多様体 M から k^n への写像 π を局所座標 y^σ を用いて

$$\pi_\sigma : y^\sigma = (y_1, \ldots, y_n) \in k^n \mapsto {}^{A_\sigma}y^\sigma \in k^n$$

と定義する．この写像をトーリック改変とよぶ．

この定義は矛盾なく定義されている．$y^\sigma \sim y^\tau$ ならば ${}^{A_\tau^{-1}A_\sigma}y^\sigma = y^\tau$ より ${}^{A_\sigma}y^\sigma = {}^{A_\tau}y^\tau$ となるからである．7.2 節で説明した点でのブローアップ，部分多様体に沿ったブローアップはトーリック改変で表すことができる．たとえば，$\sigma_1 = \mathbf{R}_{\geq 0}\begin{pmatrix}1\\0\end{pmatrix} + \mathbf{R}_{\geq 0}\begin{pmatrix}1\\1\end{pmatrix}$，$\sigma_2 = \mathbf{R}_{\geq 0}\begin{pmatrix}1\\1\end{pmatrix} + \mathbf{R}_{\geq 0}\begin{pmatrix}0\\1\end{pmatrix}$，$\sigma_3 = \mathbf{R}_{\geq 0}\begin{pmatrix}1\\0\end{pmatrix}$，$\sigma_4 = \mathbf{R}_{\geq 0}\begin{pmatrix}1\\1\end{pmatrix}$，$\sigma_5 = \mathbf{R}_{\geq 0}\begin{pmatrix}0\\1\end{pmatrix}$，$\sigma_6 = \begin{pmatrix}0\\0\end{pmatrix}$ とおく．このとき，扇 $\Sigma = \{\sigma_1, \ldots, \sigma_6\}$ から導かれるトーリック改変 π は，2 次元の原点でのブローアップである．実際，$A_{\sigma_1} = \begin{pmatrix}1 & 1\\0 & 1\end{pmatrix}$，$A_{\sigma_2} = \begin{pmatrix}1 & 0\\1 & 1\end{pmatrix}$ であるから，

$$M = k^2(\sigma_1) \cup k^2(\sigma_2)/\{y_1^{\sigma_2} = y_1^{\sigma_1}y_2^{\sigma_1}, y_2^{\sigma_2} = 1/y_1^{\sigma_1},$$
$$y_1^{\sigma_1} \neq 0, y_2^{\sigma_2} \neq 0\}$$

となる．このときトーリック改変は

$$\pi_{\sigma_1}(y^{\sigma_1}) = (y_1^{\sigma_1}y_2^{\sigma_1}, y_2^{\sigma_1}), \qquad \pi_{\sigma_2}(y^{\sigma_2}) = (y_1^{\sigma_2}, y_1^{\sigma_2}y_2^{\sigma_2})$$

となり，これはまさしくブローアップである．

このトーリック改変が，原点の近傍で定義 7.1.2 に述べてある広義の特異点解消を定めるが，証明の前に例 7.3.1 について考察する．

例 7.3.19　トーリック改変は $M = k^2(\sigma_{F_{61}}) \cup k^2(\sigma_{F_{62}}) \cup k^2(\sigma_{F_{71}}) \cup k^2(\sigma_{F_{72}}) \cup k^2(\sigma_{F_{73}}) \cup k^2(\sigma_{F_{81}}) \cup k^2(\sigma_{F_{82}})/\sim$ から，k^2 への写像で，$\pi_{\sigma_{61}}(y) = (y_1y_2^2, y_2)$，

$\pi_{\sigma_{62}}(y) = (y_1^2 y_2^3, y_1 y_2^2)$，$\pi_{\sigma_{71}}(y) = (y_1^3 y_2, y_1^2 y_2)$，$\pi_{\sigma_{72}}(y) = (y_1 y_2, y_1 y_2^2)$，$\pi_{\sigma_{73}}(y) = (y_1 y_2^2, y_1^2 y_2^5)$，$\pi_{\sigma_{81}}(y) = (y_1^2 y_2, y_1^5 y_2^3)$，$\pi_{\sigma_{82}}(y) = (y_1, y_1^3 y_2)$ で定義される．たとえば $k^2(\sigma_{F_{71}})$ 上では，

$$f(y_1^3 y_2, y_1^2 y_2) = y_1^{21} y_2^7 + y_1^{10} y_2^4 + y_1^{10} y_2^5 = y_1^{10} y_2^4 (y_1^{11} y_2^3 + 1 + y_2)$$

となる．$y_2 = 0$ なる点の近傍では，$y_1^{11} y_2^3 + 1 + y_2 \neq 0$ より，$f = y_1^{10} y_2^4 f_1$，$f_1 \neq 0$ と表せる．$y_1 = 0$ かつ $y_2 \neq 0$ なる点の近傍では座標変換 $y_1' = y_1$，$y_2' = y_1^{11} y_2^3 + 1 + y_2$ により，$f = y_1'^{10} y_2' f_1$，$f_1 \neq 0$ と表せる．また，$y_1 \neq 0$ かつ $y_2 \neq 0$ なる点では $\pi_{\sigma_{71}}(y)$ は原点ではない．トーリック改変は原点の近傍での特異点解消を与えているものなので，一般の解析関数 f の場合には特異点をもつこともあるが，ここでは，座標変換 $y_1' = y_1^{11} y_2^3 + 1 + y_2$，$y_2' = y_2$ により，$f = y_1' f_1$，$f_1 \neq 0$ と表せる．

ほかの π_σ 場合も同様で，特異点解消が得られていることがわかる．

定理 7.3.20　f を非退化な解析関数とする．$\Gamma_+(f)$ をニュートン図形とし，その扇の細分を Σ' とする．その細分から決定されるトーリック多様体を M，M から k^n のトーリック改変を π とする．このとき，k^n の原点の十分小さな近傍 U に対して，$\pi|_{\pi^{-1}(U)} : \pi^{-1}(U) \to U$ は $f|_U$ の広義の特異点解消である．

（証明）

n 次元の $\sigma = \sum_{i=1}^n \mathbf{R}_{\geq 0} \mathbf{a}_i \in \sum'$ に対して，行列 A_σ を

$$A_\sigma = (\mathbf{a}_1, \ldots, \mathbf{a}_n) = \begin{pmatrix} a_{11} & a_{12} & \cdots & a_{1n} \\ a_{21} & a_{22} & \cdots & a_{2n} \\ \vdots & \vdots & \cdots & \vdots \\ a_{n1} & a_{n2} & \cdots & a_{nn} \end{pmatrix}$$

とする．

このとき，$k^n(\sigma)$ 上では

$$\begin{aligned} f \circ \pi_\sigma(y) &= f({}^{A_\sigma} y) \\ &= \sum_{u_1=0}^{\infty} \cdots \sum_{u_n=0}^{\infty} c_{u_1 u_2 \cdots u_n} (y_1^{a_{11}} \cdots y_n^{a_{1n}})^{u_1} \cdots (y_1^{a_{n1}} \cdots y_n^{a_{nn}})^{u_n} \end{aligned}$$

$$= \sum_u c_u y_1^{\langle u, \mathbf{a}_1 \rangle} \cdots y_n^{\langle u, \mathbf{a}_n \rangle}$$

となる．ただし，$u = (u_1, \ldots, u_n)$.

ここで，$f_\sigma(y)$ を

$$f \circ \pi_\sigma(y) = y_1^{\phi(\mathbf{a}_1)} \cdots y_n^{\phi(\mathbf{a}_n)} f_\sigma(y)$$

を満たすように定義する．ϕ は支持関数である．

$f_\sigma(0) \neq 0$ である．なぜなら，$\Gamma_+(f)$ の面である $\{u \in \Gamma_+(f) \mid \langle u, \sum_{i=1}^n \mathbf{a}_i \rangle = \phi(\sum_{i=1}^n \mathbf{a}_i)\} = \{u \in \Gamma_+(f) \mid \forall i, \langle u, \mathbf{a}_i \rangle = \phi(\mathbf{a}_i)\}$ は，$\mathbf{a}_i$ らが独立より 1 点 u_0 からなる．u_0 は $\Gamma_+(f)$ の頂点であるから，$c_{u_0} \neq 0$．したがって，$f_\sigma(0) = c_{u_0} \neq 0$ となる．また，このことより $y = 0$ の近傍で定義 7.1.2 (2) の形に表せることがわかる．

つぎに，I を $\{1, \ldots, n\}$ の部分集合として，

$$T_I = \{y \in k^n \mid j \in I \text{ に対して } y_j = 0, j \notin I \text{ に対して}, y_j \neq 0\}$$

とおき，$y \in T_I$ の近傍で考察する．$f_\sigma(y) \neq 0$ ならば明らかに定義 7.1.2 (2) の形に表せる．また，$\mathrm{Sing}(f_\sigma|_{T_I}) = \left\{ y \in T_I \mid f_\sigma(y) = 0, \dfrac{\partial f_\sigma|_{T_I}}{\partial y_j}(y) = 0, j \notin I \right\}$ が空集合であることが示されれば，$f_\sigma(y) = 0$ のとき，ある $j_1 \notin I$ が存在して $\dfrac{\partial f_\sigma|_{T_I}}{\partial y_{j_1}}(y) \neq 0$ なので，座標変換 $y'_i = y_i$，$(i \neq j_1)$，$y'_{j_1} = f_\sigma(y)$ により，$f \circ \pi_\sigma = \prod_{i \in I} y_i'^{\phi(\mathbf{a}_i)} y'_{j_1} f_1$，$f_1 \neq 0$ となり定義 7.1.2 (2) の形に書ける．

(1) $\cap_{i \in I} F(\mathbf{a}_i) = \cap_{i \in I} \{u \in \Gamma_+(f) \mid \langle u, \mathbf{a}_i \rangle = \phi(\mathbf{a}_i)\}$ がコンパクトでないならば，つぎの補題で証明するが，実は，$y \in T_I$ に対して $\pi_\sigma(y) \neq 0$ となる．したがって，もし，$\mathrm{Sing}(f_\sigma|_{T_I}) \ni y$ であれば U を十分小さくすればよい．

(2) $F = \cap_{i \in I} F(\mathbf{a}_i)$ がコンパクトであるとき，$f_{F,\sigma}(y)$ を

$$f_F \circ \pi_\sigma(y) = \sum_{u \in F} c_u y_1^{\langle u, \mathbf{a}_1 \rangle} \cdots y_n^{\langle u, \mathbf{a}_n \rangle} = y_1^{\phi(\mathbf{a}_1)} \cdots y_n^{\phi(\mathbf{a}_n)} f_{F,\sigma}(y)$$

で定義する．

$u \in F$ であることと，任意の $i \in I$ について，$y_i^{\langle u, \mathbf{a}_i \rangle} = y_i^{\phi(\mathbf{a}_i)}$ であることは同値より，$f_\sigma|_{T_I}(y) = f_{F,\sigma}(y)$ である．また，$j = 1, \ldots, n$ に対して，

$$y_j \frac{\partial f_F \circ \pi_\sigma}{\partial y_j}(y) = y_1^{\phi(\mathbf{a}_1)} \cdots y_n^{\phi(\mathbf{a}_n)} \left(\phi(\mathbf{a}_j) f_{F,\sigma}(y) + y_j \frac{\partial f_{F,\sigma}}{\partial y_j}(y) \right)$$

が成立する．ここで $\widetilde{y}$ を y に対して，

$$\widetilde{y} = (\widetilde{y}_1, \ldots, \widetilde{y}_n), \qquad \widetilde{y}_j = \begin{cases} y_j & j \notin I \\ 1 & j \in I \end{cases}$$

とおく．代入すれば，

$$\widetilde{y}_j \frac{\partial f_F \circ \pi_\sigma}{\partial y_j}(\widetilde{y}) = \widetilde{y}_1^{\phi(\mathbf{a}_1)} \cdots \widetilde{y}_n^{\phi(\mathbf{a}_n)} \left(\phi(\mathbf{a}_j) f_{F,\sigma}(\widetilde{y}) + \widetilde{y}_j \frac{\partial f_{F,\sigma}}{\partial y_j}(\widetilde{y}) \right)$$

が成立する．

特に $y \in \mathrm{Sing}(f_\sigma\,|_{T_I})$ とする．$f_\sigma|_{T_I}(y) = f_{F,\sigma}(y) = f_{F,\sigma}(\widetilde{y})$ より，$f_{F,\sigma}(\widetilde{y}) = 0$，および，$j \notin I$ のときは，$\dfrac{\partial f_{F,\sigma}}{\partial y_j}(\widetilde{y}) = 0$．また，$j \in I$ のときは，恒等的に $\dfrac{\partial f_{F,\sigma}}{\partial y_j} = 0$ である．したがって，任意の $j = 1, \ldots, n$ に対して，

$$\widetilde{y}_j \frac{\partial f_F \circ \pi_\sigma}{\partial y_j}(\widetilde{y}) = 0$$

となる

一方，$x = \pi_\sigma(y) =^{A_\sigma} y$ は，

$$\begin{pmatrix} \frac{\partial x_1}{\partial y_1} & \cdots & \frac{\partial x_1}{\partial y_n} \\ \frac{\partial x_2}{\partial y_1} & \cdots & \frac{\partial x_2}{\partial y_n} \\ \vdots & \vdots & \vdots \\ \frac{\partial x_n}{\partial y_1} & \cdots & \frac{\partial x_n}{\partial y_n} \end{pmatrix} \begin{pmatrix} y_1 & 0 & \cdots & 0 \\ 0 & y_2 & \cdots & 0 \\ \vdots & \vdots & \vdots & \vdots \\ 0 & 0 & \cdots & y_n \end{pmatrix} = \begin{pmatrix} x_1 & 0 & \cdots & 0 \\ 0 & x_2 & \cdots & 0 \\ \vdots & \vdots & \vdots & \vdots \\ 0 & 0 & \cdots & x_n \end{pmatrix} A_\sigma$$

を満たす．

$$\left(\frac{\partial f_F}{\partial x_1}, \ldots, \frac{\partial f_F}{\partial x_n} \right) \begin{pmatrix} \frac{\partial x_1}{\partial y_1} & \cdots & \frac{\partial x_1}{\partial y_n} \\ \frac{\partial x_2}{\partial y_1} & \cdots & \frac{\partial x_2}{\partial y_n} \\ \vdots & \vdots & \vdots \\ \frac{\partial x_n}{\partial y_1} & \cdots & \frac{\partial x_n}{\partial y_n} \end{pmatrix} = \left(\frac{\partial f_F \circ \pi_\sigma}{\partial y_1}, \ldots, \frac{\partial f_F \circ \pi_\sigma}{\partial y_n} \right)$$

であることから $\widetilde{x} =^{A_\sigma} \widetilde{y}$ とおけば，

$$\left(\frac{\partial f_F}{\partial x_1}(\widetilde{x}),\ldots,\frac{\partial f_F}{\partial x_n}(\widetilde{x})\right)\begin{pmatrix}\widetilde{x}_1 & 0 & \cdots & 0\\ 0 & \widetilde{x}_2 & \cdots & 0\\ \vdots & \vdots & \vdots & \vdots\\ 0 & 0 & \cdots & \widetilde{x}_n\end{pmatrix}A_\sigma$$

$$=\left(\frac{\partial f_F\circ\pi_\sigma}{\partial y_1}(\widetilde{y}),\ldots,\frac{\partial f_F\circ\pi_\sigma}{\partial y_n}(\widetilde{y})\right)\begin{pmatrix}\widetilde{y}_1 & 0 & \cdots & 0\\ 0 & \widetilde{y}_2 & \cdots & 0\\ \vdots & \vdots & \vdots & \vdots\\ 0 & 0 & \cdots & \widetilde{y}_n\end{pmatrix}$$

$$=(0,\ldots,0)$$

A_σ は正則であることと，$\widetilde{x}={}^{A_\sigma}\widetilde{y}$ の成分はすべて 0 でないことから

$$\left(\frac{\partial f_F}{\partial x_1}(\widetilde{x}),\ldots,\frac{\partial f_F}{\partial x_n}(\widetilde{x})\right)=(0,\ldots,0)$$

となり，非退化の条件に反する．したがって，$\mathrm{Sing}(f_\sigma|_{T_I})$ は空集合である．

あとは，固有写像であることと，定義 7.1.2(1′) を示せばよいが，π が固有写像であることの証明は省略する．

任意の n 次元 $\sigma,\tau\in\Sigma'$ に対して，$\{y^\sigma\in k^n\mid y_i^\sigma\neq 0,\forall i\}$ と $\{y^\tau\in k^n\mid y_i^\tau\neq 0,\forall i\}$ は，$y^\tau={}^{A_\tau^{-1}A_\sigma}y^\sigma$ によって M で同一視される．また，$x=\pi(y^\sigma)={}^{A_\sigma}y^\sigma$ であるから，π は，$\{y^\sigma\in k^n\mid y_i^\sigma\neq 0,\forall i\}$ と $\{x\in k^n\mid x_i\neq 0,\forall i\}$ の間の同型を与える．

よって，これはつぎのように書き換えられる．

$$\pi:\left(M\setminus\bigcup_{\substack{\sigma\in\Sigma',\\ \dim\sigma=n,I\neq\phi}}\{y^\sigma\in T_I\}\right)\Big/\sim$$

$$\cong\{x\in k^n\mid x_i\neq 0,\forall i\}=k^n\setminus\cup_{i=1}^n\{x\in k^n\mid x_i=0\}.$$

したがって，π を $\pi^{-1}(U)$ に制限したものが (1′) を満たすことがわかる．■

最後に残った，$\cap_{i\in I}F(\mathbf{a}_i)$ がコンパクトでない場合の証明について考察する．

定理 7.3.21　$T_I,\cap_{i\in I}F(\mathbf{a}_i)$ を定理 7.3.20 の証明中のものと同じものとする．

$\cap_{i \in I} F(\mathbf{a}_i)$ がコンパクトでないならば，$y \in T_I$ に対して $\pi_\sigma(y) \neq 0$ となる．

（証明）

$\cap_{i \in I} F(\mathbf{a}_i) = \{u \in \Gamma_+(f) \mid \langle u, \sum_{i \in I} \mathbf{a}_i \rangle = \phi(\sum_{i \in I} \mathbf{a}_i)\}$ がコンパクトでないためには，$\mathbf{a}_i$ のすべての成分は非負であることから，$\sum_{i \in I} \mathbf{a}_i$ のある j 成分は $\sum_{i \in I} a_{ji} = 0$，すなわち，任意の $i \in I$ に対して $a_{ji} = 0$ でなければならない．もし，すべてが正であれば，$\langle u, \sum_{i \in I} \mathbf{a}_i \rangle = \phi(\sum_{i \in I} \mathbf{a}_i)$ を満たす u の集合は自由度がなくなりコンパクトになって矛盾するからである．

したがって，$y \in T_I$ に対して，${}^{A_\sigma}y$ の j 成分は $y_1^{a_{j1}} \cdots y_n^{a_{jn}} = \prod_{i \notin I} y_i^{a_{ji}} \neq 0$ となる．■

トーリック多様体について，もっと一般的に知りたい読者は文献 [2,3,4] を参照していただきたい．

7.4　ベイズ学習理論および特異点解消定理の応用

ここでは，はじめに，文献 [5, 6, 7, 8] において得られているベイズ学習理論の概略を説明する．

入力の空間を $x \in \mathbf{R}^N$，出力の空間を $y \in \mathbf{R}^M$，パラメータの空間を $w \in W \subset \mathbf{R}^n$ とする．

学習モデル $p(x,y|w)$ とその事前分布 $\psi(w)$ が与えられているものとし，真の分布は学習モデルに含まれているものとする．その真の分布を $p(x,y|w_0)$ と仮定する．

$p(x,y|w_0)$ に従う独立なサンプルを $(X,Y)^L = ((X_1,Y_1),(X_2,Y_2),\cdots,(X_L,Y_L))$ とすると，事後確率 $p(w|(X,Y)^L)$ は

$$p(w|(X,Y)^L) = \frac{1}{Z_L}\psi(w)\prod_{i=1}^{L} p(X_i,Y_i|w),$$

$$Z_L = \int_W \psi(w)\prod_{i=1}^{L} p(X_i,Y_i|w)\mathrm{d}w,$$

で与えられる（Z_L は正規化定数）．これよりベイズ推測は

$$p(x,y|(X,Y)^L) = \int_W p(x,y|w)p(w|(X,Y)^L)\mathrm{d}w$$

と定義され，また，汎化誤差 $G(L)$ は，サンプル $(X,Y)^L$ に関する平均である $E_L\{\cdot\}$ を用いて，

$$G(L) = E_L\left\{\int p(x,y|w_0)\log\frac{p(x,y|w_0)}{p(x,y|(X,Y)^L)}\mathrm{d}x\,\mathrm{d}y\right\}$$

で定義される．

カルバック距離を

$$K(w) = \int p(x,y|w_0)\log\frac{p(x,y|w_0)}{p(x,y|w)}\mathrm{d}x\,\mathrm{d}y,$$

経験カルバック距離を

$$K_L(w) = \frac{1}{L}\sum_{i=1}^{L}\log\frac{p(X_i,Y_i|w_0)}{p(X_i,Y_i|w)}$$

とおく．

確率的複雑さを

$$F(L) = -E_L\left\{\log\int_W \exp(-LK_L(w))\psi(w)\mathrm{d}w\right\}$$

とおけば，漸近展開可能であれば

$$G(L) = F(L+1) - F(L)$$

が成り立つことがわかっている．

学習モデルのゼータ関数を

$$J(z) = \int_W K(w)^z\psi(w)\mathrm{d}w$$

とおく．この関数 $J(z)$ のもっとも原点に近い極を $-\lambda$，その位数を μ とすると，

$$F(L) = \lambda\log L - (\mu-1)\log\log L + O(1),$$

$$G(L) \cong \frac{\lambda}{L} - \frac{\mu-1}{L\log L},$$

が成り立つ．ここで，$O(1)$ は L の有界な関数である．

特異点解消定理を，カルバック距離 $K(w)$ に適用すれば，任意の $w \in K^{-1}(0)\cap W$ に対して，ある近傍 U_w と，ある多様体 Y_w，Y_w から U_w への固有な解析関

数 π_w が存在して，学習モデルのゼータ関数 $J(z)=\int_W K(w)^z\psi(w)\mathrm{d}w$ の U_w での局所的な積分は

$$
\begin{aligned}
J_w(z) &= \int_{U_w} K(w)^z\psi(w)\mathrm{d}w \\
&= \int_{Y_w} K\circ\pi_w(w')^z\psi(\pi_w(w'))Jac_{\pi_w}(w')\mathrm{d}w',
\end{aligned}
$$

となる．$w'\in Y_w$ における局所座標 $(w'_1,\cdots,w'_n)$ を適当にとれば $K\circ\pi_w(w')=w_1'^{2s_1}w_2'^{2s_2}\cdots w_n'^{2s_n}K_1(w')$，$K_1\neq 0$ と書ける．ここで，$s_1,\ldots,s_n$ は非負の整数で，$K\geq 0$ であることから，w'_i は偶数乗されている．

したがって，この積分は初等的に求めることができる．また，$w\in W\setminus K^{-1}(0)$ に対しては，ある近傍 U_w が存在して，U_w 上 $K\neq 0$ である．このとき，$J_w(z)=\int_{U_w} K(w)^z\psi(w)\mathrm{d}w$ は極をもたない．よって，パラメータ空間 W がコンパクトのときは，結果として $J(z)$ の極，位数を得ることができる．

つぎに，応用として実際に，入力ユニット 1 個，中間ユニット p 個，出力ユニット 1 個の 3 層パーセプトロンの学習曲線を考察する．

x を入力，y を出力，パラメータを $w=\{a_m,b_m\mid m=1,\ldots,p\}$ とし，

$$
f(x,w)=\sum_{m=1}^{p} a_m\tanh(b_m x)
$$

とおく．ここでは，学習モデルを

$$
p(y|x,w)=\frac{1}{\sqrt{2\pi}}\exp\left(-\frac{1}{2}(y-f(x,w))^2\right)
$$

として考察する．入力 x の密度関数として $q(x)$ は $[-1,1]$ の一様分布とする．事前分布 $\psi(w)$ は C^∞ 関数でコンパクトな台をもち，$\psi(0)>0$ であるとする．真の分布は $p(y|x,w_0)=\dfrac{1}{\sqrt{2\pi}}\exp\left(-\dfrac{1}{2}y^2\right)$，すなわち，真の分布を与えるパラメータ集合が $a_m=0$，$b_m=0$ の場合を含むものを考える．

このときカルバック距離は

$$
K(w)=\frac{1}{2}\int_{-1}^{1} f(x,w)^2\mathrm{d}x
$$

になるが，λ，μ は，文献 [9] により，つぎの関数

$$\int_{0\text{ の近傍}} \left\{ \sum_{\ell=1}^{p} \left(\sum_{m=1}^{p} a_m b_m^{2\ell-1} \right)^2 \right\}^z \Pi_{m=1}^p \mathrm{d}a_m \mathrm{d}b_m$$

の原点にもっとも近い極と位数を求めればよいことがわかっている．

この節では，微分形式

$$H = \left\{ \sum_{\ell=1}^{p} \left(\sum_{m=1}^{p} a_m b_m^{2\ell-1} \right)^2 \right\}^z \Pi_{m=1}^p \mathrm{d}a_m \mathrm{d}b_m$$

のブローアップを考察することによって，λ の値そのものを与えるつぎの定理の証明の一部を紹介する．

定理 7.4.1　$i^2 \leq p$ となる最大の i について

$$\lambda = \frac{p + i^2 + i}{4i + 2}, \quad \mu = \begin{cases} 2 & (i^2 = p) \\ 1 & (i^2 < p) \end{cases}$$

まず，記号の使用方法を述べる．たとえば，

$$\begin{cases} b_1 = v_1 \\ b_m = v_1 b_m \qquad m = 2, \ldots, p \end{cases} \text{で変換すれば，}$$

という文章は，

変換前と変換後の記号を区別して，

$$\begin{cases} b_1 = v_1 \\ b_m = v_1 b'_m \qquad m = 2, \ldots, p \end{cases} \text{で変換すれば，}$$

と書くべきであるが，ブローアップ操作を繰り返すことによる複雑さを避けるため，同じ記号を用る．

最初に部分多様体 $\{b_1 = 0, \ldots, b_p = 0\}$ でブローアップする．

ブローアップした多様体 Y を $Y = \cup_{i=1}^p Y_i/\sim$，$Y_i$ の座標を

$$(a_1, \ldots, a_p,\ b_1, \ldots, b_{i-1},\ v_i,\ b_{i+1}, \ldots, b_p)$$

とする．Y_1 上では $\begin{cases} b_1 = v_1 \\ b_m = v_1 b_m \qquad m = 2, \ldots, p \end{cases}$ で変換すればよいので，

$$H = \left\{ \sum_{\ell=1}^{p} v_1^{4\ell-2} \left(a_1 + \sum_{m=2}^{p} a_m b_m^{2\ell-1} \right)^2 \right\}^z v_1^{p-1} \mathrm{d}a_1 \mathrm{d}v_1 \prod_{m=2}^{p} \mathrm{d}a_m \mathrm{d}b_m$$

となる.

対称性より $\begin{cases} b_i = v_i \\ b_m = v_i b_m \qquad m = 1, 2, \ldots, p, m \neq i, \end{cases}$ で変換しても同じ極が計算されるので，Y_1 上のみで考えればよい.

ここで，つぎのような関数を定義しておく.

$$f_{\ell,l}(x) = \sum_{j_2+\cdots+j_l=0}^{\ell-l} b_2^{2j_2} \cdots b_{l-1}^{2j_{l-1}} x^{2j_l} > 0$$

特にこの関数は

$$f_{\ell,l}(b_m) - f_{\ell,l}(b_l) = ((b_m)^2 - (b_l)^2) f_{\ell,l+1}(b_m)$$

を満たしている.

$i \geq 2$ に対して

$$c_i = \sum_{m=i}^{p} a_m b_m (b_m^2 - 1)(b_m^2 - b_2^2) \cdots (b_m^2 - b_{i-1}^2)$$

とおき，さらに，$d_1 = a_1 + \sum_{m=2}^{p} a_m b_m$ とおき，$f_{\ell,l}$ を用いて，H を表せば,

$$H = \Biggl\{ v_1^2 \Biggl(d_1^2 + \sum_{\ell=2}^{p} v_1^{4\ell-4} (d_1 + f_{\ell,2}(b_2) c_2 + \cdots + f_{\ell,i}(b_i) c_i + \cdots + f_{\ell,\ell}(b_\ell) c_\ell)^2 \Biggr) \Biggr\}^z v_1^{p-1} \mathrm{d}d_1 \mathrm{d}v_1 \prod_{m=2}^{p} \mathrm{d}a_m \mathrm{d}b_m. \tag{7.2}$$

つぎに式 (7.2) を部分多様体 $\{d_1 = 0, v_1 = 0\}$ でブローアップする.

変数変換は $\begin{cases} d_1 = u_1 \\ v_1 = u_1 v_1 \end{cases}$ と $\begin{cases} d_1 = v_1 d_1 \\ v_1 = v_1 \end{cases}$ で行うことになる.

式 (7.2) から $\begin{cases} d_1 = u_1 \\ v_1 = u_1 v_1 \end{cases}$ で変換すれば,

$$H = \left\{u_1^4 v_1^2 \left(1 + \sum_{\ell=2}^{p} u_1^{4\ell-6} v_1^{4\ell-4} (u_1 + f_{\ell,2}(b_2)c_2 + \cdots \right.\right.$$
$$\left.\left. + f_{\ell,i}(b_i)c_i + \cdots + f_{\ell,\ell}(b_\ell)c_\ell)^2\right)\right\}^z u_1^p v_1^{p-1} \mathrm{d}u_1 \mathrm{d}v_1 \prod_{m=2}^{p} \mathrm{d}a_m \mathrm{d}b_m.$$

したがって，$-p/2$，$-(p+1)/4$ の極が求められ，この近傍に関しては特異点解消はもう必要ない．

式 (7.2) を $\begin{cases} d_1 = v_1 d_1 \\ v_1 = v_1 \end{cases}$ で変換すれば，

$$H = \left\{v_1^4 \left(d_1^2 + \sum_{\ell=2}^{p} v_1^{4\ell-6} (d_1 v_1 + f_{\ell,2}(b_2)c_2 + \cdots \right.\right.$$
$$\left.\left. + f_{\ell,\ell}(b_\ell)c_\ell)^2\right)\right\}^z v_1^p \mathrm{d}d_1 \mathrm{d}v_1 \prod_{m=2}^{p} \mathrm{d}a_m \mathrm{d}b_m. \tag{7.3}$$

同様に部分多様体 $\{d_1 = 0,\ v_1 = 0\}$ でブローアップする．

式 (7.3) を $\begin{cases} d_1 = u_1 \\ v_1 = u_1 v_1 \end{cases}$ で変換すれば，

$$H = \left\{u_1^6 v_1^4 \left(1 + \sum_{\ell=2}^{p} u_1^{4\ell-8} v_1^{4\ell-6} (u_1^2 v_1 + f_{\ell,2}(b_2)c_2 + \cdots + f_{\ell,\ell}(b_\ell)c_\ell)^2\right)\right\}^z$$
$$u_1^{p+1} v_1^p \mathrm{d}d_1 \mathrm{d}v_1 \prod_{m=2}^{p} \mathrm{d}a_m \mathrm{d}b_m.$$

したがって，$-(p+2)/6$，$-(p+1)/4$ の極が出てくる．

ここでは極を求めるためのブローアップ操作の一部を紹介した．すべての証明は文献 [11] を参照していただきたい．

結果は，$i^2 \leq p$ となる最大の i について

$$-\frac{p + i^2 + i}{4i + 2}$$

が原点に近い極として出てくる．

参考文献

[1] H. Hironaka : "Resolution of Singularities of an algebraic variety over a field of characteristic zero", Annals of Math., vol.79, pp.109-326, 1964.

[2] 吉永悦男，福井敏純，泉脩蔵：特異点の数理 3，"解析関数と特異点"，共立出版，2002.

[3] 金子晃："ニュートン図形・特異点・振動積分"，上智大学数学講究録 11，上智大学数学教室，1981.

[4] 小田忠雄："凸体と代数幾何学"，紀伊國屋数学叢書 24，紀伊國屋書店，1985.

[5] S. Watanabe : "Algebraic analysis for singular statistical estimation", Lecture Notes on Computer Science, vol.1720, pp.39-50, 1999.

[6] S. Watanabe : "Algebraic analysis for nonidentifiable learning machines", Neural Computation, vol. 13, no.4, pp.899-933, 2001.

[7] S. Watanabe : "Algebraic geometrical methods for hierarchical learning machines", Neural Networks, vol.14, no.8, pp.1049-1060, 2001.

[8] 渡辺澄夫："データ学習アルゴリズム"，データサイエンス・シリーズ 6，共立出版，2001.

[9] S. Watanabe : "On the generalization error by a layered statistical model with Bayesian estimation", IEICE Trans., J81-A, pp.1442-1452, 1998. (English version : Elect. and Comm. in Japan., John Wiley and Sons, vol.83, no.6, pp.95-106, 2000.

[10] M. Aoyagi and S. Watanabe : "[チュートリアル講演] 特異点解消と学習理論への応用", Technical report of IEICE, NC2003-26, No.26, pp.25-30, 2003.

[11] M. Aoyagi and S. Watanabe : "特異点解消とニューラルネットワークのベイズ推定における汎化誤差"，電子情報通信学会和文論文誌 DII, (印刷中)

そのほか代数幾何の参考文献として，つぎをあげておく

[12] M. F. Atiyah : "Resolution of singularities and division of distributions", Comm. Pure and Appl. Math., vol.13, pp.145-150, 1970.

[13] M. リード，若林功訳："初等代数幾何講義"，岩波書店，1991.

[14] 石井志保子："特異点入門"，Springer，1997.

[15] 上野健爾：岩波講座現代数学の基礎，"代数幾何"，岩波書店，1997.

[16] 川又雄二郎：共立講座 21 世紀の数学，"代数多様体論"，共立出版，1997.

[17] 堀川穎二："複素代数幾何学入門"，岩波書店，1990.

索　　引

著　者　略　歴（配列は章順）

渡辺　澄夫（わたなべ・すみお）
1987 年　京都大学理学系研究科数理解析専攻博士課程単位取得退学
1995 年　岐阜大学工学部電子情報工学科助教授
2001 年　東京工業大学精密工学研究所教授
現在に至る．博士（工学）

萩原　克幸（はぎわら・かつゆき）
1995 年　豊橋技術科学大学大学院工学研究科システム情報工学専攻修了
1995 年　三重大学工学部助手
2004 年　三重大学教育学部助教授
現在に至る．博士（工学）

赤穂　昭太郎（あかほ・しょうたろう）
1990 年　東京大学大学院工学系研究科計数工学専攻修士課程修了
2001 年　独立行政法人産業技術総合研究所脳神経情報研究部門
情報数理研究グループ長
現在に至る．博士（工学）

本村　陽一（もとむら・よういち）
1993 年　電気通信大学電気通信学研究科電子情報学専攻修士課程修了
1993 年　通産省工業技術院電子技術総合研究所研究員
2001 年　独立行政法人産業技術総合研究所主任研究員
現在に至る．工学修士

福水　健次（ふくみず・けんじ）
1989 年　京都大学理学部卒業
1998 年　理化学研究所脳科学総合研究センター研究員
2000 年　統計数理研究所助教授
現在に至る．博士（理学）

岡田　真人（おかだ・まさと）
1985 年　大阪市立大学理学部物理学科卒業
1991 年　大阪大学大学院基礎工学研究科物理系専攻
生物工学分野博士課程中退
2004 年　東京大学大学院新領域創成科学研究科教授
現在に至る．博士（理学）

青柳　美輝（あおやぎ・みき）
1997 年　九州大学大学院数理学研究科数理学専攻博士課程修了
1997 年　日本学術振興会特別研究員 PD
2001 年　上智大学理工学部助手
現在に至る．博士（数理学）

学習システムの理論と実現

2005 年 7 月 30 日　第 1 版第 1 刷発行
2006 年 8 月 31 日　第 1 版第 2 刷発行

著　者　渡辺澄夫，萩原克幸，赤穂昭太郎，本村陽一，
福水健次，岡田真人，青柳美輝
発行者　森北　肇
発行所　**森北出版株式会社**
東京都千代田区富士見 1–4–11（〒102–0071）
電話 03–3265–8341 ／ FAX 03–3264–8709
http://www.morikita.co.jp/
日本書籍出版協会・自然科学書協会・工学書協会　会員
JCLS ＜(株)日本著作出版権管理システム委託出版物＞
落丁・乱丁本はお取替えいたします　　印刷/太洋社・製本/(株)ブックアート
Printed in Japan ／ ISBN4-627-82941-8

学習システムの理論と実現［POD版］

2018年3月30日　発行

著　者　渡辺 澄夫，萩原 克幸，赤穂 昭太郎，本村 陽一，福水 健次，岡田 真人，青柳 美輝

発行者　森北 博巳

発　行　森北出版株式会社
〒102-0071
東京都千代田区富士見1-4-11
TEL 03-3265-8341 FAX 03-3264-8709
http://www.morikita.co.jp/

印刷・製本　ココデ印刷株式会社
〒173-0001
東京都板橋区本町34-5

ISBN978-4-627-82949-7　Printed in Japan

2021.05.28